量化营销
工具与模型

谌飞龙 /编著

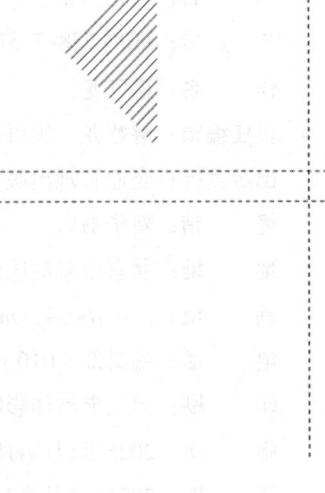

企业管理出版社
ENTERPRISE MANAGEMENT PUBLISHING HOUSE

图书在版编目（CIP）数据

量化营销：工具与模型 / 谌飞龙编著. -- 北京：企业管理出版社，2025. 1. -- ISBN 978-7-5164-3196-2

Ⅰ．F713.56

中国国家版本馆CIP数据核字第2025Y6J490号

书　　名：	量化营销：工具与模型
书　　号：	ISBN 978-7-5164-3196-2
作　　者：	谌飞龙
责任编辑：	解智龙　宋可力
出版发行：	企业管理出版社
经　　销：	新华书店
地　　址：	北京市海淀区紫竹院南路17号　　邮　编：100048
网　　址：	http://www.emph.cn　　电子信箱：emph001@163.com
电　　话：	编辑部（010）68701638　　发行部（010）68417763　68414644
印　　刷：	河北宝昌佳彩印刷有限公司
版　　次：	2025年1月第1版
印　　次：	2025年5月第2次印刷
开　　本：	787mm×1092mm　1/16
印　　张：	14.25
字　　数：	289千字
定　　价：	59.00元

版权所有　翻印必究　·　印装有误　负责调换

前　言

新一轮科技革命产生了新的生产要素，即数字经济运行中的根本性资源——数据，从而对新文科建设中的新课程探索提出了强化新理念、运用新手段、补充新内容等时代性要求。在数字经济时代，具备数字思维才能在不断变化的市场中立足。笔者聚焦数据驱动理念、侧重理论联系实际，秉持"以学生为中心"理念，将5E教学模式贯穿于整个教学过程，结合多种教学方法，打造具有生动性、互动性的课堂，致力于培养具有较高数据认知能力及运用能力的营销人才。在学科建设过程中，量化营销课程具有前沿性和实践性，只有积极适应创造和构建数智化专业体系的趋势，才能满足新科技革命与产业革命对高等学校文科人才培养的新要求。

一、量化营销课程开发的现实背景

（一）数字技术催生新文科课程新方案

随着人工智能（Artificial Intelligence）、区块链（Block Chain）、云计算（Cloud Computing）、大数据（Big Data）、移动互联网及物联网等现代信息技术的蓬勃兴起，各行各业深度的数字化变革被提上日程，数字经济成为经济发展中的中坚力量。数字时代的现代信息技术除了与信息学科密切相关，还与文科联系紧密，技术的发展同样对文科产生了巨大影响，现代信息技术的快速发展为社会创造出智能化环境，给传统文科教育带来了新机遇和新挑战。

立足新时代、回应新需求，高等院校的文科教育须回应数字时代带来的教育变局，数字化转型成为传统文科的新起点、新方向、新目标。2020年，教育部发布的《新文科建设宣言》提出，"解决复杂问题亟需跨学科专业的知识整合，推动融合发展是新文科建设的必然选择"。在科技发展日新月异的背景下，新文科尤为强调新技术，并且文科发展呈现学科交叉的特点，具体表现为文科各学科的交叉及文理之间的交融，新兴技术发展的浪潮促进了交叉学科的发展。在数字时代的发展进程中，以前沿科技为方向不仅是新文科建设的关键动力，大数据和人工智能等信息技术也成为经管类问题的重要研究方法和新的研究范式，是经管类专业人才知识架构和能力培养的关键性因素和内容。作为注重企业实践活动的应用型文科专业，市场营销专业应培养出实践能力更强的新型人才，同时应催生新专业，更新已有专业，如新专业的开设、培养方案的调整、新课程的产生和替代。

（二）数字时代选择具有数据思维的营销人才

在数字经济时代，培育既具有宏观视野和数字商业嗅觉，能够掌握并灵活运用数字时代的商业发展规律，并具备跨界知识技能、多种思维交叉融合的复合型新文科人才是适应时代变革的重要手段，也是必经之路。

新科技的发展对新产业、新业态产生了影响，进而增加了对知识复合、学科融合、实践能力强的新型人才的需求。当前，数字化转型对数字人才提出了新的要求，劳动者应不断提高数字素养、数字技能。数字技术成为社会经济运行源源不断的燃料，数字科技成为衡量一个国家现代化程度和综合实力的重要标志之一，而综合实力的竞争归根到底在于人才的竞争。为解决当下数字人才紧缺问题，高等院校的当务之急是培养高质量的数字人才，为吸引拔尖数字人才持续发力，形成数字人才国际竞争的比较优势。

对于企业、市场而言，大数据下的决策往往依赖大量的市场数据，如何进行高效的数据采集与分配，并对其进行客观、智能的分析，成为企业数字化转型的重要一环。而营销管理作为直接接触客户的关键环节，成为很多企业数字化转型的切入点。数据驱动营销成为大数据环境下营销决策的重要手段，在实际运行中，企业迫切需要敏锐察觉有价值的数据，并且通过数字手段对这些数据尤其是营销数据进行分析与建模，进而预测消费趋势。新文科人才培养强调提升学生的新技术素养水平，量化营销课程朝着培育具备创新能力、批判精神和国际化视野的复合型、应用型、创新型专业人才的目标进行课程体系部署，转变传统的市场营销专业课的教学模式和思维，致力于培养能够熟练运用数字技能，并能够将数字技能与专业技能融合应用在数据的收集、处理、分析、决策等各个阶段的学生。开发量化营销课程符合高等教育领域积极为建设具有中国特色的新文科体系提供智力支撑和人才支持的要求。

二、"量化营销"课程的内涵

量化营销的概念来源于"智慧营销"。智慧营销的概念由斯科特·布林克尔（Scott Brinker）提出，其重点在于通过依靠技术和数据帮助企业配置营销资源，进而优化企业的营销策略。量化营销作为数字时代的一种营销手段尤为关注信息技术和数据。Bizmeme咨询合伙人董金伟将量化营销活动分为两类：一是量化的营销，可以理解为通过运用数据对营销活动进行精益管理，包括对营销活动过程的监控和营销组合的优化；二是营销的量化，指的是收集营销工作的可衡量、可估量结果，从而客观地证明营销业务的价值。本书强调量化即为量化价值、量化过程、量化结果等，用具体的数字客观证明营销团队为组织带来的贡献，用客观的数据纠正认知偏差，让营销做得更精准、更有创意，实现用量化的数据驱动营销。

笔者认为，量化营销是数据驱动的营销，是聚焦于如何获取、收集、整合和分析大量与营销相关的数据，利用数据分析结果监控营销活动的过程并衡量营销活动的价值，最终以此来优化营销业务活动的营销策略。基于数据在网络中的基础性地位及数据在经济发展中的重要动力，笔者主张将课程的名称确定为"量化营销：数据驱动的营销"。笔者以高校经管类市场营销专业学生为学习主体，以引导学生纠正数据分析的认知偏差和数据谬误、培育学生的数据认知和数据技术运用能力以优化营销业务为授课内容，开设该课程是顺应新技术推动产业革命的时代发展趋势，是经管类营销专业对经济数智化发展的回应，是经管类高校紧跟数字经济时代发展步伐的必然要求，能够满足社会对相应文科复合型人才的需求。

（一）课程定位：契合数智时代发展的特点

信息科技的快速发展催发新技术、新产业的涌现，营销领域的数字化转型成为必然趋势，高校在建设课程体系时应顺应和契合数智时代社会发展的特点，主动投入信息技术的怀抱，打破专业、学科壁垒，"量化营销"课程正是搭乘数字经济快车应运而生的成果。

在数智化时代，人们的生活方式在不断地发生变化，企业的竞争策略同样在相应地变化着，各行各业、各种规模的企业相继尝试着数字化变革，利用大数据等信息技术进行策略部署。相对而言，"互联网与大数据营销"等相关课程的知识体系呈现碎片化和滞后化问题，对互联网与大数据营销智慧的挖掘与凝练不足，而"量化营销"课程注重行业的发展趋势与热点动态，构建了数智经济时代与市场营销相关的知识体系，秉持"数据具有驱动决策的力量、数据为改革提供蓝图"理念，为发挥信息技术的支撑作用，将数字技术融入课堂教学，促进了市场营销专业的教学内容和教学过程与信息技术相互渗透。

（二）课程目标：培养掌握营销科技的复合型人才

在数智化时代，市场营销手段和活动更加数字化和数据化，企业和社会要求营销人员能够同时具备品牌策略、数字营销、数据分析、跨部门协作等多方面的能力和跨学科知识。2011年1月至2012年12月，欧盟委员会联合研究中心的未来技术研究所实施了数字素养项目，认为数字素养是在各项活动（如工作、学习、购物）中使用信息技术的能力，其在网络沟通中起到至关重要的作用。因此，高校教育必须创新发展，培育出具有数智化思维、数字素养、技能创造性，掌握跨学科知识和拥有解决复杂问题能力的人才，以满足企业动态化的人才需求。

适应时代的优质人才培养应落实在各门课程的教学中，"量化营销"课程注重培养新时代专业敏锐度高、具备多学科交叉应用能力和数字化思维的复合型营销人才，立足学生的能力、应用和需求，培养学生的数据素养，包括识别、分析、整合与应用数据的能力，促进人才与技术相互渗透，通过线上线下混合式教学使市场营销专业学生具备市场数据收集、管理、分析的能力，为学生创造场景和条件，利用仿真系统模拟数据分析和精准衡量营销活动，从而培养其提高营销效率、优化营销决策的能力，为企业提供解决现实问题的思路，助力企业营销业务运营升级。

三、"量化营销"课程体系的总体设计路径

"量化营销"课程的设计顺应数字经济发展的特征变化并充分体现新文科教育理念。数字化时代下的人才培养存在课程教学体系构建的前瞻性不足、多元化学科知识交叉融合不够、数据分析应用能力未得到充分重视、教产学研协同育人机制需推陈出新等问题，为突破困局，"量化营销"课程设计了"理论""指标""工具"及"实践"四维度的教学内容体系，探索体现信息化、学科融合化的教学素材，采取5E教学模式，并结合各项互动性强的教学方法，如融入中国情境的案例教学、情景式教学等，充分体现"量化营销"课程的时代特性和可操作性。本书构建了线上线下虚实相结合的课程体系（见图1），该体系以学生为中心，聚焦培育学生的营销数据素养，包含师生、高校、企业等多方主体，实现理论-实践-理论螺旋式上升的循环培养过程，共同助推教育教学工作。

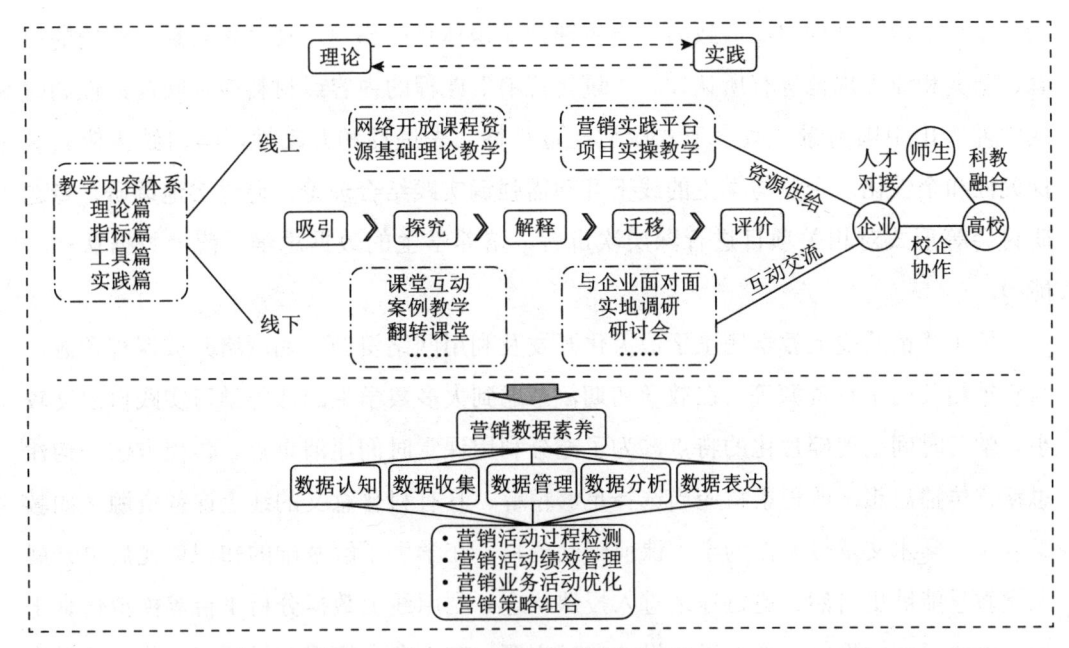

图1 "量化营销"课程体系

（一）5E 教学模式强化理论结合实践

5E 教学模式是由美国生物学课程研究会（BSCS）开发的一种基于建构主义教学理论的模式，对实践性强的市场营销教学有重要的借鉴之处。5E 教学模式共有 5 个教学活动环节，按先后顺序分别为吸引（Engagement）、探究（Exploration）、解释（Explanation）、迁移（Elaboration）及评价（Evaluation），科学合理地运用 5E 教学模式对学生新知识的建构和综合能力的培养等有独特的作用与价值。

5E 教学模式具有较强的操作性和实践性，能够赋予"量化营销"课程活力和效力。5E 教学模式的重点在于教师的教学行为与学生的学习行为相互协调并保持一致。在该模式下，学生是学习的主体，是教学活动的中心，而教师起到指导者和帮助者的作用。在实际的教学过程中，教师可以参考 5E 教学模式中的步骤和具体要求，依据课程的特点及学生特性选取相应的教学策略，秉持"以学生为主体、教师主导"理念，实施"多元评价、构建反馈机制"，从而有效地组织和设计教学内容。

（二）线上线下构造虚实融合空间

虚实融合是指线下教学与线上教学相互配合的混合式教学。在线课程、混合课程及虚拟仿真课程等新型课程的建设和运用是传统文科利用现代技术的具体表现，作为新文科课程，"量化营销"课程应注重培养学生的数据素养和技术素养。

"量化营销"课程的线下教学应注重教师与学生、企业与学生等面对面的互动行为。在线下教学过程中，需致力于学生理论知识体系的搭建，使学生对量化营销的概念、意义和流程规范等有所认知。"量化营销"课程的内容或材料应反映前沿性和时代性并突出中国情景，教学形式应呈现过程性、先进性和互动性，学习结果应具有探究性和个性化。企业与学生的线下互动需强调实践结合理论，通过实地调研、专题研讨会等形式对相关项目进行深层次讲解，培养学生的数据思维、营销数据认知等能力。

量化营销的线上教学侧重于最大化开发及利用网络资源，如网络开放课程资源、与营销相关的平台资源等。在教学初期，考虑到大多数学生的课外学习实践自由度较小、学习时间呈现碎片化的特点，为了充分利用课堂时间厘清重点、传授方法、构建思路、传播思想，课程素材应当选择足够精辟、具有科普意义的线上课程资源（如教学视频、学术文章等）作为学生课前辅助资料，在学生了解基础的知识单元后再开展课堂教学能够更自然、更迅速地进入授课状态。利用线上数据分析平台等模拟仿真平台，提前了解学生的兴趣并以此设计项目主题，在平台上模拟市场环境变化，让学生参与项目实施过程，并结合量化营销知识监测营销活动的发展趋势、分析营销活动的价值等，在实践中逐渐培养数据整合、数据分析、数据表达等能力。

值得注意的是，运用混合式教学时，教师应具备课程准备、课程设计、交流讨论和动机激发四个方面的能力；学生应具备自主学习能力、实践管理能力、应用信息技术等能力。

（三）师生连接、校企协同创新

"量化营销"课程的开展应结合以知识创建、价值共创为目标的校企协同、科教融合，在实践中要求学生运用量化营销原理分析现实中的问题。

高校的人才培养应当围绕中国情景下企业或市场的需求，依据企业现实问题、行业热点等开展教学，培养学生运用所学知识和工具解决问题的综合能力，分析企业各类项目的实施情况，从而汲取经验、获得灵感。从企业视角来看，探索能够为学生提供与营销领域（量化营销、数字营销等）就业岗位技能需求相契合的职业发展路径。研究性教学有利于培养学生的创新能力，将高校老师、学生等的科研项目作为支撑，积极推进学术性、研究性学习，结合校企协作进一步推动科研项目。在内容上，科研项目着眼于最新行业前沿，将最新的科学研究成果转化输出成教学内容，使学生接收到最新的科技创新思想、理念和成果，实现科教融合。

四、"量化营销"课程教学内容体系的构建

"量化营销"课程的内容应着重反映时代性和行业的前沿性,适应中国国情、明确中国特色、展现中国风格,循序渐进地培养学生的营销数据思维能力、数据分析能力及数据应用能力,从认识、了解、运用方面逐步提高知识迁移运用能力,打造和培育具有营销数据思维能力和数据素养的营销复合型人才。

"量化营销"课程的教学内容呈现知识琐碎、范围广泛等特点,因而在教学过程中应将知识点进行分类,《学习、教学和评价的分类学——布卢姆教育目标分类学修订版》一文将知识(学习时涉及的相关内容)分为事实性、概念性、程序性及元认知四个类别。具体而言,对应到"量化营销"课程中,事实性知识是指具体的商业动态与量化营销中的基本术语,通常较为分散、不够体系;概念性知识指的是能够揭示事实性知识的本质及其之间关系的量化营销相关概念、理论及模型等;程序性知识是经过行业经验等总结出的某活动或某事件的具体流程与方法,如衡量营销效果的各类指标、广告收入的计算公式,该类知识具有结构性;元认知知识是指运用概念和程序性知识,分析得出能够实现营销组合、优化营销活动等实际企业营销问题的策略与建议。

一般而言,从事实性知识到元认知知识,知识的高度和难度均有提高。对事实性知识的学习让学生接触到量化营销并形成初始印象,了解量化营销的基本构成;对概念性知识与程序性知识的学习使学生能够更有逻辑地理解事实性知识,从而搭建量化营销的系统性知识体系。事实性知识、概念性知识及程序性知识起到搭建基本概念、基本知识及分析框架的作用,侧重静态知识。量化营销是动态运行的,对元认知知识的学习能体现学生知识迁移应用能力,即运用概念性知识和程序性知识解决现实问题,实现从理论到实践的跨越,属于动态过程。

为实现模块化和进阶性地展开课程内容教学,量化营销课程内容的整体思路为从"为什么要学量化营销"到"怎样学习量化营销",再到"如何用量化营销解决问题",最后到"如何将量化营销做得更好",因此"量化营销"课程的教学内容主要分为理论篇、指标篇、工具篇和实践篇四个相互关联的篇章(见表1),实现课程与知识体系、能力、素质的相互衔接。依据篇章各自的特点,每个篇章包含的知识类别不一,理论篇和指标篇侧重事实性、概念性及程序性知识,工具篇和实践篇侧重程序性和元认知知识。

表 1 "量化营销"课程的教学内容

篇章	知识维度			
	事实性知识	概念性知识	程序性知识	元认知知识
理论篇	量化营销的发展历程 量化营销的现状 量化营销的发展趋势	量化营销的意义 量化营销的基本概念	量化营销的实施步骤	
指标篇		指标概念 指标分类（如流量指标、用户行为指标、转化指标等）	指标的用途及意义 指标的计算方式	指标的运用方法及场景
工具篇		数据分析的技术和工具（如用户画像技术、Google Analytics、Salesforce 等） 技术和工具的功能及分类	技术和工具的关键设置 技术和工具的运用流程	工具的应用实践案例
实践篇		营销模型（如种草模型、数字用户增长模型、营销全链路模型等）	营销战略 营销组合策略 营销规划与管理战略	解读典型案例 阐述量化营销工作机制 营销平台数据模拟实训

（一）理论篇

理论篇主要从"是什么"（What）、"为什么"（Why）、"怎么样"（How）三个维度阐释量化营销，其中"是什么"的内容用于解释量化营销的定义和构成要素，以及量化营销岗位的工作内容和能力要求等；"为什么"的内容用于阐释数字经济时代下开设"量化营销"课程的意义及高校师生学习量化营销知识的必要性；"怎么样"的内容用于分析量化营销的方式、方法和基本流程。本篇属于量化营销的基础理论教学，主要介绍数字经济时代市场营销的现状和发展趋势，并归纳和总结量化营销的基本理念、意义及基本流程，聚焦知识获取能力。

（二）指标篇

指标篇主要是介绍营销活动或业务"量化"过程中涉及的各类行业内较常用的计算指标，如数字时代对于营销效果评估的指标体系和方法，并从指标的概念、计算方式及应用三个维度展开教学，让学生了解哪些是量化营销指标、为什么需要营销指标，以及如何选择和正确使用营销指标。其中，指标的概念包括量化营销指标的含义、体系构成及分类（如量化与搜索引擎营销相关的访问指标、转化指标等），且该指标用于帮助企业分析网站或应用程序的流量情况、了解其用户的访问行为和来源，以及评估网站的吸引力和用户留存情况。计算方式是指应用具体数据计算得到指标值的方法，如净推荐值 =（推荐者数－贬损者数）/总样本数。应用是指如何辨别多样的数据指标并确定其属于哪种营销手段，如电子邮箱营销、搜索引擎营销等。本篇通过介绍量化营销中运用的相关指标，引导学生对指标进行计算和分类，培养学生识别具有价值的营销数据和依据具体项目构建指标体系的能力。

（三）工具篇

工具篇对与营销数据相关的技术和工具及其运用流程进行了拆解和分析，这些技术和工具能够针对特定目标对营销数据进行整合和分析。本篇注重让学生了解营销数据分析的基本原理和流程，给实践篇的数据分析模拟实训提供了有效的支撑。在工具篇中，概念性知识是常见的营销数据分析的技术和工具，主要阐述这些技术和工具的功能及分类，如网站流量数据统计工具（Google Analytics、百度统计等）、用户画像技术、客户关系管理平台（Salesforce、销售易等）等。工具篇的核心内容是程序性知识，通过讲解技术和工具重点环节、程序的关键设置和运行流程，并结合具体的营销场景，引导学生判断在数据分析过程中运用了哪些类别指标，以及应选择何种技术或工具，主要通过案例对工具的运行进行详细的解读，使学生更深刻地了解、认识和分析营销数据的技术和工具。本篇向学生介绍了营销科技，展现了营销数据可视化，数据分析流程化、步骤化，能够有效指导学生对营销数据进行管理，帮助学生提升数据分析的实操技能。

（四）实践篇

实践篇主要是运用理论篇、指标篇及工具篇的知识挖掘数据，进一步分析营销活动和营销策略等，强调"量化"的过程机制，注重培育学生指标的运用能力和创新能力。本篇涉及的概念性知识主要是与量化营销相关的模型，涉及近年用于营销领域的热门模型，如消费者行为模型、数字用户增长模型等，通过对各模型的教学，让学习者了解各模型的内容，以及如何利用模型对消费者决策、营销策略等进行分析；程序性知识主要包括营销战略、营销组合策略、营销规划与管理战略三个层面的内容，厘清量化营销的战略流程，聚焦知识运用能力，通过数据整合、数据运用，分析消费趋势、消费者特征等因素，思考如何布局大数据营销、新媒体营销（短视频营销、直播营销）、社交营销、社群营销、内容营销、口碑营销、搜索引擎营销、推荐引擎营销等营销手段；元认知知识是本篇的关键内容，主要通过解读典型案例、阐述量化营销工作机制及营销平台数据模拟实训开展量化营销的实践活动，指导学生运用营销数据分析各种维度的指标和特性表现，如分析客户画像、客户消费行为、客户价值、客户生命周期等，并基于对客户需求的理解制定有效的营销策略，运用营销数据监控营销活动过程、评价营销活动价值、优化营销活动等。

五、"量化营销"课程的教学过程与方法

"量化营销"课程的教学主要依据 5E 教学模式展开，通过吸引、探究、解释、迁移和评价五个环节循序渐进地激发学生对量化营销知识的认知、运用，依据各环节内容增添相匹配的教学方法，打破"单声道""满堂灌"等现象，如图 2 所示。

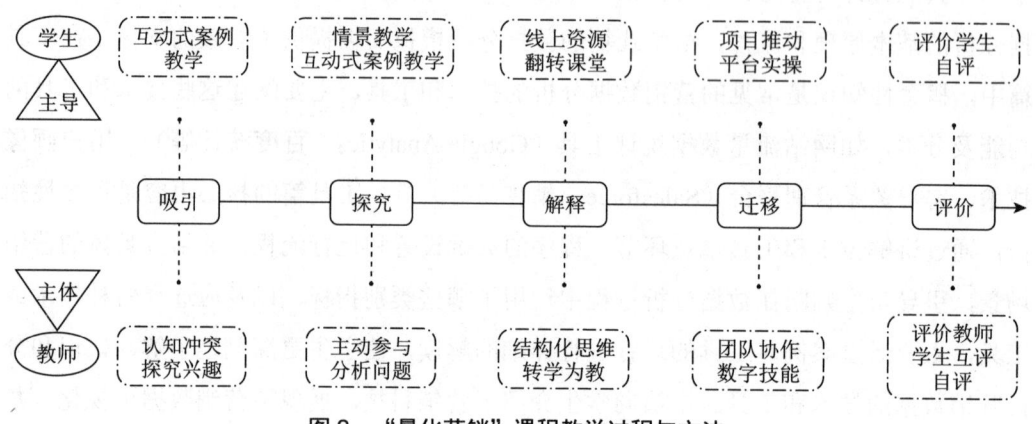

```
学生           互动式案例      情景教学          线上资源       项目推动      评价学生
主导            教学          互动式案例教学     翻转课堂       平台实操       自评
                 │               │                │              │            │
               ┌─┴─┐           ┌─┴─┐            ┌─┴─┐          ┌─┴─┐        ┌─┴─┐
               │吸引│──────────│探究│──────────│解释│────────│迁移│───────│评价│→
               └─┬─┘           └─┬─┘            └─┬─┘          └─┬─┘        └─┬─┘
                 │               │                │              │            │
主体            认知冲突        主动参与         结构化思维       团队协作      评价教师
教师            探究兴趣        分析问题         转学为教         数字技能     学生互评自评
```

图 2　"量化营销"课程教学过程与方法

（一）吸引（Engagement）

吸引环节侧重明确学生已有的偏差认识，通过教学材料的引入使其形成认知冲突，从而激发学生主动学习和积极探究的兴趣。

该环节主要采取互动式案例教学方法，并确保所选取的案例能够讲好中国故事、体现中国声音，结合教学内容，提前收集学生想要获取的内容和主题，围绕学生感兴趣的话题、热点知识等补充与量化营销相关的案例，通过案例教学导入量化营销，确保能够吸引学生，引导学生积极思考，激发学生参与互动和探究的兴趣。对典型案例的解读能进一步提高学生对量化营销作用机制的认知，为后续探索"透过现象发现问题所体现的规律和本质"及深入学习量化营销奠定基础。

（二）探究（Exploration）

探究环节侧重根据学生在吸引环节产生的认知冲突，为学生创造全身心投入探索量化营销的活动，如项目演练，通过自主探究和合作探究加深对量化营销基本概念的

自我理解。

该环节中教师在课前针对量化营销基础理论知识对线上课程资源进行安排，引导学生对量化营销相关理论和概念进行初步的学习和探究。课程采用情景教学方式，使学生由"被动应付"转变为"主动参与"，对在吸引阶段中使用的案例进行模拟与演练，坚持理论教学与模拟演练的统一，让学生在角色扮演、辩论中探索案例所反映的量化营销理论和企业现实问题，形成对量化营销流程的初步认知，同时提高学生创造性分析案例、理论联系实际、语言表达和团队协作的能力。在情景教学的过程中，保证以学生为中心，教师要发挥导演、教练、评论者和仲裁者等角色的作用，学生则是问题的分析者、决策者。不仅如此，教师需注重案例总结，回归理论教学，对在案例模拟过程中缺漏的知识点进行补充说明，更全面地分析案例，从而使情景教学更具深度。

（三）解释（Explanation）

解释环节主要是指教师明确概念、原理，阐释新知识；在教师的指导下，学生使用新知识回答最初提出的问题。

该环节通过线下课堂教学及线上课程资源，结合行业热点和难点进一步梳理理论篇和指标篇的知识点，遵照循序渐进的原则，按照由易到难、由浅入深、由简到繁的顺序，层层递进，呈现教学内容，提高课堂教学质量。教师对学生知识吸收程度的验收采用翻转课堂模式，针对所学的量化营销知识点设计相应的课堂活动来体现所悟，活动包括但不限于汇报、辩论、案例展示等。同样，在课堂活动展开期间，确保学生的主导地位，教师在前期进行问题引导和对活动进行总结形成整合性的结构化知识。在该模式下，教师能够更好地了解学生对新知识的掌握情况，从而做到精准施教。

（四）迁移（Elaboration）

迁移环节是指教师给予学生新的问题情境、新的活动，将新的知识用于新的环境中，鼓励学生阐明对概念的理解，以此加深其对新知识的理解，并且巩固在实践中获得的方法与技能。

该环节侧重工具篇和实践篇，主要采用实景教学方法，在理论教学方面，教师聚焦典型案例、量化营销工作机制、营销平台数据使用说明等展开对专业知识、相关领域的前沿学术成果的讲解；在实践教学方面，为了深化学生对专业知识的理解，利用营销平台模拟企业市场经营和竞争环境等商业场景进行实训和仿真，提供真实的营销信息系统进行项目实操（通过团队学习和自主探究等方式完成特定任务），让学生结合所学知识，运用营销数据对各种维度的指标和特性表现进行分析，如客户画像、客户消费行为、客户价值、客户生命周期等，运用营销数据监控营销活动过程、评价营销活动价值、优化营销活动。通过实践教学，实现从理论到实践再到理论的螺旋式上升循环培养过程，进而实现产教融合，提升学生的理论认知能力和团队协作能力。

（五）评价（Evaluation）

评价阶段是指鼓励学生自评，包括学生对自己的知识理解、能力提升等进行评价，同时教师对学生的学习过程及是否达到教学目标进行评估。

教师既是课堂教育活动的设计者，又是评测者，通过确定评测目标和评测内容设计教育活动，又需针对所设计的教育活动收集反馈信息来评测教育效果，从而不断改善教学活动。该环节通过确定的评价标准和反馈机制对各阶段进行评教与评学，实现教师对学生课程掌握情况的评价和学生的自我评价，鼓励学生及时对教学过程进行反馈、对学习过程进行反思。学生对教学过程的评价和反馈对课程质量起到提升作用，评价不仅是对现阶段的总结，也是下一个阶段的向导和整体教学的助推剂。

构建多元化的课程评价体系，具体体现在以下几个方面。①评价主体多元化，即对教师、学生及团队成员多维视角的评价，采用教师评价学生、学生自评和互评、学生评价教师和教师自评的方式。②评价内容多元化，教师评价学生、学生相互评价和学生自我评价的内容包括理解和运用基础知识的能力，以及学生的综合素质，包括数据思维、沟通协作能力、创造能力的表现，学生评价教师和教师自我评价的内容包括数据素养、教学目标的合理性、教学内容的灵活性和延伸性、教学过程的生动性和趣味性、教学资源的质量和丰富性等。③评价方式多元化，包括课堂参与、问卷调查等，学生学习成果包括考试、作业（如营销活动过程监测）、团队合作项目（如营销活动优化方案）等。

总之，5E模式的每个环节不是孤立存在和进行的，而是既层层递进又相辅相成的关系。该模式有助于提高学生探究现实问题的能力，帮助学生构建结构化思维，对企业问题或情境进行分析和解释。在实际教学中不能循规蹈矩地按五个环节展开教学活动，应结合多种教学方法（如知识建构）来帮助学生培养和锻炼高层次认知技能，搭配目标教学法，围绕教学目标展开教学活动，激发学生为实现目标而主动参与的兴趣。因此，通过创造性地结合适配教学方法，能够确保量化营销课程思路清晰、目标明确、过程合理。

六、结语

新文科建设对文科专业的教学理念、知识体系、教学模式、课程体系提出了全新要求，为应对新一轮科技革命和工业革命，为新时代企业竞争培养营销应用型人才，高校教育亟须植入数字经济思维。本书积极探索数智化的教学建设，从教学模式、课程内容、教学资源及教学方法等方面做出了创造性尝试。

"量化营销"课程聚焦数据驱动理念，为高校市场营销专业的实践改革创新突破提供科学化、合理化的课程建设意见。"量化营销"课程的知识体系强调前瞻性和特色化，教学素材强调数智化的时代性和行业的前沿性，并适应中国国情、明确中国特色、展现中国风格；教学模式体现多元化和数字化，具备涵盖线上线下、虚拟仿真及社会实践多维度的教学体系，课程的开展结合以知识创建、价值共创为目标的校企协同、科教融合，实现理论与实践相结合；教学方法追求多样化和互动性，5E教学模式贯穿整个教学过程，结合多种教学方法，通过提高学生的参与感实现量化营销知识的融会贯通，致力于打造生动性、趣味性和互动性课堂。

为适应社会、行业和企业的发展需求，培育出数智经济下专业敏锐度高、具备多学科交叉应用能力和数字化思维的复合型营销人才，"量化营销"课程致力于培育学生与时俱进的综合能力、构建数智化时代的营销逻辑、充分体现新文科技术融入的特征，期望所尝试的教学创新和探索工作可以为新文科数智化课程建设提供一定的借鉴和参考。

《量化营销：工具与模型》是一本量化营销基本术语大全，该书关注数字化、数智化营销的创新和热点趋势，贴近数字营销的行业需求，顺应了数字经济发展的特征变化。不局限于介绍数字营销的理论，该书从图书结构形式、内容分类等多方面做出创新性尝试，通过拆解数字化增长需要的营销思维和模型，描述围绕量化营销展开的词汇，能够让读者快速且清晰地了解量化营销领域的新理念、新概念，系统地学习数据运用技能和思维方法。该书是提升专业技能、掌握量化营销知识和方法的重要图文资料，致力于尝试打开培育跨界知识技能、启迪多种思维碰撞的数智时代之门。

本书的出版获得江西财经大学"信毅教材大系"项目资助，相关教改论文《"量化营销"课程开发与教学设计》获得中国高等院校市场学研究会（全国性一级学会）2023年度教学年会优秀论文奖。特别值得一提的是，我的研究生蓝金鑫、毛梦莹、涂艳萍等同学做了大量的资料收集、整理、编辑工作，在此一并表示感谢。

谌飞龙

gacflong@163.com

2025年1月

目　录

| 第一章　指　标　篇 |

▶ 导入案例 001

B 003

曝光量（Impression） 003
标准化产品单元（Standard Product Unit，SPU） 003
北极星指标（North Star Metric） 003
并发用户数峰值（Peak Concurrent Users，PCU） 003

C 004

蚕食率（Cannibalization Rate） 004
差评率（Negative Comments Ratio） 004
产品销售贡献（Sales Contribution by Product） 005

D 005

带货口碑（Influencer Marketing Reputation） 005
地区销售贡献（Sales Contribution by Location） 005
点击通过率（Click Through Rate，CTR） 005
电子邮件参与率（E-mail Engagement Rate） 006
电子邮件打开率（E-mail Open Rate） 006
电子邮件点击通过率（E-mail Click-Through Rate） 006

I

电子邮件回复率（E-mail Response Rate） 007
订单价值（Order Value，OV） 007
独立访客（Unique Visitor，UV） 007

E 007

二跳率（2nd-Click Rate） 007

F 008

放弃率（Abandonment Rate） 008
付费渗透率（Pay Users Rate，PUR） 008
复购率（Buyer Retention） 009

G 009

各渠道关注者增长率（Follower Growth by Channel） 009
购买频率（Purchase Frequency，PF） 010
购物车放弃率（Cart Abandonment Rate） 010
购物车价值（Shopping Cart Value） 010
广告饱和度（Advertising Saturation） 010
广告负载量（Ad Load） 011
广告好感率（Advertising Favorability Rate） 011
广告记忆率（Unaided Ad Awareness） 011
广告行动率（Conversion Rate From Ad） 012
广告覆盖率（Advertising Coverage Rate） 012
广告价值等量（Advertising Value Equivalency，AVE） 013
广告曝光量（Advertisement Page View，ADPV） 013
广告收入（Advertising Revenue） 013
广告总收视点（Ad Gross Rating Point，GRP） 014
广告填充率（Ad Fill Rate） 014
广告有效频次（Ad Effective Frequency） 014
广告展现量（Ad Impression） 015
广告支出回报率（Return on Ad Spend，ROAS） 015

H 015

呼叫中心指标（Call Center Metrics） 015

互动量份额（Share of Engagement） 015
互联网总收视点（Internet Gross Rating Points，IGRP） 016
会话时长（Session Duration，SD） 017
活跃付费用户（Active Payment Account，APA） 017
用户活跃率（User Activity Rate） 017
活跃用户数（Active Users，AU） 018
活跃用户质量（Active User Quality，AUQ） 019
货币化率（Monetization Rate） 019
获客成本（Customer Acquisition Cost，CAC） 019

J 019

激活率（Activation Rate） 019
激活转化率（Activation Conversion Rate） 020
加购率（Add to Cart Rate） 020
结账转化率（Checkout Conversion Rate） 020
进店率（Entering Rate） 021
净推荐值（Net Promoter Score，NPS） 021

K 022

K因子（K-factor） 022
客户留存率（Customer Retention Rate，CRR） 022
客户费力度（Customer Effort Score，CES） 023
客户价值（Customer Value，CV） 023
客户流失率（Customer Churn Rate） 025
客户满意度（Customer Satisfaction，CSAT） 025
客户平均生命周期（Average Customer Lifespan/Average Customer Lifetime） 026
客户生命周期（Customer Life Cycle，CLC） 026
客户生命周期参与度（Customer Lifetime Engagement） 027
客户生命周期价值（Customer Lifetime Value，CLV） 027
客户生命周期利润（Customer Lifetime Profit） 028
客户投诉率（Customer Complaint Rate） 028
坑位产出（坑产）（Unit Display Output） 028

III

L ... 029

浏览深度线（Browse Depth Line） ... 029
流量来源销售贡献（Sales Contribution by Traffic Source） ... 029

M ... 029

每次会话页面数（Pages per Session） ... 029
每点成本（Cost per Point，CPP） ... 030
每点击成本（Cost per Click，CPC） ... 030
每访问成本（Cost per Visit，CPV） ... 031
每购买成本（Cost per Purchase，CPP） ... 031
每互动成本（Cost per Engagement，CPE） ... 031
每回应成本（Cost per Response，CPR） ... 032
每千次展示收益（Revenue per Mille，RPM） ... 032
每千人成本（Cost per Mille，Cost per Mille Impression，CPM） ... 032
每潜在客户成本（Cost per Lead，CPL） ... 033
每时段成本（Cost per Time，CPT） ... 033
每下载成本（Cost per Download，CPD） ... 033
每销售成本（Cost per Sale，CPS） ... 034
每行动成本（Cost per Action，CPA） ... 034
每用户的会话数（Sessions per User） ... 035
每用户广告数（AD per User，ADPU） ... 035
每用户广告展示次数（Impression per User，IPU） ... 035
每用户收入（Revenue per User，RPU） ... 036
每账户平均收入（Average Revenue per Account，ARPA） ... 036
每注册成本（Cost per Registration） ... 036
目标群体指数（Target Group Index，TGI） ... 037
目标人群到达率（TA Reach） ... 037

N ... 037

N+Reach ... 037
内容认可度（Content Recognition） ... 038
年度经常性收入（Annual Recurring Revenue，ARR） ... 038

P 038

品牌心智份额（Brand Mindshare）...... 038
平均点击价格（Average Click Price，ACP）...... 039
平均订单价值（Average Order Value，AOV）...... 039
平均订单数量（Average Order Quantity，AOQ）...... 039
平均访问次数（Average Visits）...... 040
平均访问时长（Average Access Time）...... 040
平均购物车价值（Average Cart Value，ACV）...... 040
平均会话时长（Average Session Duration，ASD）...... 041
平均交易价值（Average Transaction Value，ATV）...... 041
平均每用户收入（Average Revenue per User，ARPU）...... 041
平均每付费用户收入（Average Revenue per Paying User，ARPPU）...... 042
平均每日活跃用户收入（Average Revenue per Daily Active User，ARPDAU）...... 042
平均每贴文互动量（Average Interactions per Post）...... 042
平均每页广告曝光量（Average Show Number）...... 043
平均同时在线用户数（Average Concurrent Users，ACU）...... 043
平均销售周期长度（Average Length of Sales Cycle）...... 043

Q 044

钱包份额（Share of Wallet，SOW）...... 044
千次展示收益（earning of Cost Per Mille，eCPM）...... 044
潜在触达率（Potential Reach Rate）...... 045
潜在客户数量（Lead Volume）...... 045
情感分析（Sentiment Analysis）...... 045
渠道销售贡献（Sales Contribution by Channel）...... 045

R 046

人均启动次数（Per Capita Startup Frequency）...... 046
人均停留时长（Per Capita Length of Stay）...... 046
人群触达（Reach）...... 047
任务成功率（Task Success Rate）...... 047
任务完成时间（Time on Task）...... 048

S 048

商品交易总量（Gross Merchandise Volume，GMV）.. 048
"尚交所"指数（FX Index）.. 048
商品退货率（Product Return Rate）.. 049
设备流量（Traffic by Device）.. 049
社交媒体发布量（Social Media Publishing Volume）.. 049
社交媒体页面浏览量（Social Media Page Views）.. 049
社交媒体展示量（Social Media Impressions）.. 050
声量（Buzz）.. 050
生命周期价值（Life Time Value，LTV）.. 050
声音份额（Share of Buzz）.. 050
时间销售贡献（Sales Contribution by Time）.. 051
市场占有率（Market Occupation Rate）.. 051
视频播放量（Video Views）.. 051
搜索展示量（Search Impressions）.. 051
搜索指数（Search Index）.. 052

T 052

TA 浓度（Target Audience Concentration）.. 052
跳出率（Bounce Rate）.. 052
跳出数（Bounce Count）.. 053
投资回报率（Return on Investment，ROI）.. 053
推荐流量（Referral Traffic）.. 053
退出率（Exit Rate）.. 054
退货率（Goods Return Rate）.. 054
退款率（Refund Rate）.. 054

W 055

完播率（Video Completion Rate）.. 055
网页访问次数（Page Visits）.. 056
网页访问量（Page View，PV）.. 056
网页排名（Page Rank，PR）.. 056
网页停留时间（Time on Site）.. 057

网站访问深度（Site Visit Depth） 057
网站转化率（Website Conversions Rate） 057

X 058

线索成熟度（Maturity of Leads） 058
详细卖家评分（Detailed Seller Ratings，DSR） 058
消费者效用（Consumer Utility） 058
销售漏斗转化率（Funnel Conversion Rate） 059
销售线索丢失率（Percentage of Leads Dropped） 059
销售线索跟进率（Percentage of Leads Followed Up With） 060
销售线索平均响应时间（Average Lead Response Time） 060
新客户获得率（New Customer Acquisition Rate） 060
询单转化率（Inquiry Conversion Rate） 061

Y 061

一次性用户数（Number of One-Time Users） 061
移动设备上的转化率（Mobile Conversion Rate） 061
引用率（Amplification Rate） 062
营销源起的新用户率（Marketing-Originated Customer Percentage） 062
用户参与率（User Engagement Rate） 062
用户订阅转化率（Subscription Conversion Rate，SCR） 063
用户回访率（Return Visit Rate） 063
用户获取成本（Customer Acquisition Cost，CAC） 063
用户运营成本（Customer Operation Cost，COC） 064
优化版按点击付费（Optimization Cost per Click，OCPC） 064
优化版按行动付费（Optimized Cost per Action，OCPA） 064
优化版千次展示成本（Optimization Cost per Mille，OCPM） 065
预估点击率（Predict Click-Through Rate，PCTR） 066
预估转化率（Predict Conversion Rate，PCR） 066
月度经常性收入（Monthly Recurring Revenue，MRR） 066

Z 067

账户注销率（Unsubscribe Rate） 067
质量评分（Quality Score） 067

转化量（Conversion Count） 067
　　转化率（Conversion Rate，CVR） 067
　　着陆页转化率（Landing Page Conversion Rate） 068
　　自动化解决率（Automated Resolution Rate） 068
　　最小存货单位（Stock Keeping Unit，SKU） 068

▶ 案例分析 069

| 第二章　模型篇 |

▶ 导入案例 071
　　4E 理论 072
　　5A 模型——全链路模型 073
　　5C 营销模型——网络营销理论 076

A 077
　　AARRR 模型——用户增长分析模型 077
　　ADMAS 模型——用户消费行为模型 078
　　Aha 模型——品牌力综合评估模型 079
　　AIDMA 模型——用户消费行为模型 080
　　AIPL 模型——全链路模型 081
　　AISAS 模型——用户消费行为模型 081

D 082
　　DeEP 模型——品牌资产评估模型 082
　　DFEAS 模型——用户消费行为模型 083
　　达人投放模型 084
　　达人五力模型 086
　　抖音店铺运营力评价模型 086

F 087
　　"FACT+S" 模型——抖音电商经营模型 087
　　FAST 模型——消费者运营健康度模型 088

飞轮模型——亚马逊飞轮效应模型 089

G
GROW 模型——品类增长模型 090

I
ISMAS 模型——用户消费行为模型 091

L
留存分析模型 092

M
MMM 模型——营销效果统计模型 093

O
"O-5A-GROW" 模型——品牌数字资产模型 093
ODMM 模型——数字化成熟度模型 094

R
RFM 模型——客户关系管理分析模型 095

S
SEED 模型——种草模型 096
SICAS 模型——用户消费行为模型 097
SIPS 模型——用户消费行为模型 098
私域三角经营力模型 100

X
小数据战略 5cm 方法论 101
新锐品牌增长潜力模型 102

▶ 案例分析 103

第三章　网络热词篇

▶ 导入案例 105

A 106
安利 106

B 106
拔草 106
避雷 107

C 107
踩雷 107
超级符号 107
吃土 107
出圈 107
C位 108

D 108
达人 108
打卡 108
带货 108
单身经济 108
剁手 108

F 109
佛系买家 109
佛系卖家 109

K 109
狂草 109

M 109
秒杀 109

N 109
"年清族" 109

P 110
破圈 110

S 110
刷屏 110

T 110
她经济 110
天花板 110
铁粉 111

X 112
学研型消费 112

Y 112
野性消费 112
月光族 113

Z 113
长草 113
种草 113
种草值 114
自来水 115
组合拳 115

▶ 案例分析 115

| 第四章　其他重要词汇篇 |

▶ 导入案例 117
 360°画像（360°Portrait） 118

A 118
 按效果付费（Pay for Performance，PFP） 118

C 119
 产品-市场匹配（Product Market Fit，PMF） 119
 长尾流量（Long-Tail Traffic） 119
 程序化广告（Programmatic Advertising） 120
 垂类（Vertical Category） 120

D 121
 第一方数据（1st Party Data） 121
 第二方数据（2nd Party Data） 121
 第三方数据（3rd Party Data） 121
 多触点归因（Multi-Touchpoints Attribution，MTA） 121

F 122
 访客的人数统计（Visitor Demographics） 122
 分销涟漪效应（Distribution Ripple Effect） 122

G 122
 个人验证信息（Personality Identifiable Information，PII） 122
 公海池（Public Sea Pool） 122
 公域流量（Public Traffic） 123
 关键词排名（Keyword Ranking） 123
 关键绩效指标（Key Performance Indicator，KPI） 124
 关键商业需求（Key Business Requirement，KBR） 124
 关键意见领袖（Key Opinion Leader，KOL） 124
 关键意见消费者（Key Opinion Consumer，KOC） 124
 归因分析（Attribution Analysis） 125

H 125

互联网广告交易平台（Ad Exchange，ADX）..................................... 125

会话（Session）... 126

J 126

基础设施即服务（Infrastructure-as-a-Service，IaaS）......................... 126

集客营销（Inbound Marketing，IM）.. 126

井字标签（Hashtag）.. 127

K 127

KFS 产品种草组合 127

客户体验管理（Customer Experience Management，CEM）............. 128

L 129

流量来源（Traffic Source）.. 129

六次互动理论 129

M 129

模型即服务（Model-as-a-Service，MaaS）... 129

P 129

品牌资产（Brand Equity）.. 129

平台即服务（Platform-as-a-Service，PaaS）....................................... 130

R 131

人工智能生成内容（AI-Generated Content，AIGC）......................... 131

日志分析（Log Analysis）.. 132

入站链接（Inbound Link）... 132

软件即服务（Software-as-a-Service，SaaS）...................................... 133

S 133

社交媒体评估（Social Media Evaluation）.. 133

实时竞价（Real Time Bidding，RTB）... 134

事件分析（Event Analysis）... 134

XIII

数据打通（Data Onboarding） 134
私有交易市场（Private Marketplace，PMP） 135
私域流量（Private Traffic） 135
搜索引擎营销（Search Engine Marketing，SEM） 136

T 136
讨论话题排行 136

X 136
线索质量标准评分 136
消费者决策流程（Customer Decision Journey，CDJ） 137
销售合格线索（Sales-Qualified Leads，SQL） 137
销售接受线索（Sales Accepted Leads，SAL） 138
销售漏斗（Sales Funnel） 138
销售线索（Leads） 138
销售线索培育（Lead Nurturing） 138
信息流广告（News Feed Ad） 139

Y 139
营销合格线索（Marketing-Qualified Lead，MQL） 139
营销接受线索（Marketing Accepted Lead，MAL） 139
用户标签（User Tag） 140
用户画像（User Persona） 140
用户行为路径（User Behavior Path） 141
用户旅程（Customer Journey） 141
用户生成内容（User Generated Content，UGC） 141
用户行为路径分析（User Path Analysis） 142

Z 142
增长黑客（Growth Hacker） 142
战略客户价值管理（Synchronizing Customer Value Management，SCVM） ...142
统一用户识别（ID Mapping） 142
职业生产内容（Occupationally Generated Content，OGC） 143

种子用户（Seed User） 143

专业生产内容（Professional-Generated Content，PGC） 144

总体页面索引（Total Number of Indexed Page） 144

最高流量页面（Highest Trafficked Page） 144

最简化可实行产品（Minimum Viable Product，MVP） 144

▶ 案例分析 145

| 第五章　工　具　篇 |

▶ 导入案例 146

国内 147

51.La——网站统计工具 147

A 148

Apache Doris——分析型数据库 148

AppGrowing——移动广告策略分析平台 149

B 150

百度统计——网站流量分析工具 150

C 152

CBNDataBox 消费魔盒——数据分析工具 152

CNZZ——网站统计分析平台 152

F 154

泛微·九氪汇——数字化营销管理工具 154

飞瓜数据——短视频和直播数据分析平台 154

纷享销客——销售管理系统 156

H 158

红圈 CRM——CRM 系统 158

XV

L

量子恒道——淘宝官方的数据产品 159

N

Nint 任拓——电商数据分析工具 159

Q

千瓜数据——小红书营销数据分析平台 160

S

神州云动——CRM 系统 161

X

西瓜微数——微博数据分析平台 162
销帮帮——CRM 系统 163
销售易——CRM 系统 164

Y

用友 CRM——CRM 系统 166

Z

Zoho——企业一体化管理云平台 167

国外

B

Brand24——社交媒体监控工具 168

C

Cognos Analytics——商业智能工具和绩效管理软件 172

D

Datadog——云监控和应用性能管理平台 172
Domo——商业智能工具 173

F 173

FusionCharts——Flash 图表组件工具 173

G 174

Google Analytics——网站分析平台 174
Grafana Labs——数据可视化和监控工具 175

H 176

HubSpot——数字营销代理商及 CRM 系统 176
HypeAuditor——网红挖掘营销工具 177

K 178

Klipfolio——业务分析工具 178

L 179

Looker——商业智能软件和大数据分析平台 179

M 180

Metabase——商业智能分析工具 180
Microsoft Clarity——用户行为分析和网站分析工具 181
MODASH——社交媒体账号分析工具 182

P 183

Power BI——商业数据分析和共享工具 183

Q 184

Qlik Sense——数据分析平台 184

S 184

Salesforce——集成 CRM 平台 184
Semrush——关键字和竞品研究工具 185
Splunk——日志管理和数据分析平台 187

T 187

Tableau——商业数据分析软件 187

W 188

Whatagraph——营销数据集成平台 188

▶ 案例分析 190

参考文献 192

第一章 指标篇

> **学习目标**
>
> 1. 了解哪些是量化营销指标,熟知各指标的概念和分类
> 2. 明晰为什么需要量化营销指标
> 3. 掌握各指标的计算方法及应用场景
> 4. 掌握正确选择和使用量化营销指标的方法

▶ 导入案例

网易云音乐如何用数据驱动 App 用户活跃和留存

2013 年 4 月 23 日,网易云音乐正式成立,其是由网易公司基于算法,融合个性推荐与社交属性推出的以发现与分享为核心,兼具社交功能的移动端在线音乐社群。网易云音乐一直秉承个性化理念,以满足用户碎片化需求为核心经营理念,以多元音乐资源为支撑,以歌单作为中心构架,把用户作为要素。网易云音乐凭借社交生态,注重发挥体验营销的效用,通过搭建场景,鼓励用户表达自身的情感和价值观,并将情绪作为社交化场景的联结点,拉近了人与人之间的距离。

在大数据驱动的商业环境中,音乐的传播和营销方式同样在不断变革着。用户留存一直是音乐播放平台的重要议题,随着原创作者版权意识日渐增强,互联网音乐播放平台免费曲库的数量显著减少,造成了平台用户流失,也给以活跃用户数和单位用户贡献值为核心的互联网音乐播放平台的数据资产价值评估带来了挑战。如何全面、客观、合理地评估互联网音乐数据资产价值是资产评估机构和评估师所面临的难题,同时也影响着互联网音乐播放平台企业价值评估的准确性。

网易云音乐将"沟通"转变成可用数据，让平台变得更加智能化和人性化，通过个性化算法筛选出优质乐评，利用用户的沟通数据为平台创造更多价值。以用户自己的输出语言和符号来做线下推广，并选择大众平时比较聚集的地方进行宣传，这种内容营销活动极大地提高了用户的沉浸式体验感。网易云音乐的情感化设计洞察用户细微之处，抓住用户情感痛点，让用户在社交过程中找到释放情感的出口，让产生的乐评变得更有价值。更多的用户产生更多的优质乐评，而这些优质乐评作为用户沟通的数据，经过情感化设计吸引更多的用户，以此形成有效的反馈回路，扩展网络、提高价值创造和提升网络效应。

作为国内领先的音乐分享和交流社区，网易云音乐构建了丰富的数据标签体系，包括用户标签、内容标签、场景标签三个维度。其中，用户标签指的就是用户的基础画像特征，如性别、年龄等；内容标签指的是歌曲的曲风、语种、所属年代等；场景标签则更多的是指音乐和人产生连接的具体场景，如通勤场景、学习场景、运动场景等。在用户维度，网易云音乐根据用户的整体活跃度进行用户分层，然后针对低活、中活、高活等细分用户群制定相应的"促活"策略。例如，针对低活用户，通过"看广告免费听会员歌曲"等方式，来提升这部分用户群体的活跃度。而针对既容易留存也容易流失的中活用户，一方面策划能够"刷屏"的爆款活动，吸引中活用户提高活跃度；另一方面设置等级体系，驱动这部分用户持续使用App以提升用户等级。

此外，网易云音乐充分发挥数据和智能算法的驱动作用，通过Logit回归分析、决策树、随机森林等算法，对用户行为与用户留存进行了关联性分析，通过挖掘用户行为路径，找到容易导致用户流失的环节，分析不同用户群在该环节的行为特征，然后进行针对性"挽留"和流失预防。例如，对用户登录环节进行优化，一方面缩短用户的登录路径，改善用户体验；另一方面在新用户登录界面就赠送会员体验时长，降低新用户的权益领取门槛，提升新用户的留存率。活跃用户数是数据资产价值的核心因素之一，在一定程度上能够反映网易云音乐的规模效应。根据网易云音乐2022年度业绩公告，截至2022年年末，网易云音乐在线音乐服务月活跃用户数（MAU）为1.894亿。

网易云音乐平台运营总监曹鲁豫讲道："数据需要包装。网易云音乐在策划爆款数据报告的过程中，花了大量的心思在数据的包装上。我们把对数据的应用转化成了情感向的营销，以音乐为基础，通过数据去探寻用户和IP之间的喜好关系、用户和用户之间的关系、用户和热点之间的关系。我们给用户带来的不仅仅是数据价值，更多的是在数据层面上怎么传递跟用户关联的情绪价值。"

B ▶

曝光量（Impression）

曝光量是指广告、产品等内容被展示的次数（无论用户是否点击广告），在符合标准的前提下，可以简单理解为看到广告的独立用户数越多，影响就越大。曝光量的计算方法很简单，即统计一定时间段内营销内容被展示的数量。比如，某年 7 月 A 广告共有 1000 次浏览，则当年 7 月 A 广告的曝光量为 1000。

标准化产品单元（Standard Product Unit，SPU）

标准化产品单元也就是一个产品的型号，它属于生产制造过程的一个标准品，是商品信息聚合的最小单位，是一组可复用、易检索的标准化信息的集合，该集合描述了一个产品的特性。通俗点讲，属性值、特性相同的商品就可以称为一个 SPU。SPU 指一个商品集合，一般来说就是一个集合链，如一个服装的集合链包括相似的款式和不同的尺码。

最小存货单位（Stock Keeping Unit，SKU）从属于 SPU，如同将一个款式的衣服的不同尺码视作不同的 SKU。SKU 多见于前台的商品编号，而 SPU 多见于后台的商品管理。如一部手机就是一个 SPU，它包含品牌、型号、公共属性等信息，但它还有不同的颜色、内存、套餐等规格参数，每种规格参数组合就对应一个 SKU。

北极星指标（North Star Metric）

北极星指标，也称第一关键指标（One Metric That Matters，OMTM），指的是在所有指标中最重要的一个，也是跟业务最相关的一个指标。在不同的应用场景中北极星指标的定义不同，如对于企业而言，北极星指标既可以是流水金额，也可以是总用户数量；对于一个网站而言，北极星指标可以是注册用户数量或订单量；对于一个页面而言，北极星指标可以是按钮的点击次数。

并发用户数峰值（Peak Concurrent Users，PCU）

并发用户数峰值是指在一定时间内同时登录或使用某个网站或应用程序的最大用户数。应用在网络游戏和其他互联网服务领域，并发用户数峰值是指最高同时在线人数。

$$C = \frac{nL}{T}$$
$$\hat{C} = C + 3 \times \sqrt{C}$$

其中，C 是平均并发用户数，n 是平均每天访问用户数（Login Session），L 是用户从登录到退出的平均时间（Login Session 的平均时间），T 是考察时间长度（多长时间有用户使用系统），$\hat{C}$ 为并发用户数峰值。

例如，在某网站系统中，平均每天会有 500 个用户访问网站，平均在线时长为 4 小时，并且在一天的时间内，用户只在固定的 8 小时内使用该网页，那么平均并发用户数 C=（500×4）÷8=250，并发用户数峰值 $\hat{C} = 250 + 3 \times \sqrt{250} \approx 297$。该指标是一个衡量网站或应用程序的性能和负载的指标，也是影响用户体验和满意度的因素。

C ▶

蚕食率（Cannibalization Rate）

蚕食是指一个产品（通常指新产品）的销售需要损失其他产品的销售数量或金额，蚕食率通常用一定时间段内现有产品损失的销售量（或销售额）除以新产品的销售量（或销售额）来计算。

$$蚕食率 = \frac{现有产品损失的销售量（或销售额）}{新产品的销售量（或销售额）} \times 100\%$$

企业或团队在计划推出一款新产品时，需要考虑并估算该产品的蚕食率，一般可以通过调研等方法预估蚕食率，确定新产品蚕食旧产品的最大允许限度，尽量将损失最小化。

差评率（Negative Comments Ratio）

差评率也可以用"Negative Feedback Ratio"表示，是指商品、服务、活动等其他内容的差评数占总评价数的比例，通常用一定时间段内特定内容获得的差评数除以总评价数来计算。

$$差评率 = \frac{差评数}{总评价数} \times 100\%$$

例如，某年第一季度，A 店铺甲商品共获得 1000 条评价，其中 100 条属于差评，那么甲商品的差评率就是 100÷1000×100%=10%。与差评率相对应的是好评率，这两种指标均能够衡量商品、服务及店铺的质量，也是影响消费者购买决策和信任度的因素。

产品销售贡献（Sales Contribution by Product）

产品销售贡献是指按照不同的产品或服务类别统计和分析销售业绩，它表示每种产品的销售额。通过检查每种产品的销售额，企业和团队可以了解哪些产品在市场上表现良好，以及哪些产品需要进一步改进。

D ▶

带货口碑（Influencer Marketing Reputation）

带货口碑是指对达人带货能力的可靠程度和好评，通常由带货产品质量、用户评价、售后服务、投诉等方面综合评定而得。一般而言，带货口碑越高，表明用户购物体验感越佳、带货商品或服务的品质越好或优惠力度越大。

地区销售贡献（Sales Contribution by Location）

地区销售贡献是指按照不同的地理区域来统计和分析销售业绩的方法。通常可以通过不同渠道的销售额、销售量、销售成本、销售效率、销售周期、客户满意度、客户忠诚度等指标衡量销售效果，企业或团队依据该指标决定是否需要调整各地区的投入。

点击通过率（Click Through Rate，CTR）

点击通过率是指网络广告、网页和其他内容的点击到达率，用于衡量营销内容的点击次数与展示次数之间的比例，即浏览并点击了广告的用户数占比。一般用一定时间段内的营销内容实际点击次数除以营销内容展示次数来计算。

$$点击通过率 = \frac{营销内容实际点击次数}{营销内容展示次数} \times 100\%$$

其中，点击次数是指用户点击了某个链接或按钮的次数。该指标能够衡量网站或广告活动质量。一般来说，高点击率意味着更多的用户或群体对内容产生了兴趣或参与了交互行动，通常用于衡量广告活动的成功率和有效性。

电子邮件参与率（E-mail Engagement Rate）

电子邮件参与率是指邮件接收者与电子邮件互动的程度。与回复率不同，该指标不仅考虑到接收者是否回复了邮件，还包括其他与邮件相关的活动，如打开邮件、点击链接、查看图片、观看视频等，通常用统计时间段内某邮件的互动量与成功发送的邮件数量之间的比值表示。

$$电子邮件参与率 = \frac{互动量}{成功发送的邮件数量} \times 100\%$$

邮件参与率能够反映邮件接收者对邮件内容、设计、发送时间等方面的兴趣和参与度。跟踪电子邮件参与率可以帮助邮件营销人员了解邮件接收者的行为和反应，进而优化邮件营销策略，提高邮件的开启率、点击率和回复率等指标，从而达到更好的营销效果。

电子邮件打开率（E-mail Open Rate）

电子邮件打开率是指收到营销活动相关的电子邮件后，打开邮件的收件人数与总收件人数的比例，即电子邮件被打开的比率，通常用电子邮件打开数量除以电子邮件发送数量来计算。

$$电子邮件打开率 = \frac{电子邮件打开数量}{电子邮件发送数量} \times 100\%$$

电子邮件打开率通常用于评估电子邮件营销的效果，能够衡量邮件主题内容、预览文本是否吸引目标群体。

电子邮件点击通过率（E-mail Click-Through Rate）

电子邮件点击通过率是指电子邮件中的链接或图片被点击的比例。通常用邮件的链接或图片被点击次数除以成功发送的邮件数来计算。

$$电子邮件点击通过率 = \frac{链接或图片被点击次数}{成功发送的邮件数} \times 100\%$$

电子邮件点击通过率可以衡量电子邮件内容受关注的程度，评估营销内容是否受欢迎及能否满足目标群体的需求。

电子邮件回复率（E-mail Response Rate）

电子邮件回复率是指接收到电子邮件后，接收者对该邮件做出回复的用户数占比。

$$电子邮件回复率 = \frac{收到回复的邮件数}{成功发送的邮件数} \times 100\%$$

电子邮件回复率通常用于衡量电子邮件营销活动的效果，了解接收者对电子邮件内容、发送时间、主题等因素的反应。同时，营销人员可以运用电子邮件回复率优化未来的电子邮件，对邮件的内容和发送策略进行调整，以提高回复率。

订单价值（Order Value，OV）

订单价值是指每笔订单的收入或利润，用于评估单笔订单的价值。它表示单笔订单中所有商品的总价值。将每笔订单的销售额减去成本和费用，可得到每笔订单的价值。

$$订单价值 = 该订单的销售额 -（成本+费用）$$

订单价值和平均订单价值（Average Order Value）是两个不同的指标。订单价值是指单笔订单的价值，表示单笔订单中所有商品的总价值，而平均订单价值是指所有订单的平均价值。

独立访客（Unique Visitor，UV）

独立访客是指在特定时间段内访问网站的不同用户。具体来讲，独立访客数是指在给定的时间范围内访问某网站的一个页面或多个页面的访客数量，不管用户访问这些页面的频率。如果用户访问某个页面，然后浏览另外两个页面，离开某网站并返回以查看更多页面，则该用户被视为一个 UV。

$$独立访客价值 = \frac{总销售额}{独立访客数}$$

e ▶

二跳率（2nd-Click Rate）

网站页面被打开后，访客在页面上产生的首次点击被称为"二跳"，二跳量是指

"二跳"的次数,二跳率是指访客到达页面后,点击一个链接的用户数与全部访问用户的比率。通常用一定时间段内网页的二跳量除以页面浏览量来计算。

$$二跳率 = \frac{二跳量}{页面浏览量} \times 100\%$$

一般而言,二跳率越高,网页内容受到的关注程度越高,流量就越有价值。二跳率还能比较客观地反映广告素材及载体与网站的匹配程度。

F ▶

放弃率(Abandonment Rate)

放弃率是指在一定时间内,在完成某项"任务"之前选择放弃的用户数。通常用放弃完成任务的用户数除以总用户数来计算。

$$放弃率 = \frac{放弃完成任务的用户数}{总用户数} \times 100\%$$

"客户在接通客服中心的电话之前挂断电话""客户在购物过程中将商品加入购物车但没有完成购买"等都是放弃的表现。例如,假设某年7月的某天,A店铺共有2000个访客,其中有100个访客将商品加入购物车,但最终只有50个访客成功支付了订单,那么,这种情况下的放弃率就是(100-50)÷100×100%=50%。

放弃率能为企业和营销人员提供识别用户可能遇到困难的环节和区域的信息,并以此来分析降低放弃率的策略,简化结账流程、提供多种支付方式、显示透明的价格和运费、提供回拨服务、增加信任度和安全性等。

付费渗透率(Pay Users Rate,PUR)

付费渗透率是指在一定时间段内付费用户数量占整个活跃用户数量的比例。付费渗透率一般直接用付费用户数除以活跃用户数来计算。在计算PUR时,需确定统计时间范围,一般是一天、一周、一个月等。

$$付费渗透率 = \frac{付费用户数}{活跃用户数} \times 100\%$$

付费渗透率能够体现用户群体的付费意愿、消费观念、当前的消费能力及用户忠诚度，同时能够体现产品或服务的收益能力，衡量产品或服务的付费引导是否合理、付费转化是否达到预期，并以此来考虑如何优化运营策略和提高用户价值。

复购率（Buyer Retention）

复购率也可用"Repeat Purchase Rate"表示，是指消费者对某产品或者服务的重复购买次数，重复购买率有两种计算方法。

（1）按有重复购买行为的客户数量计算，用一定时间段内存在重复购买行为的客户数量除以总的客户数量来计算复购率。

$$复购率 = \frac{存在重复购买行为的客户数量}{总客户数量} \times 100\%$$

例如，某年第一季度 A 店铺共有 500 个客户购买了甲产品，其中在该时间段内有 50 个客户发生了重复购买行为，则今年第一季度 A 店铺甲产品的重复购买率为 50÷500×100%=10%。

（2）按属于重复购买的交易次数计算，用一定时间段内重复购买交易的次数除以总交易次数来计算复购率。

$$复购率 = \frac{重复购买交易的次数}{总交易次数} \times 100\%$$

例如，某年第一季度 A 店铺共产生了 500 笔交易，在该时间段内其中有 50 个用户发生了二次购买行为，这 50 人中的又有 10 个人发生了三次购买行为，则重复购买次数为 50+10=60（次），那么今年重复购买率为 60÷500×100%=12%。

一般来说，按照重复购买客户数量计算更能反映客户的忠诚度，而按照客户购买交易的次数计算更能反映商品或服务的销售额和利润。重复购买率越高，则反映出消费者对品牌的忠诚度就越高，反之则越低。

G ▶

各渠道关注者增长率（Follower Growth by Channel）

各渠道关注者增长率是指在不同的社交媒体平台上关注者数量的增长情况。通常用特定统计周期内某社交媒体平台当前关注者数量减去上次统计周期关注者数量除以上次统计周期的关注者数量来计算。

$$各渠道关注者增长率 = \frac{当前关注者数量 - 上次统计周期关注者数量}{上次统计周期的关注者数量} \times 100\%$$

各渠道关注者增长率可以用来比较不同的社交媒体平台对一个品牌、个人或组织的吸引力和贡献，社交媒体账号的所有者以此分析不同平台的流量和收益。

购买频率（Purchase Frequency，PF）

购买频率是指消费者或用户在一定时期内购买某种或某类商品的次数。购买频率有助于企业了解客户的忠诚度、购买习惯和活跃程度，进而优化市场营销策略、客户保留和收入增长。

购物车放弃率（Cart Abandonment Rate）

购物车放弃率是指在网上购物时，将商品加入购物车但未完成付款的用户占总用户的百分比，属于放弃率的一种。通常用一定时间段内某产品被加入购物车但未支付的数量除以被加入购物车的总数量来计算。

$$购物车放弃率 = \frac{某产品被加入购物车但未支付的数量}{被加入购物车的总数量} \times 100\%$$

$$= \frac{被加入购物车的总数量 - 成功完成支付的数量}{被加入购物车的总数量} \times 100\%$$

例如，今年第一季度 A 店铺甲产品共有 1000 个用户将其加入购物车，其中有 400 个用户未完成付款，600 个用户成功完成支付，那么第一季度甲产品的购物车放弃率为 400÷1000×100%=40%。

购物车价值（Shopping Cart Value）

购物车价值是指用户在购物车中添加的商品的总价值，是一个电子商务指标，用于评估网站或应用的购物车的价值。计算某用户的购物车价值，只需将一定时间段内其在某平台的购物车中所有商品的金额相加即可。

购物车价值能够评估消费者的购买能力和衡量其对哪些产品感兴趣，评估购物车价值还可以帮助公司评估网站或应用的购物体验，并决定是否需要采取措施提高购物车价值。

广告饱和度（Advertising Saturation）

广告饱和度是指广告的实际时长与计划时长的比值，用来衡量广告的市场配置效率。该指标值越高，即效率越高。

$$广告饱和度 = \frac{广告的实际时长}{广告的计划时长}$$

广告负载量（Ad Load）

广告负载量是指在一定时间段内在线平台（如网站、应用程序或社交媒体）上广告的数量或密度。广告负载量一般用某平台中广告内容的总时长或曝光量除以该平台内容的总时长或展示次数来计算，通常用百分比表示。

$$广告负载量 = \frac{广告内容的总时长或曝光量}{平台内容的总时长或展示次数} \times 100\%$$

例如，在某视频平台的某个视频共有 50 分钟，其中有两段视频广告，时长分别为 2 分钟和 3 分钟，那么这段视频的广告负载量为（2+3）÷50×100%=10%。

广告负载量可以帮助广告商了解广告在特定平台上的显著程度，以及平台对广告的容纳能力。分析广告负载量有助于广告商和平台所有者在提高用户体验的同时，实现广告收益最大化。较低的广告负载可能意味着用户体验较好，但广告收入可能有限；较高的广告负载可能带来更多的广告收入，但可能影响用户体验并导致用户流失。在优化广告策略时，应在广告负载和用户体验之间寻找平衡。需要注意的是，广告负载仅关注广告数量或密度，并不能直接衡量广告效果。因此，在评估和优化广告策略时，还应考虑其他广告指标，如点击率、转化率和每次点击成本等。

广告好感率（Advertising Favorability Rate）

广告好感率是指对广告内容持正面评价的人数占比，通常用对内容产生正面评价的人数除以注意到广告的用户数来计算。

$$广告好感率 = \frac{对内容产生正面评价的人数}{注意到广告的用户数} \times 100\%$$

广告记忆率（Unaided Ad Awareness）

广告记忆率是指能够对广告产生深刻印象的人数占比，通常用能够记住或回忆起广告重点内容的用户数除以对广告内容持有正面评价的用户数来计算。

$$广告记忆率 = \frac{能够记住或回忆起广告重点内容的用户数}{对广告内容持有正面评价的用户数} \times 100\%$$

【相关案例】

产生较好记忆率的户外广告

户外媒体作为一个保持增长的传统媒体形式，能够证明其媒介韧性及广告布局中的强力占有率。户外媒体是所有形式中回忆率最高的，尤其是数字户外广告，户外广告令人难忘和引人注目的画面能够给路过的行人留下深刻的印象，其回忆率能够达到46%~84%。

户外广告是讲述品牌故事的完美载体，巨大的尺寸在视觉上引人注目，在创意设计上能够有效地传达品牌信息。户外广告的每千人成本（Cost per Mille，CPM）低于其他媒体近5倍，持续以低于其他广告形式的千人成本且能够接触大量不同的受众，从而提供巨大的价值。此外，户外媒体的社交行动唤起力是其他媒体形式的7倍，76%的受众在观看户外广告后通过手机采取了某种行动。同时，受众观看户外广告后，再点进线上广告的概率也增加了48%。户外广告能够提供与语境、环境相关的"非入侵性"内容，在当下的时间和地点与观众产生共鸣。有效的户外广告策略包括应用动态地图、分时段投放内容、展现数据驱动、利用人工智能等。

户外广告可以为品牌提供竞争优势，确保品牌在消费者生活、工作和娱乐中占据重要地位，利用户外媒体不仅能促使消费者在移动设备上采取行动，还能提高品牌在社交媒体上的影响力。

资料来源：Outfront Media。

广告行动率（Conversion Rate From Ad）

广告行动率是在广告效果评估和市场营销领域，随着行业发展和对广告效果深入研究逐渐形成的一个概念，是基于广告记忆率的一个指标，用于了解消费者在记住广告内容后，有多少人真正产生了购买行为。通常用产生购买行为的用户数除以能够记住或回忆起广告重点内容的用户数来计算。

$$广告行动率 = \frac{产生购买行为的用户数}{能够记住或回忆起广告重点内容的用户数} \times 100\%$$

广告覆盖率（Advertising Coverage Rate）

广告覆盖率是指出现广告的页面浏览量占比，它表示的是在广告展示后，用户实际访问和查看广告页面的比例。

广告覆盖率用于衡量广告展示与用户实际查看页面的数量关系。通常用一定时间段内有广告的页面浏览量除以总的页面浏览量来计算。

$$广告覆盖率 = \frac{一定时间段内有广告的页面浏览量}{总的页面浏览量} \times 100\%$$

广告价值等量（Advertising Value Equivalency，AVE）

广告价值等量是指通过将媒体报道的价值转换为相当于广告投放的费用，是用金钱计算广告与盈利能力两者关系的指标。媒体平台不同，AVE 的计算公式也不同。

（1）印刷媒体或网络媒体。

$$广告价值等量 = 媒体报道篇幅 \times 媒体广告单价 \times 软文（广告）效果比$$

（2）广播电视媒体。

$$广告价值等量 = 媒体报道时长 \times 媒体广告单价 \times 软文（广告）效果比$$

广告价值等量是一种衡量公关传播效果的指标，可以让对营销指标不熟悉的高级管理人员直接明白广告的价值。

广告曝光量（Advertisement Page View，ADPV）

广告曝光量是指一个网页上显示的广告数量。要计算广告曝光量，将一个网页上显示的所有广告位显示的广告数量相加即可。

$$APV = m_1n_1 + m_2n_2 + m_3n_3 + \cdots + m_in_i$$

其中，m_i（i=1，2，3，…，n）是指第 i 个广告位，n_i（i=1，2，3，…，n）是指第 i 个广告位显示的广告数量。例如，假设 1 个网页上有三个广告位，每个广告位显示两个广告，那么该网页的广告曝光量就是 3×2= 6。

广告曝光量能够衡量广告的投放效果，通常与点击率和千次展示收入（Revenue per Mille，RPM）等指标一起使用。

广告收入（Advertising Revenue）

广告收入是指通过网站、应用程序或互联网其他平台上展示广告所获得的收入。依据不同的指标，广告收入的计算各不相同，常见的计算方式如下。

$$广告收入 = PV \times PVR \times ASN \times CTR \times ACP$$

其中，PV 为页面浏览量，PVR 为广告请求率，ASN 为平均展示条数，CTR 为广告点击率，ACP 为平均点击价格。

$$广告收入 = DAU \times MTR \times \frac{Adimp}{1000} \times eCPM$$
$$= DAU \times MTR \times CTR \times ACP$$
$$= DAU \times MTR \times \frac{FR \times N \times PVR}{1000} \times eCPM$$

其中，DAU 为日活跃用户数，MTR 为商业流量比例，Adimp 为人均广告展示数，eCPM 为千次展示收益或者是广告收入，CTR 为广告点击率，ACP 为单次点击广告价格，FR 为广告填充率，N 为曝光展示频次设置，PVR 为广告请求率。

广告总收视点（Ad Gross Rating Point，GRP）

广告总收视点也称毛评点，是指广告在目标受众中的覆盖程度，通常用广告投放频率与广告投放覆盖率的乘积来计算。

$$广告总收视点 = 广告投放频率 \times 广告投放覆盖率 \times 100\%$$
$$= 广告投放频率 \times 广告到达率 \times 100\%$$

广告总收视点是一个重要的广告业绩指标，用来衡量在某个目标市场上一定的媒体努力所产生的总影响力。一般来说，GRP 越高，意味着广告能够触达越多的目标受众，并且增加他们对广告的记忆和认知。

广告填充率（Ad Fill Rate）

广告填充率是指在一段时间内广告展示次数（或称广告曝光数）与广告展示机会数（或称广告请求数）的比率。

$$广告填充率 = \frac{广告展示次数}{广告请求数} \times 100\%$$

广告填充率可以反映广告平台的资源供应能力和媒体的流量利用率，也可以影响媒体的广告收益，以及分析广告匹配度对于媒体的广告请求（供给方）和广告主的广告需求（需求方）情况。

广告有效频次（Ad Effective Frequency）

广告有效频次是指广告在特定时间内被同一用户看到的次数。它是衡量广告投放效果和用户接触频率的指标之一。有效频次的计算通常排除了重复曝光给同一用户的次数，以更准确地评估广告对用户的影响力和记忆效果。通过控制有效频次，广告主可以更好地制定广告投放策略，避免对用户造成过多的干扰，同时确保广告的有效传达和接触效果。

广告展现量（Ad Impression）

广告展现量又称单个广告的展示次数，是指一个广告在大众中的展现次数，只要广告内容在用户浏览时显示，它都会被计算在内，这与用户是否与广告互动或参与广告无关。营销人员通常可以通过跟踪技术或广告服务平台查看该指标，该指标能够评估广告的覆盖范围。

广告支出回报率（Return on Ad Spend，ROAS）

广告支出回报率是指每花费一单位广告费用所获得的收益，即获得的收益与广告投入的比率。通常情况下，ROAS是通过用总收益除以广告总花费来计算的。

$$广告支出回报率 = \frac{总收益}{广告总花费}$$

例如，今年第一季度某广告的总收益为20000元，总花费为10000元，那么今年第一季度该广告的ROAS为20000÷10000=2。该指标类似投资回报率（ROI），但ROAS只关注特定广告或营销活动的收入。ROAS通常用比例来表示。例如，ROAS为10:1，就表示每支付1元广告费用，就能获得10元收入。比较多个广告系列的ROAS可以帮助广告商确定未来广告系列的花费，甚至确定增加或减少广告预算是否有益。

H ▶

呼叫中心指标（Call Center Metrics）

呼叫中心指标是指对呼叫中心运营情况及其绩效进行测量的标准指标，能够用于衡量呼叫中心的表现和计算其效率，如处理时间、客户满意度、响应时间、坐席平均处理时间及呼叫量等，其中处理时间是指一次呼叫的处理时间长短。坐席平均处理时间（AHT）是指代理人处理一个呼叫所花费的平均时间。

互动量份额（Share of Engagement）

互动量份额是指在社交媒体上，一个品牌、产品或话题相对于其他竞争者或类别的互动次数占比，可以反映一个品牌、产品或话题在社交媒体上的知名度、关注度、影响力和口碑。其中互动量是反映受众兴趣度和关注度的指标，包括转发、点赞、收藏等，可快速衡量市场反应状况。其计算方法如下：

$$互动量份额 = \frac{目标品牌、产品或话题的互动次数}{所有相关品牌、产品或话题的互动次数}$$

一般来说，互动量份额越高，说明一个品牌、产品或话题越受欢迎。

互联网总收视点（Internet Gross Rating Points，IGRP）

互联网总收视点也称互联网毛评点，用于对一项广告活动总体覆盖受众的量化统计。互联网总收视点由广告总收视点引申而来，广告总收视点是衡量广告媒介计划效果的主要量化指标之一，是广告投放的到达率和平均曝光频次的乘积，即接触到不重复的人数比例与平均每人重复接触到的次数的乘积。

$$互联网毛评点 = \frac{接触度}{总体推及人口} \times 100\%$$
$$= 到达率 \times 平均曝光频次$$

假设对目标受众的平均曝光频次为 3，到达率为 70%，则 IGRP 为 210%。除了毛评点、互联网毛评点，《2019 年中国社会化媒体生态概览白皮书》提出了 "Social GRP" 的概念。Social GRP 主要应用于圈层营销，该指标通过计算触达圈层的频次和范围来获得，能够帮助企业或品牌衡量社会化媒体营销活动的效果，以及评估互联网广告的投放效果。图 1-1 为通过 Social GRP 衡量社会化媒体营销活动的表现。

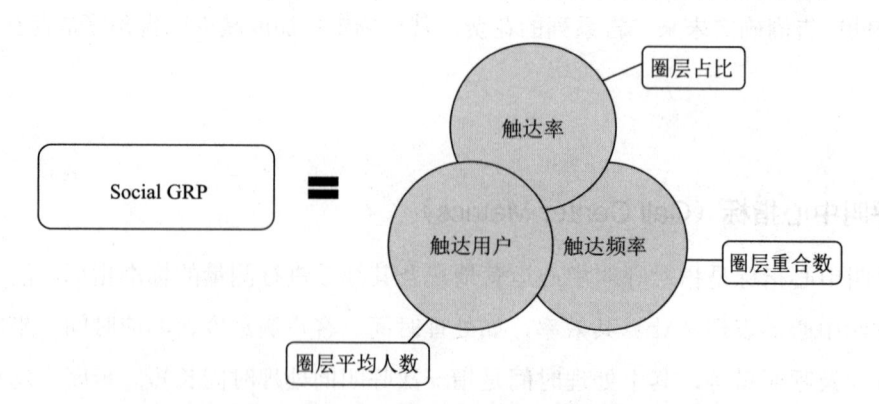

图 1-1 通过 Social GRP 衡量社会化媒体营销活动的表现

资料来源：2019 年中国社会化媒体生态概览白皮书 [R]. 凯度，2019.

会话时长（Session Duration，SD）

会话时长是指单个用户在一次站点访问过程中所有持续时间的总量，即从用户进入网站或应用程序到离开的时间。该指标衡量用户在单个会话期间在网站或应用程序上花费的时间，能够判断用户是否活跃。

活跃付费用户（Active Payment Account，APA）

活跃付费用户是指在统计时间区间或统计周期内依然保持活跃的付费用户（活跃PU）数，付费用户是指在产品或服务中有过消费行为的用户，一般按月计算，在国际市场也称月付费用户（Monthly Paying Users，MPU）。此处的用户数通常以用户注册ID为准，但需要排除曾经有付费行为而在统计周期内无任何活跃行为的静默付费用户。根据月活跃用户和日活跃用户，活跃付费用户数的计算公式有两种：

一是根据月活跃用户（Monthly Active User，MAU）和月付费率（MPR）来计算。

$$APA = MAU \times MPR$$

其中，MAU是指在一个自然月内至少进入一次网站或使用过一次应用程序、产品等的用户数，MPR是指在一个自然月内至少发生过一次付费行为的用户数占MAU的比例。

二是根据日活跃用户（Daily Active User，DAU）和日付费率（DPR）来计算。

$$APA = DAU \times DPR$$

其中，DAU是指在一天内至少进入一次网站或使用过一次应用程序、产品等的用户数，DPR是指在一天内至少发生过一次付费行为用户数占DAU的比例。

上述两种计算方法适用于不同的产品或服务类型，例如，对于高频使用和高频付费的产品而言，使用DAU和DPR来计算APA可能更合理，如游戏类、直播类；对于低频使用和低频付费的产品而言，使用MAU和MPR来计算APA可能更合理，如电商、视频、音乐等。APA可以用来衡量产品或服务的盈利能力和用户忠诚度，以及优化运营策略和提高用户价值。

用户活跃率（User Activity Rate）

用户活跃率是指一定时间段内活跃用户数总用户数的比率，是用于反映网站、互联网应用或网络游戏的运营情况的统计指标。通常用一定时间段内的活跃用户数除以总用户数来计算。

$$用户活跃率 = \frac{活跃用户数}{总用户数} \times 100\%$$

根据统计周期可以得到日活跃率、周活跃率、月活跃率等，活跃用户数衡量的是产品的市场体量，而活跃率能够衡量网站、应用程序或产品等的健康状态。

活跃用户数（Active Users，AU）

活跃用户是相对于流失用户而言的一个概念，是指那些会时不时浏览网站（或使用应用程序），并为网站（应用程序）带来一些价值的用户。根据统计周期，可以将常见的活跃用户分为以下几种。

（1）日活跃用户，简称日活，通常统计一日之内登录了网站或使用了某个产品的用户数（去除重复登录的用户），常用于反映网站、互联网应用程序或网络游戏的运营情况。网站通常用日独立访客来衡量，DAU 常用于 App 端或小程序端活跃用户规模的比较，是移动互联网中常用的衡量用户活跃的重要指标之一，以及观察某些重要节日或者活动的用户规模变化，如电商"618""双十一"等时间段内活动的用户规模变化。

（2）周活跃用户（Weekly Active User，WAU），通常统计七天（统计周）之内登录了网站或使用了某个产品的用户数（去除重复登录的用户）。周活跃用户数按照用户设备维度进行去重统计，即在统计周内至少登录一次网站或使用过一次该产品的设备数。一般而言，用户连续活跃的周数越多，流失的概率也就越低，流失后再回流的概率相对也更高。

（3）月活跃用户，通常统计一个月（统计月）之内登录了网站或使用了某个产品的用户数（去除重复登录的用户）。月活跃用户数可以按照用户设备维度进行去重统计，即在统计月内至少登录或使用过一次该产品的设备数。MAU 常用于对市场用户规模进行估计，如估计互联网大盘规模、移动互联网细分行业规模等。

活跃用户的统计方法有多种，但一般都需要通过数据埋点来收集用户的行为数据。数据埋点是在产品中设置一些特定的事件，当用户触发这些事件时，就会向后台发送一条信息，如含用户的标识、事件名称、事件属性等。营销人员通常将 DAU 和 MAU 结合起来使用，这两个指标一般用来衡量服务的用户黏性及服务的衰退周期。不同的产品或应用程序会依据不同的标准判定客户是否活跃，如用户的使用时长、使用频次、使用功能等。

活跃用户质量（Active User Quality，AUQ）

活跃用户质量是一个衡量移动应用或网站用户活跃度和价值的指标，它是由活跃用户数（Active Users，AU）和活跃用户质量系数（Quality Coefficient，Q）相乘来计算的。

$$活跃用户质量 = 活跃用户数 \times 活跃用户质量系数$$

其中，活跃用户质量系数是一个反映用户对应用程序或网站的兴趣和参与度的综合评分，它由多个子指标构成，如使用时长、使用频率、留存率、转化率、收入等。不同的应用程序或网站可以根据自己的业务目标和场景选择和权衡这些子指标，从而得到一个 0~1 的分数。

货币化率（Monetization Rate）

货币化率也称广告货币化率，一般是指电商行业中广告的货币化率，通常用营业收入除以商品交易总量来计算，其中营业收入是指广告费用、交易佣金等。

$$货币化率 = \frac{广告收入}{商品交易总量} = \frac{网页访问量 \times 广告覆盖率 \times 千次展示收益}{网页访问量 \times 点击率 \times 转化率 \times 客单价} \times 100\%$$

获客成本（Customer Acquisition Cost，CAC）

获客成本是指企业或品牌获得一个新用户所付出的总成本，包括在销售和营销过程中发生的各种费用。通常用获得新用户时所投入的营销费用与新用户数量的比值表示。

$$获客成本 = \frac{营销费用}{新用户数量}$$

J ▶

激活率（Activation Rate）

激活率是指用户在注册或下载产品、购买或订阅服务后，完成某个特定目标行为的用户的占比。一般用在一定时间内完成目标行为的用户数除以同一时间段内注册或下载了产品、购买或订阅服务的用户数来计算。

$$激活率 = \frac{完成目标行为的用户数}{注册或下载了产品、购买或订阅服务的用户数} \times 100\%$$

其中，不同产品或服务的目标行为不同，如对于电商平台，目标行为是购买商品；对于社交媒体平台，目标行为可能是发布内容。例如，某短视频应用程序在2024年7月共有2000个新用户注册，其中200个用户发布了视频，那么2024年7月该应用程序的激活率是200÷2000×100%=10%。该指标可以反映产品对用户的吸引力和价值，以及用户的满意度。

激活转化率（Activation Conversion Rate）

激活转化率是指在一定时间内激活用户转化为付费用户的比例。激活转化率一般用付费用户数除以激活用户数来计算。

$$激活转化率 = \frac{付费用户数}{激活用户数} \times 100\%$$

其中，激活用户是指完成了某个特定的行为或达到了某个特定目标的用户，如注册、下载、登录或使用了某个功能等；付费用户数是指购买了产品或应用的服务或订阅的用户数量。例如，假设某公司的网站在2024年7月共有2000个激活用户，其中200个转化为付费用户，那么该产品在2024年7月的ACR为200÷2000×100%=10%。这意味着该公司的这个网站在2024年7月每10个激活用户中就有1个转化为付费用户。该指标用来衡量SaaS产品或应用的盈利能力和用户忠诚度。

加购率（Add to Cart Rate）

加购率是指在一定时间段内用户在一次访问中浏览或观看某产品后将产品加入购物车的人数占总访客数的比例。加购率一般可以用将产品加入购物车的访问次数除以总访问次数来计算。

$$加购率 = \frac{将产品加入购物车的访问次数}{总访问次数} \times 100\%$$

假设在2024年7月某商品共有300次的访问量，最终有15次访问后被加入购物车，那么该产品的加购率为15÷300×100%=5%。该指标能够帮助商家了解消费者对其产品的兴趣和该产品的受欢迎程度，并以此考虑是否优化产品关键词、主页设计、详情页设计等。

结账转化率（Checkout Conversion Rate）

结账转化率是指用户在网站或应用程序上成功完成支付行为的比例。通常用在一定时间段内成功完成支付的访问次数除以将产品加入购物车的访问次数来计算。

$$结账转化率 = \frac{成功完成支付的访问次数}{将产品加入购物车的访问次数} \times 100\%$$

例如，2024年第一季度A店铺甲产品共有1000个用户将其加入购物车，其中有400个用户未完成付款，600个用户成功完成支付，那么第一季度甲产品结账转化率为600÷1000×100%=60%。该指标可以帮助公司了解用户在结账过程中的行为，并评估其结账流程的效果。

进店率（Entering Rate）

进店率指搜索进店率或查找进店率，具体是指在电子商务平台上访问商品详情页后，实际完成购买或添加到购物车的用户比例。也可以理解为用户在进入商品详情页后，最终转化为实际购买或下单的比例。

$$进店率 = \frac{完成购买或添加商品（服务）至购物车的用户数}{搜索进店人数} \times 100\%$$

电商进店率是衡量用户对商品的兴趣和购买意愿的重要指标之一。较高的电商进店率意味着用户更有可能进行购买操作，反之则可能存在用户流失或转化率较低的情况。电商进店率的提升值是指相对于基准值的增长量或改善程度，用于衡量某项策略、活动或优化措施对电商进店率的影响。

净推荐值（Net Promoter Score，NPS）

净推荐值，又称净促进者得分或口碑，是一种衡量某个客户将会向其他人推荐某个企业或服务可能性的指数。一般通过向目标群众进行调查收集评分数据。

$$净推荐值 = \frac{推荐者数 - 贬损者数}{总样本数} \times 100\%$$

通常情况下，NPS的得分值在50%以上被认为是不错的；如果NPS的得分值在70%～80%，则表明公司拥有一批高忠诚度的客户。

净推荐值是最流行的顾客忠诚度分析指标，专注于评价顾客口碑如何影响企业成长。它也是衡量客户满意度的指标，能够直接反映客户对公司的忠诚度。由于该指标的数值来源于现有客户与现有客户扩散的准客户的比例，这个比例可以直接反映客户对企业的认可程度，以及对某个产品或服务的购买意愿。

K ▶

K因子（K-factor）

K因子是指一个用户可以成功推荐的新用户。因此，需要通过从新用户到老用户的转化率来计算。

$$K因子 = \frac{原有用户推荐的新用户}{原有用户数量}$$

例如，A应用程序某日新增用户10000人，这些新用户里有5000人进行了朋友圈分享推荐，这5000个用户靠推荐带来了13000个新用户，那么K因子就是1.3，即每个原有用户可以带来1.3个新用户。当K>1时，用户像滚雪球一样增大；当K<1时，用户群达到某个规模后就会停止通过自传播的方式扩大。

客户留存率（Customer Retention Rate，CRR）

客户留存率是指统计时段内初始的用户数经过一段时间后仍与品牌或企业发生互动的（如使用产品或服务）的用户比例。该指标能够衡量顾客忠诚度。通常用统计时段的末期用户数减该时段新增用户数，再用所得差值除以统计时段初期的用户数来计算。

$$客户留存率 = \frac{末期用户数 - 新增用户数}{初期用户数} \times 100\%$$

$$次日留存率 = \frac{在当天新增的用户中，在第2天使用过产品的用户数}{第一天新增的总用户数} \times 100\%$$

$$第3日留存率 = \frac{在当天新增的用户中，在第3天使用过产品的用户数}{第一天新增的总用户数} \times 100\%$$

$$第7日留存率 = \frac{在当天新增的用户中，在第7天使用过产品的用户数}{第一天新增的总用户数} \times 100\%$$

$$第30日留存率 = \frac{在当天新增的用户中，在第30天使用过产品的用户数}{第一天新增的总用户数} \times 100\%$$

"40-20-10法则"是由Meta提出的一个标准，是指新用户次日的留存率为40%，7日之后的留存率为20%，30天后的留存率为10%，那么这个产品属于数据较好的产品。也可以表示为如果你想让日活用户超过 100 万,那么日留存率大于 40%,周留存率大于 20%,月留存率大于 10%。

客户费力度(Customer Effort Score,CES)

客户费力度或称客户费力指数,是指客户在与企业进行各种互动过程中需要付出的努力程度,如在使用产品或服务、寻找信息或解决相关问题时,CES 通常是基于客户的调查结果计算的,常见的问题有"为了解决这个问题,您花费了多大的精力",选项一般是 5 分制,分数越低表示花费的力度越低,互动过程越轻松;或者"您在多大程度上同意以下表述:商家高效地解决了我的问题",可以使用 7 分制,分数越高表示花费的力度越低,互动过程越轻松。最终通过将各样本提供的分值相加除以总样本数量来计算 CES。

$$客户费力度 = \frac{总得分}{总样本数量} = \frac{S_1+S_2+S_3+\cdots+S_n}{n}$$

其中,S_n(n=1,2,3,$\cdots$n)是指第 n 个样本给出的分值大小,n 是指总样本数量。该指标与客户忠诚度呈负相关,即费力度越低,用户忠诚度越高。CES 是评估客户体验质量的指标,与净推荐值和客户满意度并称为客户体验的三大指标。

客户价值(Customer Value,CV)

客户价值是指客户在一定时间段内为企业带来的价值。通常用客户的平均交易价值乘购买频率来计算。

$$客户价值 = 平均交易价值(ATV) \times 购买频率(PF)$$

该指标有助于企业了解客户的贡献程度,可以此为依据分析市场营销策略、客户保留和收入增长情况。

公司的客户价值等于现有客户价值与未来客户价值的总和。

中国学者王海洲从企业角度提出,客户价值理论的价值指标体系包含市场价值、规模价值、品牌价值、信息价值、网络价值,客户价值及客户价值理论的价值指标体系如图 1-2、图 1-3 所示。

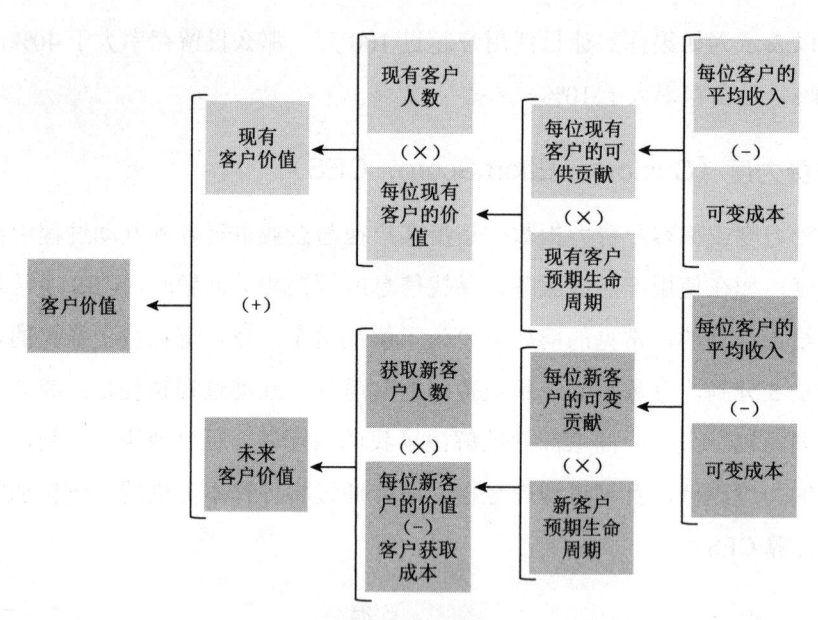

图 1-2　客户价值

资料来源：有赞新零售联合《哈佛商业评论》中文版，基于有赞私域生态的数据洞察和实践积累，总结分析并发布的《2021年度私域经营洞察报告》。

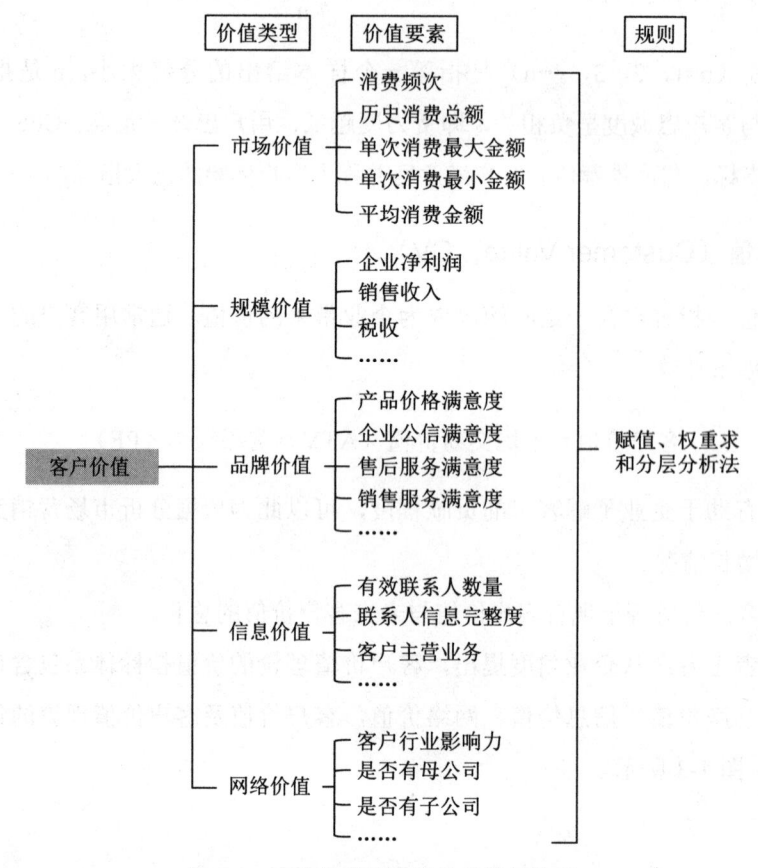

图 1-3　客户价值理论的价值指标体系

客户流失率（Customer Churn Rate）

客户流失率也可用"Customer Attrition Rate"表示，是指在一定时间段内停止使用产品、应用程序或服务的用户数量的占比。通常客户流失率有以下两种计算方式。

一是按照流失的客户数量，用当前周期流失的用户数除以上个周期的用户总数来计算。

$$客户流失率 = \frac{当前周期流失的用户数}{上个周期的用户总数} \times 100\%$$

例如，2024年第一季度A公司共有1000个用户使用旗下的产品或服务，其中有100个用户在该季度结束时停止使用，那么第二季度开始时的客户流失率为100÷1000=0.1，即10%。

二是按照流失的业务价值，用当前周期流失的业务价值除以上个周期的业务总价值来计算。

$$客户流失率 = \frac{当前周期流失的业务价值}{上个周期的业务总价值} \times 100\%$$

例如，2024年第一季度A公司的业务总价值达100000元，其中有10000的业务在该季度结束时流失，那么第二季度开始时的客户流失率为10000÷100000×100%=0.1×100%=10%。

客户流失率有助于企业了解客户保留状况、客户满意度及企业可能面临的挑战，进而采取措施提高客户保留率、优化市场营销策略和提高盈利能力。客户流失率还可以反映贵公司的客户保留能力和竞争力，以及产品或服务的质量和满意度。一般而言，客户流失率越低，说明企业的客户忠诚度越高，收入和利润越稳定。

客户满意度（Customer Satisfaction，CSAT）

客户满意度是指用户对产品、产品使用或服务全过程等的满意程度，是一种顾客体验指标，即衡量客户的需求、期望和感受是否得到满足的指标。一般通过调查或其他反馈机制来衡量，让客户用一个等级或分数来评价他们对产品或服务的各个方面的满意程度，并以百分比或分数表示。通常用一定时间内调查时给出的好评人数除以回答总人数来计算。

$$客户满意度 = \frac{好评人数}{回答总人数}$$

较高的客户满意度表明用户对产品或服务的满意度较高，较低的分数则表明满意度较低。

客户平均生命周期（Average Customer Lifespan/Average Customer Lifetime）

客户平均生命周期是指客户从首次购买到最后一次购买所经历的平均时间。客户平均生命周期通常有两种计算方式。

（1）依据所有客户的历史数据，将客户的生命周期之和与客户数量相除来计算。

$$客户平均生命周期 = \frac{X_1 + X_2 + X_3 + \cdots + X_n}{n}$$

其中，n 为客户数量，X_n（n=1，2，3，…，n）为第 n 个客户的生命周期。

（2）用顾客流失率的倒数来计算。

$$客户平均生命周期 = \frac{1}{顾客流失率}$$

顾客流失率是指一定时间段内流失的客户占总客户数的比例。

该指标能够评估客户与企业保持合作关系的平均时间长度，进而衡量客户的黏性、忠诚度和价值，以及预测客户的流失率和终身价值。

客户生命周期（Customer Life Cycle，CLC）

客户生命周期是指用户与企业或品牌发生互动的时期，从初期了解到用户与企业的业务关系完全终止且与之相关的事宜完全处理完毕的这段时间。客户生命周期描述的是客户关系从一种状态（一个阶段）向另一种状态（另一个阶段）运动的总体特征。

客户生命周期一般分为以下五个阶段，如表 1-1 所示。

（1）引入期，用户初步接触并注册使用产品或服务，对其功能和价值了解程度不高，企业需要对这一批用户进行引导和教育。该阶段的目标是提高用户的转化率和活跃度，让用户能够快速体验到产品或服务的核心价值。

（2）成长期，用户开始频繁使用产品或服务，并逐渐发现其更多的功能和价值，对其产生信任和依赖。该阶段的目标是提高用户的留存率和忠诚度，让用户形成使用习惯，并尝试付费或增加消费。

表 1-1　客户生命周期五个阶段

	引入期	成长期	成熟期	休眠期	流失期
定义	将潜在用户转化为客户的运营初始环节	客户与品牌之间的互动量逐渐增加,大部分客户会注册成为商家会员	客户与商家之间实现强互动性,并有极大可能成为商家的关键意见消费者(KOC)	停留在商家客户列表,但已经不再活跃,不再产生复购行为的客户	无法再次被"唤醒"的休眠期客户,即将流失
阶段任务	尽可能多地与潜在用户建立联系,提高用户转化率和活跃度等	提高用户的留存率和忠诚度等	提高用户收入和推荐率等	提高用户留存率等	降低用户流失率等

（3）成熟期,用户已经成为产品或服务的高价值客户,并对其有很高的满意度和推荐意愿。该阶段的目标是提高用户的收入和推荐率,让用户成为品牌的忠实粉丝,并通过口碑传播带来更多的新客户。

（4）休眠期,用户对产品或服务的使用频率变低和消费金额减少,同时对其失去一定兴趣。该阶段的目标是提高用户留存率,并让用户重新激发对产品或服务的需求。

（5）流失期,用户完全停止使用产品或服务,并取消注册或退订。该阶段的目标是降低用户流失率,相关人员应分析用户流失原因,以便改进产品或提高服务质量,并预防其他客户流失。

客户生命周期参与度（Customer Lifetime Engagement）

客户生命周期参与度是指客户在整个生命周期内与品牌或公司所有接触点之间的互动程度,如关注度、活跃度和忠诚度。客户生命周期的各阶段考量参与度的指标各不相同,初始阶段关注的多为搜索量、访问量、关注量、点击量等指标,主动评估阶段关注的多为浏览量、下载量、评分、转化率等指标,购买阶段关注的多为购买量、支付量、退货率、投诉率等指标,后购买阶段关注的多为使用量、评价量、复购率、推荐率等指标。

客户生命周期价值（Customer Lifetime Value,CLV）

客户生命周期价值是指企业在整个业务关系中从单个客户中获得合理预期的总收入。该值考虑了客户的购买频率、平均交易价值,以及客户与企业关系的持续时间等因素。

$$CLV = APV \times PF \times CL$$

其中，APV 是指客户每次交易花费的平均金额，PF 是指客户在给定时间段内的平均购买次数，CL 是指客户与公司保持互动的平均时间长度。

CLV 能够衡量用户的长期价值，企业可以了解每个新客户在其生命周期中能够为企业带来多少收入，以此瞄准高价值的用户，合理分配资源。评估 LTV，企业可以在营销、销售和客户服务方面做出更明智的决策，最终提高客户留存率，增加收入，使业绩实现长期增长。

客户生命周期利润（Customer Lifetime Profit）

客户生命周期利润是指客户在整个生命周期内为企业带来的利润水平，即企业与客户保持买卖关系的全过程中从客户处获得的全部利润。客户生命周期利润通过评估客户在整个生命周期内的销售额与成本之间的差额来计算。

客户生命周期利润=客户在整个生命周期内的销售额 – 客户在整个生命周期内的成本

客户生命周期利润可以帮助公司评估客户对公司的长期贡献和价值，并决定是否需要采取措施提高客户生命周期利润。

客户投诉率（Customer Complaint Rate）

客户投诉率是指在一定时间内提出投诉的用户数与总用户数的比率。一般用提出投诉的用户数除以总用户数来计算。

$$客户投诉率 = \frac{提出投诉的用户数}{总用户数} \times 100\%$$

例如，2024 年 7 月，共有 1000 个用户购买了 A 公司的甲产品，其中有 50 个用户提出了投诉，那么 2024 年 7 月甲产品的客户投诉率为 50÷1000×100%=0.05×100%=5%。该指标能够反映用户对公司产品或服务的满意度，可以影响品牌声誉。

坑位产出（坑产）（Unit Display Output）

坑位产出是指商品在某一个类目下的成交额，其中类目是指搜索输入的关键词，搜索出来就会出现该商品的展位，如淘宝中方形图文展位就是一款商品的"坑"，多用于电商领域。

$$坑位产出 = 单位展现产出$$

$$= \frac{成交金额}{展现量}$$

$$= \frac{展现量 \times 点击率 \times 转化率 \times 客单价}{展现量}$$

$$= 点击率 \times 转化率 \times 客单价$$

一般而言，当一种商品坑位产出值较高时，平台会将区域内的流量向该商品倾斜。

L ▶

浏览深度线（Browse Depth Line）

浏览深度线是指用户抵达某个区域的留存比例，即用户在浏览网页或观看视频时能看到内容的那些位置和比例。百分比越低，越少用户能够看到这个位置。即随着网页或视频按顺序浏览，还有多少用户在观看，用于衡量内容的连续程度和受欢迎度。通常可以用专业的工具和服务收集和分析数据，如能提供热力图、滚动图和点击图的分析工具。通常用于：①寻找 CTA 的最佳位置；②优化网页设计和布局；③检查网页表述断层，从而优化内容结构和流畅度。

流量来源销售贡献（Sales Contribution by Traffic Source）

流量来源销售贡献用于评估不同流量来源对销售额的贡献。通过评估不同流量来源对销售额的贡献，可以帮助公司评估不同流量来源的价值，并决定是否需要加大对某一流量来源的投入力度。

M ▶

每次会话页面数（Pages per Session）

每次会话页面数是指用户在给定会话中浏览的平均页面数。通常用一定时间段内用户的页面浏览量除以会话总数来计算。

$$每次会话页面数 = \frac{页面浏览量}{会话总数}$$

每次会话页面数是一个衡量网站用户活跃度的重要指标，能够反映用户对网站内容或功能的兴趣程度。

每点成本（Cost per Point，CPP）

每点成本也称每收视点成本，是一种广泛应用于广播和电视广告领域的指标，是指广告主为达到某一目标收视率所投入的广告费用。通常用广告总费用除以收视率点数来计算。

$$每点成本 = \frac{广告总费用}{收视率点数} = \frac{广告总费用}{覆盖度 \times 频次}$$

其中，广告总费用表示在一定时间内通过广告产生的总支出，收视率点数表示在同一时间段内广告所达到的预期收视率（通常以百分比表示）。收视率点数是指媒体的覆盖度和频次的乘积，覆盖度是指媒体能够触达的目标人群占总人群的百分比，频次是指目标人群平均看到媒体的次数。

通过分析CPP，广告商可以了解广告投放成本和收视效果。CPP主要适用于广播和电视广告，对于互联网广告而言，更常见的广告指标包括点击率（CTR）、转化率（CVR）和每点击成本（CPC）等。

每点击成本（Cost per Click，CPC）

每点击成本是一种在线广告付费模式，是指按照用户点击广告的次数的价格计费，也可用ACP（Average Click Price）表示。通常用一定时间段内的总广告费用除以广告的点击次数来计算。

$$每点击成本 = \frac{总广告费用}{广告的点击次数}$$

其中，总广告费用表示在一定时间内为投放广告而产生的总支出，广告的点击次数表示在同一时间段内用户点击广告的次数。例如，某个广告的单次点击价格为0.5元，则CPC=0.5。

CPC计费最早产生于搜索广告，如关键词广告一般采用这种定价模式，比较典型的有Google的AdSense for Content、百度联盟的百度竞价广告，以及淘宝的直通车广告，目前多运用在效果类广告上。

$$总广告费用 = 竞价 \times 点击次数$$

例如，设置广告出价为0.3元，如果500人看到了广告，其中100人进行了点击，那么只需要为这100次点击付费，应该支付费用为0.3×100=30（元）。

在 CPC 的收费模式下，不管广告展现了多少次，只要不产生点击，广告主是不用付费的。只有产生了点击，广告主才按点击数量进行付费。但 CPC 也存在弊端：一是由于竞价原因广告费用逐年增高；二是无法避免恶意点击。

每访问成本（Cost per Visit，CPV）

每访问成本是指为获得一个网站访问而花费的平均成本。每访问成本又称富媒体广告，按展示付费，即按投放广告后网站的被展示次数计费，网站被打开一次计一次费。通常用一定时间段内的广告总费用除以网站总访问数来计算。

$$每访问成本 = \frac{广告总费用}{网站总访问次数}$$

每访问成本能够评估网站的流量成本，并让广告主了解是哪些用户对其产品或服务感兴趣。

每购买成本（Cost per Purchase，CPP）

每购买成本是指商家为获得一笔新的订单而付出的平均成本。CPP 的计算方法很简单，只需要用广告总花费除以订单数量。

$$每购买成本 = \frac{广告总花费}{订单数量}$$

一般而言，广告主为了规避广告费用风险，只有在网络用户点击广告进入相应的站点下订单并进行在线交易后，才按订单数量付给广告站点费用。

每互动成本（Cost per Engagement，CPE）

每互动成本是指广告活动中每产生一次用户参与行为所耗费的平均成本，其中用户参与行为可以包括用户点击广告、观看视频广告、填写问卷调查、下载应用程序等与广告互动的行为。CPE 的计算方式是用广告活动的总成本除以参与次数。

$$每互动成本 = \frac{广告活动的总成本}{参与次数}$$

计算每互动成本的目的是衡量广告活动的效果和用户参与度，是广告主评估广告投放效益的指标之一。

每回应成本（Cost per Response，CPR）

每回应成本是指按广告投放实际效果付费，按回应的有效问卷、订单等目标行为计费，而不限广告投放量。通常用一定时间段内的广告投放费用除以用户回应次数来计算。

$$每回应成本 = \frac{广告投放费用}{用户回应次数}$$

以调查为例，每回应成本是指为了获得一个有效的调查问卷而花费的平均成本。其中有效的调查问卷是指符合调查目标和要求的问卷，如质量、数量、时间等。通常用一定时间段内调查总花费除以调查总有效问卷数来计算。

$$每回应成本 = \frac{调查总花费}{调查总有效问卷数}$$

每回应成本充分体现了网络广告"及时反应、直接互动、准确记录"的特点，属于辅助销售的广告模式。相对于每行动成本等模式而言，每回应成本更低，而且用户质量更高。

每千次展示收益（Revenue per Mille，RPM）

每千次展示收益是指一定时间段内每千次广告展示所产生的收益。其计算公式如下。

$$每千次展示收益 = \frac{总广告收益}{广告展示次数} \times 1000$$

其中，总广告收益表示在一定时间内通过广告产生的总收入，广告展示次数表示在同一时间段内广告被展示的次数。该指标为营销人员提供了具体的数据信息，可以使其了解投放广告后的收益情况，以此调整广告策略、广告定价、广告位优化等，以提高广告收益。比较不同广告平台和广告类型 RPM，可以分析投放广告方式的性价比。

每千人成本（Cost per Mille，Cost per Mille Impression，CPM）

每千人成本是指在广告投放过程中，平均每 1000 人分别听到或者看到某广告一次共需要多少广告成本，即广告每展现给 1000 人所需花费的成本，所以又叫千人展现成本，通常用广告投入费用除以广告总浏览量，再乘以 1000 来计算。

$$每千人成本 = \frac{广告投入费用}{广告总浏览量} \times 1000$$

每潜在客户成本（Cost per Lead，CPL）

每潜在客户成本也称单次引流成本，用于衡量广告投放过程中获得一个潜在客户而花费的平均成本，通常用总广告费用除以由广告获得的潜在客户数来计算。

$$每潜在客户成本 = \frac{总广告费用}{由广告获得的潜在客户数}$$

其中，由广告获得的潜在客户数是指由广告引导后用户填写表单或者注册的数量。例如，如果某公司在一个月内花费了 10000 元在社交媒体上投放广告，并且获得了 200 个潜在客户，那么这个月的 CPL 就是 10000÷200=50（元）。相对于每点击成本而言，CPL 更受广告主的欢迎，因为能避免无效点击和广告预算的浪费。

每时段成本（Cost per Time，CPT）

每时段成本是指将某个广告位以独占方式交给广告主，并按独占的时间段收取的费用，即一种以广告投放时间来计费的广告，国内很多网站都是按照"一个星期多少钱"这种固定收费模式来收费的。通常用一定时间段内的广告总费用除以广告投放时长来计算。

$$每时段成本 = \frac{广告总费用}{广告投放时长}$$

例如，2024 年 7 月，A 公司为宣传甲产品在某电视频道上投放广告，共花费 50000 元，并且广告总投放时长为 100 分钟，那么 2024 年 7 月该广告的 CPT 就是 50000÷100=500（元/分钟）。CPT 这种广告计费模式的特点是按用户使用时长或使用周期计费，可以从根本上杜绝刷流量、激活作弊，是最真实有效的营销方式之一。

每下载成本（Cost per Download，CPD）

每下载成本是一种在线广告收入模式，是指根据用户下载广告中指引的应用、文件等内容的次数向广告主收费。CPD 通常用一定时间段内产生的总广告费用除以内容下载量来计算。

$$每下载成本 = \frac{总广告费用}{内容下载量}$$

每销售成本（Cost per Sale，CPS）

每销售成本是指以实际销售产品或服务的数量来计算广告费用的计费模式，通常用一定时间段内的总广告费用除以销售交易次数来计算。

$$每销售成本 = \frac{总广告费用}{销售交易次数}$$

其中，总广告费用表示在一定时间段内通过广告产生的总支出，销售交易次数表示在同一时间段内用户通过广告产生的销售交易次数。通过分析CPS，广告商可以更精确地了解广告投放成本和实际销售效果。CPC、CPL、CPS等均属于按效果付费。

每行动成本（Cost per Action，CPA）

每行动成本是指为了获得一个转化行为而花费的平均成本。CPA广告是网络中最常见的一种广告形式，顾名思义，是以行为为指标来计费，用于衡量广告商为用户每次完成特定目标行动所支付的费用。这个行为通常可以指问卷、表单、咨询、电话、注册、下载、加入购物车、下单等用户实际行动。每行动成本一般会在投放广告前与媒体或者代理商约定好，只有在用户发生约定好的行动时，才会收取广告费用。通常用一定时间段内的总广告费用除以目标行动完成次数或转化次数来计算。

$$每行动成本 = \frac{总广告费用}{目标行动完成次数或转化次数}$$

$$总广告费用 = 出价 \times 行动次数$$

其中，总广告费用表示在一定时间段内为发布广告而产生的总支出，目标行动完成次数表示在同一时间段内用户完成特定目标行动的次数。例如，2024年第一季度A公司为甲产品的网络广告共投入10000元，在这段时间内共有5000的曝光量、3000的点击次数，最终共有1000的转化数，那么2024年第一季度甲产品网络广告的每行动成本为10000÷1000=10（元）。

在CPA计费模式下，广告主可以在最大程度上规避风险，因为CPA可直接与实际转化联系在一起。例如，你要求转化目标是下单购买，那么广告单纯被展示或者被点击都不用支付费用，这对于广告主而言是有利的。只要保证转化行为带来的收入＞CPA出价就能保证ROI（投资回报率）＞1，从而就有利润。通过分析CPA，广告商可以更精确地了解广告投放成本和效果。

每用户的会话数（Sessions per User）

每用户的会话数是指在一定时间段内平均每个用户的会话数量，通常用一定时间段内会话总数除以单独用户总量来计算。

$$每用户的会话数 = \frac{会话总数}{单独用户总量}$$

每用户的会话数用于衡量用户与网站或产品交互的频率情况，有助于了解个人用户的参与度，以及他们可能进行购买或与品牌相关的其他操作的频率。

每用户广告数（AD per User, ADPU）

每用户广告数或每用户广告曝光数，是指每位用户在一定时间内平均看到的广告数量。一般通过将某一特定时期内的广告总曝光量除以同一时间段内的用户数量来计算。

$$每用户广告数 = \frac{广告总曝光量}{用户数量}$$

其中，广告总曝光量是指在一定时间段内广告被展示的总次数，用户数量是指该时间段内访问相关内容的独立用户数量。该指标能够让广告商了解广告在目标受众中的展示次数和分布情况，以此决定是否调整广告展示频率、增加广告位的数量和调整广告位的位置、选择合适的广告类型和样式、优化广告加载速度和频率等策略，以提高广告效果和用户体验。

每用户广告展示次数（Impression per User, IPU）

每用户广告展示次数也称 Average Impression Per User，是指在一定时间段内，每位用户平均看到的广告展示次数。通常用一定时间段内总广告展示次数除以总用户数来计算。

$$每用户广告展示次数 = \frac{总广告展示次数}{总用户数}$$

其中，总广告展示次数表示在一定时间段内广告被展示的次数，总用户数表示在同一时间段内访问相关内容的独立用户数量。通过计算 IPU，广告商可以了解广告在目标用户中的分布情况，从而调整广告展示频率、定位等因素，以提高广告效果和用户体验。IPU 和 ADPU（每用户广告数）是相同的指标，只是名称有所不同。

每用户收入（Revenue per User，RPU）

每用户收入是指衡量每位用户为公司创造的收入，通常用一定时间段内产生的总收入除以同一时间段内使用该服务或产品的总用户数来计算。

$$每用户收入 = \frac{总收入}{总用户数}$$

RPU 和每用户平均收入（Average Revenue per User，ARPU）均是每个用户或客户为公司带来的收入的指标，都是用于评估企业收入和用户价值的指标，它们在概念上非常相似，区别在于应用场景。ARPU 可能会提供更详细的信息，使企业更好地了解各个业务领域的表现。RPU 是一个总体指标，反映公司整体的收入水平和效率；而 ARPU 是一个分析指标，反映不同用户或客户群体的价值和表现。RPU 适用于评估公司的整体盈利能力和发展趋势，而 ARPU 更适用于评估公司的定价策略、营销效果、产品优化等。

每账户平均收入（Average Revenue per Account，ARPA）

每账户平均收入是指平均每账户为公司创造的收入，通常用一定时间段内产生的总收入除以同一时间段内使用该服务或产品的总账号数来计算。

$$每账户平均收入 = \frac{总收入}{总账号数}$$

每账户平均收入与每用户收入不同，一般每账户收入小于每用户收入，因为一个用户可能不仅注册一个账号，还可能同时存在两个或两个以上账号。

每注册成本（Cost per Registration）

每注册成本是指广告商为每次通过广告产生的用户注册所支付的费用，通常用一定时间段内的广告总费用除以注册次数来计算。

$$每注册成本 = \frac{广告总费用}{注册次数}$$

其中，广告总费用表示在一定时间段内通过广告产生的总支出，注册次数表示在同一时间段内用户通过广告完成应用或网页等注册的次数。通过分析 CPR，广告商可以更精确地了解广告投放成本和实际注册效果。

目标群体指数（Target Group Index，TGI）

目标群体指数是一种用于衡量某一目标群体在某特征行为或特征上的相对表现的指数。通常用目标群体中具有某特征的群体所占的比例除以总体中具有相同特征的群体所占的比例，将所得值再乘以标准数来计算，其数额越大，表明目标群体吻合度就越高。

$$目标群体指数 = \frac{目标群体中具有某特征的群体所占的比例}{总体中具有相同特征的群体所占的比例} \times 标准数 \times 100\%$$

该指标能够反映目标群体在特定研究范围（如地理区域、人口统计领域、媒体受众、产品消费者）内的强势或弱势。TGI 指数可以帮助我们了解目标群体的特征、偏好、行为和态度，从而进行有效的市场分析和策略制定。计算目标群体指数最基本的目的是精确地描述目标群体的特征，分析消费者的购买行为、态度、生活形态和媒体接触习惯，为更有效地制定市场营销战略和广告计划提供可靠的依据。

目标人群到达率（TA Reach）

目标人群到达率是指企业目标受众在某个市场或媒体中的覆盖率，也就是你的品牌或信息能够接触到的潜在消费者的比例。通常用看到广告的目标人群数除以市场或总媒体的目标人群数来计算。

$$目标人群到达率 = \frac{看到广告的目标人群数}{市场或媒体的目标人群数} \times 100\%$$

N ▶

N+Reach

N+Reach 是一种广告投放模式，也指重复覆盖人数，指广告或信息在特定时间段内达到的不同媒体渠道或广告投放策略下的叠加覆盖人数。"N+"即广告曝光 N 次及 N 次以上，指同一个用户在多个渠道或策略下重复浏览广告的次数，所以"N+Reach"即"N 次及 N 次以上"广告的到达率，指的是通过 N 次触达消费者，广告就能在目标消费群体中产生品牌影响力。该模式考虑了不同媒体渠道之间的重叠，能够更准确地评估广告的整体覆盖效果。

内容认可度（Content Recognition）

内容认可度关注用户的认同感和满意度，以图文为载体，为用户提供有价值的内容和信息。通过对图文的内容认可度分析，可以总结规律，并用于日后写作的经验指导，从而提高用户黏度和用户留存率，在分析过程中常用的指标有点赞率、收藏率、转发率等。

年度经常性收入（Annual Recurring Revenue，ARR）

年度经常性收入是指企业每年从同一群体的订阅客户那里获得的经常性收入，是用来考核订阅业务使用情况的关键指标，这个业务核心就是达成合同协议。一个可量化的财务数据指标，就是指将长期订阅的合同经常性收入部分规范化为一年期的价值。ARR通常用于评估企业的可持续性和增长潜力。

P ▶

品牌心智份额（Brand Mindshare）

品牌心智份额是指品牌在群体消费者心智资源中所占的份额。

$$BM_i = \frac{\sum_{k=1}^{n} \lambda_k g h_i}{n}$$

其中，$0 \leq i \leq 7$；$\lambda_k = 1$ 或 0，BM_i 为 i 品牌在群体消费者心智资源中所占的份额，简称品牌心智份额；i 为某品类中的品牌个数，依据哈佛大学心理学家乔治·米勒的发现，消费者在购买某类产品时能记住的品牌数量不会超过7个，即 $i \leq 7$；h_i 是 i 个品牌在单个消费者心智资源中的份额（$0 \leq h_i \leq 100\%$），h_i 在不同消费者心智资源中的数值不同；n 为某产品品类在特定的顾客群中消费者人数，可以将 n 假定为固定值；k 为特定顾客群中认同 i 品牌的消费者人数，显然，$k \in [0, n]$；λ_k 为 i 品牌认同系数，取值为 1 或者 0。由于品牌对消费者心智资源的占有符合"胜者通吃"原理，当消费者不认同 i 品牌时，$\lambda_k = 0$；当认同 i 品牌时，$\lambda_k = 1$。

此外，对于单个品牌而言，消费者认同和消费者心智资源的占有是两个不同的概念，前者比后者的程度更深。

平均点击价格（Average Click Price，ACP）

平均点击价格是指在一定时间段、一定范围内企业为网络用户的每次点击访问所支付的推广费用。ACP 一般用推广的消费总额除以点击次数来计算。

$$平均点击价格 = \frac{消费总额}{点击次数}$$

其中，消费总额是指在一定时间段内企业为所有推广账户或关键词所花费的总成本，点击次数是指在同一时间段内所有推广账户或关键词的总点击量。例如，假设某公司在 2024 年 7 月为推广账户花费了 50000 元，在此期间，该账户的点击次数为 12500 次，那么该账户在 2024 年 7 月的 ACP 为 50000÷12500=4（元）。该指标可以用来衡量推广效果和投放效率，企业和营销人员以此为优化出价策略的依据。

平均订单价值（Average Order Value，AOV）

平均订单价值是指在一定时间段内用户所购买订单所花费的平均货币金额。一般用总销售收入除以销售订单数来计算。

$$平均订单价值 = \frac{总销售收入}{销售订单数}$$

例如，2024 年 7 月某网络平台店铺的总销售收入为 50000 元，其中共有 100 个订单，那么 2024 年 7 月该网络平台店铺的平均订单价值为 50000÷100=500（元）。该指标通常用于衡量线上或线下零售商的销售额，能够帮助公司了解客户订单的平均价值。

平均订单数量（Average Order Quantity，AOQ）

对平均订单数量通常有以下两种理解：

一是指每个订单中商品的平均数量。一般用商品总数量除以订单总数量来计算。

$$平均订单数量 = \frac{商品总数量}{订单总数量}$$

其中，订单总数量是指一定时间段内所有有效订单的数量，商品总数量是指每个有效订单中的商品数之和。

二是指每个用户的订单数量。一般用在一定时间段内的订单总数量除以下单用户数来计算。

$$平均订单数量 = \frac{订单总数量}{下单用户数}$$

其中，订单总数量是指在一定时间段内所有有效订单的数量，下单用户数是指一定时间段内所有成功下单的不同用户的数量。

该指标可以帮助公司评估客户的购买行为，并决定是否需要采取措施提高平均订单数量。

平均访问次数（Average Visits）

平均访问次数是指在一定时间段内平均每个访问者的访问次数。通常用在一定时间段内网页的总访问次数除以总访问者数来计算。

$$平均访问页数 = \frac{总访问次数}{总访问者数}$$

该指标可以反映网站对访问者的吸引力，以及访问者对该网站的满意度。

平均访问时长（Average Access Time）

平均访问时长是指用户访问网站的平均停留时间。也就是指在一定时间段内，浏览网站的一个页面或整个网站时用户所逗留的总时间与该页面或整个网站的访问次数的比。

$$平均访问时长 = \frac{总访问时长}{总访问次数}$$

该指标能够评估访问者对网页内容的感兴趣程度。

平均购物车价值（Average Cart Value，ACV）

平均购物车价值是指用户在线上购物平台中购物车内所有商品的平均货币价值。ACV可以用购物车中商品价值总额除以购物车中商品总数量来计算。

$$平均购物车价值 = \frac{购物车中商品价值总额}{购物车中商品总数量}$$

假设某用户购物车中有5件产品，价格分别为100元、90元、80元、70元、60元，那么该用户的ACV为（100+90+80+70+60）÷5=80（元）。该指标能够让商家了解其产品价值，并评估其产品的定价策略。

平均会话时长（Average Session Duration，ASD）

平均会话时长是指用户在网站或应用程序中保持活跃状态的时间范围的平均值。一般用所有会话总时长除以会话次数来计算。

$$平均会话时长 = \frac{会话总时长}{会话次数}$$

其中，会话是指用户在网站或应用程序中保持活动状态的时间段。在默认情况下，如果某用户处于非活动状态的时间达到或超过 30 分钟，那么任何后续活动都会被归入新会话。如果用户在离开网站或应用程序后的 30 分钟内返回，则之后的活动仍将被计为初次会话的一部分。ASD 值越高，表示用户对内容越感兴趣，越有可能产生转化行为。

平均交易价值（Average Transaction Value，ATV）

平均交易价值也可用客单价（Per Customer Transaction）表示，是指用户平均购买商品的金额。一般用一定时间段内的总交易金额除以交易次数来计算。

$$平均交易价值 = \frac{总交易金额}{交易次数}$$

其中，总交易金额是指在特定时间段内所有用户的购买总金额；交易次数是指在同一时间段内用户成功完成的购买次数。该指标有助于企业了解客户购买行为、消费水平和购买意愿，进而分析和优化销售策略、产品定价和市场营销活动。ATV 可以与其他指标（如客户获取成本、毛利润等）结合使用，以评估企业的盈利能力和投资回报率。

平均每用户收入（Average Revenue per User，ARPU）

平均每用户收入或每客户的平均收入，是指每个用户为企业或商家带来的平均收入，一般通过计算标准时间段内（通常按月）所有单位（付费用户或通信设备）产生的总收入，然后用该数字除以该时间段内的用户数量。

$$平均每用户收入 = \frac{某时间段内的总收入}{该时间段内的用户数量}$$

例如，2024 年 7 月 A 店铺的销售收入为 10000 元，共有 50 个客户，那么 2024 年 7 月 A 店铺的平均每用户收入为 10000÷50=200（元）。

该指标能够反映总收入在整体用户中均摊的水平，体现用户价值和企业的盈利能力。当用于衡量用户价值，通常用来给用户分层。一般而言，高端用户越多，平均每用户收入越高。平均每用户收入与日活跃用户数、月活跃用户数等指标结合使用可以更全面地了解平台的收入潜力和用户价值。

平均每用户收入与每用户平均收入、每账户平均收入有些相似，但也有区别。平均每用户收入是将总收入除以所有用户（付费和免费）的数量，而每账户平均收入是将总收入除以总账号数。平均每用户收入则是用总收入除以所有用户（已经付费或购买过产品）的数量。这些指标都可以帮助公司了解其收入来源和潜力，优化定价策略和营销活动，提高客户满意度和忠诚度。

平均每付费用户收入（Average Revenue per Paying User，ARPPU）

平均每付费用户收入是指每位付费用户为企业或商家带来的平均收入，一般用某段时段内的总收入除以该时段内的付费用户数来计算。

$$平均每付费用户收入 = \frac{某时段内的总收入}{该时段内的付费用户数}$$

与平均每用户收入不同的是，平均每付费用户收入只考虑某时间段内的付费用户，而不是所有活跃用户，即平均每付费用户收入通常大于平均每用户收入，因此平均每付费用户收入能够反映付费用户为企业带来了多少收入，能够体现一个付费用户实际上愿意支付的金额。

平均每日活跃用户收入（Average Revenue per Daily Active User，ARPDAU）

平均每日活跃用户收入是指每位日活跃用户为企业或商家带来的平均收入，一般用某时段内的总收入除以该时段内的日活跃用户数来计算。

$$ARPDAU = \frac{某一时段的总收入}{该时段内的日活跃用户数}$$

平均每贴文互动量（Average Interactions per Post）

平均每贴文互动量是指社交媒体上每条内容平均收到的互动次数，包括点赞、评论、分享等，一般用贴文或内容的总互动次数除以总发布次数来计算。

$$平均每贴文互动量=\frac{总互动次数}{总发布次数}$$

该指标可以反映内容的质量和受欢迎程度，以及用户的参与度和忠诚度。每个帖子的平均交互次数，能够衡量帖子的吸引度，帮助你在锐化主题的同时了解人们的兴趣点，以指导将来帖子的内容信息。

平均每页广告曝光量（Average Show Number）

平均每页广告曝光量是指在一次有广告展现的检索请求页面中平均展现的广告条数。一般用下列公式计算。

$$平均每页广告曝光量=\frac{展示条数}{广告的浏览量}$$

该指标能够体现广告位的利用率，可以帮助广告主和广告发布商了解广告的覆盖范围和曝光频率。平均每页广告曝光量越高，说明单次搜索出的广告就越多，这样可能会降低用户体验感，但也可能会增加广告收入。

平均同时在线用户数（Average Concurrent Users，ACU）

平均同时在线用户数也称平均并发用户数，是指在一定时间段内应用程序或网站同时在线的用户的平均数量。

$$C=\frac{nL}{T}$$

其中，C 是平均同时在线用户数，n 是平均每天访问用户数，L 是用户从登录到退出的平均时间，T 是考察时间长度（多长时间有用户使用系统）。该公式是假设用户从登录到退出产生符合泊松分布估算得到的。该指标可以用来衡量网站、应用程序、游戏等产品的用户规模和活跃度，以及分析用户的使用习惯和行为。

平均销售周期长度（Average Length of Sales Cycle）

平均销售周期长度是指潜在客户（潜在销售线索）从销售流程的各个阶段到成功成交这一阶段需要花费的平均时间，即从第一次接触潜在客户到达成交易平均花费的时间。通常用一定时间段内所有销售周期之和除以交易次数来表达。

$$平均销售周期长度=\frac{所有销售周期之和}{交易次数}$$

如2024年第一季度A店铺甲产品共完成三笔交易，它们的销售周期长度分别为60天、33天和66天，那么平均销售周期长度为（60+33+66）÷3=53（天），即表示平均需要53天才能将甲产品的一个潜在客户转化为付费客户。该指标通常包括从初步接触、了解产品或服务，到决定购买并签订合同的整个销售过程。一般而言，平均销售周期长度越短，销售效率越高。

钱包份额（Share of Wallet，SOW）

钱包份额是指一个公司从某些特定的顾客那里所获得的交易额，即顾客在某店消费A产品（或服务）的数量占顾客消费A产品（或服务）的数量的百分比例。

$$钱包份额 = \frac{顾客在某店消费A产品（或服务）的数量}{顾客消费A产品（或服务）的数量} \times 100\%$$

例如，某用户在一个月内共购买了10份甲产品，其中有4份来自A店铺，那么A店铺甲产品的钱包份额为4÷10×100%=40%。

钱包份额意味着该支付服务提供商在市场中具有更大的份额和竞争优势，可能拥有更多的用户和交易活动。要注意，市场份额和钱包份额是两个不同的概念，虽然市场份额和钱包份额都着眼于客户收入的增长，但不断增长的市场份额集中在从竞争中吸引新客户。而钱包份额除了从竞争中获益，主要通过扩大使用的产品数量来增加现有客户的收入。

千次展示收益（earning of Cost Per Mille，eCPM）

千次展示收益，eCPM也译为"earning CPM"或"effective CPM"，是指每展示1000次广告所带来的收益，即千次广告展示带来的收益。通常用一定时间内广告总收益除以广告总展示次数，再乘以1000来计算。

$$每千次展示收益 = \frac{广告总收益}{广告总展示次数} \times 1000$$

这个公式基本上适用于各种类型和形式的网页广告，无论是按点击付费（CPC）还是按行动付费（CPA）。每千次展示收益是一个竞价的值，可以根据广告主的获客需要调整出价，代表千次广告展示所需要的成本。一般而言，每千次展示收益越高，排名就越高，能获得更多的曝光机会。

潜在触达率（Potential Reach Rate）

潜在触达率是指在一定时间内有机会看到内容的人数。例如，如果某粉丝分享一个帖子，那么该帖子有可能会触达该粉丝一定量的关注者，这便构成帖子的潜在触达。量化它使用品牌监控工具跟踪品牌被提及的场合和次数，计算提及品牌的粉丝数量，将这两项相乘，得到理论触达范围。注意：这是理论上能够看到品牌被提及的最大人数。潜在触达率的计算方法如下。

$$潜在触达率 = \sum_{i=1}^{n} X_i Y_i$$

其中，n 为提及内容的其他用户或品牌数量，X_i 为第 i 个用户或品牌的关注者数量，Y_i 为第 i 个用户或品牌的触达范围。分析潜在触达率很有必要，尤其是作为一个社交媒体营销人员，工作目标之一是要努力扩大受众范围。了解潜在触达率能衡量不同时期的营销内容或活动的进步体现在什么方面。

潜在客户数量（Lead Volume）

潜在客户数量是指在一定时间内被识别和联系的潜在客户的数量。潜在客户是指对某个产品或服务有兴趣或有需求的潜在购买者。潜在客户数量是衡量营销活动效果和市场潜力的重要指标，也是优化营销策略和提高销售业绩的基础。

情感分析（Sentiment Analysis）

情感分析又称倾向性分析，是指通过自然语言处理和机器学习等技术，对带有情感色彩的主观性文本进行分析、处理、归纳和推理，利用一些情感得分指标来量化定性数据的方法。情感分析可以帮助用户了解文本中的情绪、态度、评价等信息，从而获得有价值的洞察和行动建议。在情感分析中，净情感度（Net Sentiment Rate）表示社交媒体中与品牌相关内容的整体情感倾向强度，可用于衡量品牌在社交媒体平台中的美誉度和社媒讨论口碑，通常用正面情感值和负面情感值来计算，计算公式如下。

$$净情感度 = \frac{正面情感值 - 负面情感值}{正面情感值 + 负面情感值} \times 100\%$$

渠道销售贡献（Sales Contribution by Channel）

渠道销售贡献是指通过不同销售渠道（如线下零售店、电商平台、直销、代理商等）产生的销售收入。销售渠道大致可以分为直接销售和间接销售两大类，其中直接销售指公司的销售团队直接向最终客户销售产品或服务，没有任何第三方的介入；间接销售是指公司通过合作伙伴或第三方机构销售产品或服务，如推荐合作伙伴、联盟合作伙伴、批发商、分销商、托管服务提供商、市场平台或增值经销商等。通常可以通过不同渠道的销售额、销售量、销售成本、销售效率、销售周期、客户满意度、客户忠诚度等指标衡量不同渠道的销售效果，并决定是否需要调整不同销售渠道的力度。

R ▶

人均启动次数（Per Capita Startup Frequency）

人均启动次数是指在统计周期内，用户平均启动应用程序（App）的具体次数，人均启动次数的计算公式如下。

$$人均启动次数 = \frac{当期总启动的次数}{当期总启动用户数}$$

该指标能够衡量用户使用频率和依赖程度、用户活跃度和产品或服务的质量。启动次数越高，说明产品越受欢迎；启动次数越低，则应该综合根据产品性质来判断未来发展方向。通过该指标，营销人员能够预估 App 的使用量和存活率。

人均启动次数还可以根据不同的统计周期来计算，如日人均启动次数、周人均启动次数、月人均启动次数等。不同类型的应用可能有不同的人均启动次数，一般来说，社交类、内容类、游戏类等应用程序的人均启动次数会比工具类、电商类、金融类等应用程序的人均启动次数高。

人均停留时长（Per Capita Length of Stay）

人均停留时长是指一段时间内的用户平均停留时间，以会话（Session）为计算依据。

$$人均停留时长 = \frac{会话时长之和}{访问数}$$

其中，会话时长之和是指在某一统计周期内所有从 App 启动到结束使用的总计时长，访问数是指同一统计周期内访问应用的总数量。该指标能够衡量产品活跃度、产品质量。

人群触达（Reach）

人群触达又称到达量，是指一条信息、广告或其他营销内容通过某种媒介或渠道接触到的潜在客户的总数。这里的 Reach 通常是指 1+Reach，就是看到目标广告 1 次以上的独立用户数。频次会影响对目标受众的影响力，频次太低，影响力不够，观众未必记得住品牌；频次太高，受众可能会产生反感，同时对广告主的预算也是一种浪费。所以也会看 N+Reach 的指标（N 通常为 3），这里的 N 就是指目标用户观看的次数。

人群触达量会对品牌知名度产生影响。一般而言，接触品牌或营销信息的人越多，品牌就越有可能被记住或认可，有助于建立品牌忠诚度、提高回头率。

任务成功率（Task Success Rate）

任务成功率这一指标衡量了在网站或应用程序中成功完成任务的用户占比。通常用一定时间段内成功完成任务的用户数除以尝试任务的总用户数来计算。

$$任务完成率=\frac{成功完成任务的用户数}{尝试任务的总用户数}\times100\%$$

该指标通常用来判断营销活动中设置的任务的难易程度，营销人员可以结合该指标考虑是否调整任务内容、形式等以吸引和留住更多用户。

【相关案例】

蚂蚁森林的种树任务

蚂蚁森林是支付宝推出，以环境保护为切入点，打造的一款基于社交的公益性质的产品。蚂蚁森林率先引入了"碳账户"的概念，使用户通过行走、骑行而减少碳排量，通过在线支付等无纸化生活方式保护大自然不受侵害。其中的任务形式比较简单，用户通过当天行走的步数可以得到相应的能量值，当天通过在线支付操作也可以获得能量值。每个类型的能量都有成熟期，在第二天的七点收取能量。能量越多，用户所种植的树苗越大，等能量积累到一定程度时，就可以在蚂蚁森林平台选择一株植物在现实存在的沙漠地区进行种植。

从心理学角度来看，财富、收入或者商品的不断增加是人们获得更多福利或幸福感的前提。人们所获得的能量可以看作通过一些任务而得到的奖励，但区别于电商的奖励，这属于一种公益性质的奖励。数据显示，蚂蚁森林自 2016 年 8 月上线至 2024 年 8 月，8 年来已在全国各地捐资种下 5.48 亿棵树，其中九成以上种在"三北"（西北、华北、东北）工程三大标志性战役地区。蚂蚁森林让每个参与进来的用户能够深深地感知到"守护绿水青山、践行绿色低碳"，并通过力所能及的方式，为社会做出自己的贡献。

资料来源：央广网。

任务完成时间（Time on Task）

任务完成时间是通过跟踪用户完成产品或服务中的一项特定任务或一组任务所花费的时间来衡量的。

$$任务完成时间=任务完成的时间点-任务开始的时间点$$

与任务成功率一样，该指标通常用来判断营销活动中设置的任务的难易程度，营销人员可以结合该指标考虑是否调整任务内容、形式等以吸引和留住更多用户。

S ▶

商品交易总量（Gross Merchandise Volume，GMV）

商品交易总量是指一定时间段内的实际成交总金额，在电商网站定义里面是指网站成交金额。其中，"实际"一词指的是拍下订单金额，包含付款和未付款的订单，即无论是否实际购买，只要点击了购买，都统计在商品交易总量中，因此在一定程度上，商品交易总量能够反映顾客的购买意向、顾客的退单比率等。

$$商品交易总量=销售额+取消订单金额+拒收订单金额+退货订单金额$$
$$销售额=访客数\times 全店成交转化率\times 客单价$$

商品交易总量是电商平台的重要指标之一，它能够反映出平台的交易规模和经营水平。通常来说，商品交易总量越高，说明平台的交易量越大，用户数量越多，盈利能力也越强。对于直播电商而言，商品交易总量的计算可以用如下公式计算。

$$商品交易总量=场均访问数\times 成交转化率\times 客单价\times 直播场次$$

"尚交所"指数（FX Index）

"尚交所"指数是对时尚IP进行评估的一类指标，其基于百度平台的搜索热度指数，以及微博、小红书、抖音三个大型社交媒体平台的公开数据和阿里巴巴平台线上消费数据，将时尚IP在互联网搜索社交舆情及消费市场等不同领域的表现纳入衡量体系。"尚交所指数"是通过综合"CBNData（第一财经商业数据中心）消费影响力""微博、小红书、抖音三大主流社交媒体平台人气"和"百度搜索引擎热度"，从消费影响力、搜索引擎热度、社交媒体人气三个维度提取大数据计算生成的。

$$"尚交所"指数=CBNData消费大数据+百度指数+社交媒体指数$$

商品退货率（Product Return Rate）

商品退货率是指一定时间段内退货商品的数量占总销售数量的百分比，它表示客户退货的产品数量与销售产品数量的比率。

$$商品退货率 = \frac{退货商品的数量}{商品总销售数量} \times 100\%$$

该指标反映了客户对产品的满意度，并用来衡量产品质量和客户体验。

设备流量（Traffic by Device）

设备流量，即不同设备访问一个网站或应用程序的用户数量。网页在不同设备中的显示效果是不一样的，通过分析每种设备所产生的流量可以看出客户的浏览习惯，从而找到营销重点。这也是近年来响应式网站兴起的原因之一。设备类型通常包括台式电脑、移动手机和平板电脑。通过分析不同类型设备的流量，可以了解网站的受众特征、偏好和行为，以及网站的适配性和优化性。比较不同设备的流量，可以分析在不同设备上的营销策略。

社交媒体发布量（Social Media Publishing Volume）

发布总量、平均数量、发布频率都是衡量社交媒体发布量的指标。人们需要从众多信息中产生与自己有关的记忆，发布太多会让人的记忆麻木，发布过少又会让人淡忘。合理地控制和使用社交媒体一般要根据社交媒体平台的特点和机制、目标受众的特点和行为、内容类型和目标等调节和优化发布频率和总量。

社交媒体页面浏览量（Social Media Page Views）

社交媒体页面浏览量是指在社交媒体上一个网页或一个帖子被用户查看的次数。关注社会媒体对页面浏览量的引导效果，可以明确地知道哪个资源是受众人群真正关注的。

社交媒体展示量（Social Media Impressions）

社交媒体展示量是指内容在社交媒体上展示的次数。它是衡量社交媒体内容覆盖范围和曝光度的指标之一。Social Media Impressions 与 Social Media Reach（社交媒体触达）不同。在社交媒体上，Reach 是指看到品牌或产品相关内容的用户数量，而 Impression 是指品牌或产品相关内容被查看的次数，包括单个用户的多次查看。

Social Media Impressions 统计内容被用户查看的总次数，并不区分不同用户，若一个用户浏览了某帖子 5 次，则计入 5 个 Social Media Impressions。

声量（Buzz）

声量是指在社交媒体平台上与特定品牌相关的讨论和互动的数量，通常用统计和分析社交媒体上与品牌相关的帖子、评论、转发、点赞等指标来衡量。品牌声量可以反映出用户对该品牌的关注程度、讨论热度，以及用户对品牌的态度和情感。通过监测和分析社交媒体的品牌声量，企业可以了解用户对品牌的认知度和互动情况，评估品牌形象和声誉等。

生命周期价值（Life Time Value，LTV）

生命周期价值指的是用户在从注册到流失的整个过程中对品牌方贡献的总价值。在电商领域，指的是全部消费金额；在 B2B 领域，指的是全部服务年的总付费金额，通常用于标识高价值用户。

$$生命周期价值 = LT \times ARPU$$

其中，LT 为用户的平均生命周期，ARPU 为平均每用户收入。也可用如下公式计算。

$$生命周期价值 = 平均订单金额（AOV）\times 购买频率（PFR）\times 客户维持时间（CRT）\times 利润率$$

其中，利润率是指每笔订单的平均利润占总收入的比例，可以根据企业的成本和费用计算得到。

声音份额（Share of Buzz）

声音份额也称互动份额（Share of Engagement），是指在社交媒体上，目标品牌、产品或话题的提及次数占所有相关品牌、产品或话题的提及次数的比例，其计算方法如下。

$$声音份额 = \frac{目标品牌、产品或话题的提及次数}{所有相关品牌、产品或话题的提及次数}$$

例如，2024年7月，共有10000条社交媒体帖子提到了甲产品（手提电脑），而有20000条社交媒体帖子提到了手提电脑，那么2024年7月甲产品的声音份额就是10000÷20000=0.5，即50%。

声音份额用以评估品牌或产品在目标社交媒体平台中所处的市场水平，可以反映一个品牌、产品或话题在社交媒体上的知名度、关注度和口碑，以及与竞争者或其他类别的对比情况。一般来说，声音份额越高，说明一个品牌、产品或话题越受欢迎。

时间销售贡献（Sales Contribution by Time）

时间销售贡献指在不同时间产生的销售收入，如每小时、每天、每周、每月或每季等。它可以提供对销售趋势的判断依据，并帮助确定销售高峰期。

市场占有率（Market Occupation Rate）

市场占有率也可以用"Market Share"表示，也称市场份额，是指产品在市场同类产品中的竞争力和份额，通常用一定时间段内产品的销售额或销量占市场上同类产品的总销售额或总销量的百分比来表示。

$$市场占有率 = \frac{产品销售额或销量}{市场上同类产品的总销售额或总销量} \times 100\%$$

市场占有率在很大程度上反映了企业的竞争地位、盈利能力和品牌影响力等。

视频播放量（Video Views）

视频播放量是指视频被用户观看的次数。视频播放量可以帮助公司了解用户对视频广告的兴趣程度，并评估视频广告的效果。不同的平台可能有不同的定义和计算方法，但一般来说，视频播放量是指用户观看视频一定时间或一定比例后被记录的次数。例如，Meta和Twitter（推特）认为用户观看视频2秒以上或点击展开或取消静音后算作一次视频播放量，而YouTube认为用户观看视频30秒以上或点击跳过广告后算作一次视频播放量。

搜索展示量（Search Impressions）

搜索展示量是指广告主投放的广告在搜索结果页面或其他网站上展示的次数，它表示用户在搜索引擎上看到搜索广告的次数。搜索展示量可以帮助公司了解搜索广告的曝光情况和覆盖范围，并评估其广告投放效果。

搜索指数（Search Index）

搜索指数是一种测量互联网平台上特定关键字出现频率的标准和指标，其可将网络活动量化，用于识别特定关键字在特定时间和地点的出现频率。其使用实时网络数据，可提供有力的客观信息，且广泛被多种行业用于衡量某个话题的热度、品牌口碑的认知度等。搜索指数反映特定关键字在各平台的搜索量及关注度。拥有海量的数据历史记录，可以让企业更好地了解市场需求，同时结合新技术、新工具，可以更准确地知晓竞争对手和行业动态，如百度指数、微博指数等。

T

TA浓度（Target Audience Concentration）

TA 浓度是指与该品牌目标相关的粉丝数量占品牌账号总粉丝数量的比例。

$$TA浓度 = \frac{与该品牌目标相关的粉丝数量}{品牌账号总粉丝数量}$$

TA 浓度可以通过分析品牌账号的粉丝群体的特征、兴趣、行为等来评估，粉丝 TA 浓度越高，说明品牌账号的粉丝更加符合品牌的目标受众，有助于提高品牌传播的精准性和效果。

跳出率（Bounce Rate）

跳出率是指用于评估用户访问网站后立即离开的频率。它表示进入网站后退出而不是继续查看同一网站中的其他页面的访问者数量占所有访客数量的百分比，一般通过一定时间段内单页访问次数并除以总访问次数来计算。

$$跳出率 = \frac{单页访问次数}{总访问次数} \times 100\%$$

$$= \frac{只访问一个页面就离开的访客数量}{所有访客数量} \times 100\%$$

例如，2024 年 7 月某网站共有 50000 次访问，其中 10000 次是单页访问，则 2024 年 7 月该网站的跳出率为 10000÷50000×100%=20%。跳出率可用于确定条目页面在使访问者产生兴趣时的有效性或性能，即可以评估一个网站或网页的无效措施。一般而言，跳出率低的入口页面意味着该页面有效地使访问者能够查看更多页面并继续深入网站。高跳出率通常表明，该网站没有做好吸引访问者的持续兴趣的工作，意味着访问者只查看单个页面，而不查看其他页面或在网站内不采取任何形式的操作和行动就离开该网站。通常高跳出率会与网站的用户界面设计（UI 设计）、内容与广告的不符或技术故障有关。

跳出数（Bounce Count）

跳出数是指网站上发生的单页访问的次数，即用户只浏览了一个页面就离开了网站的访问次数。它表示用户在网站上停留的时间较短，并未浏览其他页面。例如，某网站 2024 年 7 月 10 日共有 100 次访问，其中 40 次是单页访问，则该网站 2024 年 7 月 10 日的跳出数为 40。该指标可以评估用户对网站内容的兴趣程度。

投资回报率（Return on Investment，ROI）

投资回报率，即投入产出比，是指一定时间内企业在进行商业活动过程中支出和收益的状态，其计算公式如下。

$$投资回报率 = \frac{投资收益 - 投资成本}{投资成本} = \frac{投资所得利润}{投资成本}$$

其中，投资收益是指投资活动所带来的总收入，投资成本是指投资活动所需的总支出。不同团队对投资回报率的定义不同，有的是按照流水，有的是按照净利润。

推荐流量（Referral Traffic）

推荐流量是指通过第三方网站上的链接所带来的访问量，这里不包括用户通过搜索引擎带来的访问量或直接访问量。当有人访问社交网络或网站上的链接并最终进入另一个网站时，搜索引擎的跟踪系统会将该访客识别为推荐人，企业能够使用 UTM 代码精确跟踪这些流量来源。推荐流量将潜在的、有价值的访问者从可信任的域发送到网站，同时将企业内容展示给新的用户。通过 UTM 跟踪，还可以发现哪些网站和社交资料为您的网站带来了最多的流量。推荐流量也与搜索引擎优化（SEO）有关，当有用户通过其他网站访问本网站时，他们通常会点击链接或完成特定的社交活动，在一定程度上体现了信息的权威性和相关性，因此搜索引擎将这些链接视为正向的、积极的。

退出率（Exit Rate）

退出率是指用户在网站或应用程序上从某个页面离开的比例。退出率可以用户从一个页面退出的次数占该页面的访问次数的百分比来计算。

$$退出率 = \frac{用户从一个页面退出的次数}{该页面的访问次数} \times 100\%$$

高退出率说明网站的漏斗（Funnel）设置存在问题。也就是用户并没有如期进入下一个页面或者产生下一个行为，而是将整个网站历程结束在了这一页面，可以据此衡量页面设计、页面内容的质量。

退货率（Goods Return Rate）

退货率是指客户在购买商品或服务后，因为不满意或者其他原因，将收到的商品或服务退还给卖家的比例。通常用一定时间段内的退货量除以出货量来计算。

$$退货率 = \frac{退货量}{出货量} \times 100\%$$

例如，某店铺2024年第一季度共销售甲产品5000件，其中有500件被用户申请退货，那么2024年第一季度该店铺甲产品的退货率为500÷5000×100%=10%。

一般而言，退货率高的产品对消费者的吸引度较低。因此，企业可以向用户进行调研获得反馈信息，分析退货原因，并及时对产品和服务进行调整，尽可能减少退货率。

退款率（Refund Rate）

退款率是指消费者购买商品或服务后申请退款的比例。通常用一定时间段内的退款额除以营业额来计算。

$$退款率 = \frac{退款额}{营业额} \times 100\%$$

例如，某店铺2024年第一季度的营业额为5万元，退款额为2000元，那么2024年第一季度该店铺的退款率为2000÷50000×100%=4%。

淘宝对于退款率的计算是用卖家在最近 30 天成功退款、售后订单数除以最近 30 天订单成交数的比率。

$$退款率 = \frac{最近30天成功退款、售后订单数}{最近30天订单成交数} \times 100\%$$

退款率在一定程度上反映了商品或服务的质量情况，有助于衡量企业的客户满意度。高的退货率和退款率会影响卖家的信誉和利润，也会增加卖家的经营成本和增大市场风险。

W ▶

完播率（Video Completion Rate）

完播率是指视频的播放完成率，是一种衡量内容对用户的吸引力和用户参与度的指标。通常用完整观看视频的访问次数除以总观看视频的访问次数来计算。

$$完播率 = \frac{完整观看视频的访问次数}{总观看视频的访问次数} \times 100\%$$

完播率能够衡量用户对视频的兴趣程度，并评估视频广告的效果。完播率较高，说明用户对视频广告有较高的兴趣，视频广告的效果较好；完播率较低，则说明用户对视频广告的兴趣较低，视频广告的效果较差。因此，公司不仅可以使用完播率评估视频的设计和内容，还可以据此调整广告的插入位置。

【相关案例】

雅芳打造"女性力量"广告，传递品牌理念

雅芳（AVON）1886 年创立于纽约，并迅速成为全球知名的美容护肤品牌，迄今在护肤、彩妆、香水、个人护理及健康食品等领域推出了超过两万种产品。雅芳始终秉持"为女性而生"的品牌初心。

为了强调品牌对女性的尊重和关怀，雅芳与媒体公司 i-Cherry 合作打造了一则视频广告。广告中展示了不同年龄段、不同风格、不同种族的女性之美，同时借此强调雅芳对女性事业的支持，以及反对家庭暴力、支持女性乳腺癌公益事业、打破社会对女性的刻板印象等。

雅芳选择 Outstream（开放网络推荐平台 Outbrain 的产品）推广这则精心打造的

展现"女性力量"的视频广告。Outstream将广告精准推送给可能对"女性力量"感兴趣且乐于接受此类内容推荐的目标用户。另外,视频能够完美融入页面上下文信息流中,即当用户浏览滚动页面至该视频时,视频将自动以静音模式播放,不会对用户的整体浏览体验造成影响,但能够凭借动态画面吸引用户的注意力。《相信女性的力量》的完播率高达63%(高于其他平台的41%),同时70%的用户观看此则视频广告的时长超22秒(约占视频总时长的75%),有效提高了优质用户对雅芳的品牌关注度,帮助雅芳与目标消费者建立了情感连接。

资料来源:Outbrain。

网页访问次数(Page Visits)

网页访问次数是指访客完整打开了网站页面进行访问的次数。访问次数是网站访问速度的衡量标准。如果访问次数明显少于访客数,就说明很多用户在没有完全打开网页时就将网页关闭了。通常可以用网站分析工具来统计。网页访问是指用户在一定时间内在一个网站上的一系列浏览行为,包括访问多个页面、刷新页面、暂停浏览等。一个访问(Visit)通常以用户从外部来源(如搜索引擎、广告、社交媒体等)进入网站开始,以用户关闭浏览器或超过一定时间无操作结束。一个访问(Visit)可以包含多个网页浏览(Page View)。

网页访问量(Page View,PV)

网页访问量又称页面浏览量或点击量,用于衡量在一定时间段内网站页面被访问的次数,用于评估网站流量;在一定统计周期内用户每打开或刷新一个页面就记录一次,多次打开或刷新同一页面则浏览量累计。该指标能够衡量网站的受欢迎程度、用户活跃度和内容吸引力,较高的网页访问量可能意味着更多的广告展示机会和收入潜力。

网页访问量是指用户对一个网页的一次浏览,即浏览器加载一个页面的次数。每次加载或刷新页面都会计为一次网页浏览,无论用户是否完全阅读了页面内容。

网页排名(Page Rank,PR)

网页排名是Google公司使用的对其搜索引擎搜索结果中的网页进行排名的一种算法。该算法通过输出概率分布来体现某人随机地点击某个链接的概率。简单而言,就是当用户查找特定信息时,搜索引擎通过算法从成千上万的网页中挑选出与用户搜索关键词相关性最高的结果,并按照相关性和权重对这些结果进行排序。对于某个页面P_i,其对应的PR值的计算公式如下。

$$PR(p_i) = \frac{1-d}{N} + d \sum_{p_j \in M(p_i)} \frac{PR(p_j)}{L(p_j)}$$

其中，P_i（i=1, 2, …, n）为目标页面；$M(P_i)$ 是链入 P_i 页面的集合；$L(p_j)$ 是页面 p_j 链出的数量；d（Damping Factor）为阻尼系数，是指任意时刻用户访问到某页面后继续访问下一个页面的概率；1-d 是指用户停止点击，随机浏览新网页的概率；N 是集合中所有页面的数量。

网页停留时间（Time on Site）

网页停留时间是指用户在网站上停留的时间长度，它有可能使一个浏览者成为消费者。网页停留时间通过记录用户从搜索引擎或链接点击进入网站的时间戳和用户离开网站的时间戳来计算。

$$网页停留时间 = 进入网站的时间戳 - 离开网站的时间戳$$

网页停留时间是衡量网站用户活跃度的重要指标。通常情况下，停留在网站上的时间越长，用户对网站内容或功能越感兴趣。Time on Site 和 Time on Page（页面停留时间）类似，不过 Time on Page 是指一个用户在网站上的某一个页面上花费的时间，它只反映用户对这个页面的评价，而不是整个网站。Time on Site 是指一个用户在网站上浏览了多个页面后总共花费的时间。

网站访问深度（Site Visit Depth）

网站访问深度是指用户在一次浏览网站的过程中浏览的网站页数，也指一定时间段内平均每个用户看了多少个页面。通常用浏览量除以访客数来计算。

$$访问深度 = \frac{浏览量}{访客数}$$

该指标能够反映网页内容的受欢迎程度、吸引力和用户黏性。一般而言，数值越大意味着用户对网站的内容越感兴趣。

网站转化率（Website Conversions Rate）

网站总体转换量是指在网站上发生的所有目标动作的总数，如购买产品、填写表单、订阅邮件等，通常用网站转化率，即在网站上采取预期行动的访问者与访问者总数的比率来衡量转化效果，一般用一定时间段内某网站的目标行为完成量除以访问量来计算。

$$网站转化率 = \frac{目标行为完成量}{访问量} \times 100\%$$

比较不同的目标行为的转换量和转化率,能够准确地知道访客对于一个网站的真正价值,网站总体转换量是一个总体性指标,而利用网站转化率可以有针对性分析网站的不足,优化广告投放策略,进而提升用户体验。

X ▶

线索成熟度(Maturity of Leads)

根据线索所代表的用户与品牌接触的过程对线索进行打分,如下载 30 分、阅读文章 1 分,之后通过此分数来判断用户对品牌的了解程度,就称为线索成熟度,可根据线索热度对需要联络用户的优先级进行排序。

详细卖家评分(Detailed Seller Ratings,DSR)

详细卖家评分是指在电商平台中交易成功后,买家通过多维度的评分体系对本次交易的过程进行评估,从而量化卖家服务质量。在国内的电商平台中,详细卖家评分最早由淘宝提出,买家在淘宝购物平台交易成功后,对本次交易的过程会进行三项评估:"宝贝"(指商品或服务)与描述相符、卖家的服务态度、物流公司的速度。每项评分的最高分为 5 分,表示非常满意;最低分为 1 分,表示非常不满意。每项店铺评分均为动态指标,系此前连续 6 个月内所有评分的算术平均值。

$$每项店铺动态评分 = \frac{连续6个月内买家对该项做出评分的总和}{连续6个月内买家对该项做出评分的总次数}$$

动态评分只取最近半年的数据。也就是说,买家的评分是有时效性的,超过 6 个月就无效。每个月同一个买家仅取前 3 单,同时买家给出的店铺评分无法修改。

消费者效用(Consumer Utility)

消费者效用是消费者行为的一个直观反映,相对易于量化。由于消费者在做出购买决策时通常遵循效用最大化原则,因此消费者效用和消费者选择概率之间存在某种联系,如图 1-4 所示。

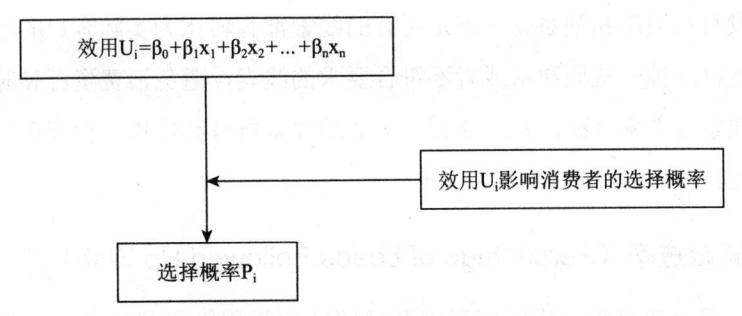

```
效用U_i=β_0+β_1x_1+β_2x_2+...+β_nx_n
                ↓              ← 效用U_i影响消费者的选择概率
            选择概率P_i
```

图 1-4　消费者效用与消费者选择概率之间的关系

资料来源：程玉桂，宋颖. 营销工程与实践 [M]. 武汉：华中科技大学出版社，2019.

其中，$β_1 \sim β_n$ 表示相应的因素对消费者效用的影响程度，即权重；U_i 表示消费者效用，P_i 表示消费者选择概率，e 是自然对数的底数。

可以用下列公式表示消费者效用与消费者选择概率之间的关系。

$$P_i = \frac{e^{U_i}}{1+e^{U_i}}$$

销售漏斗转化率（Funnel Conversion Rate）

销售漏斗转化率是指在营销或销售漏斗中不同阶段完成特定行为或一系列行为的用户占上一阶段、用户的百分比。例如，从潜在客户到意向客户阶段、从意向客户阶段到谈判阶段、从谈判阶段到成交阶段等。通常用进入漏斗某一阶段的用户数除以上一阶段的用户数来计算。

$$销售漏斗转化率 = \frac{进入漏斗某一阶段的用户数}{上一阶段的用户数} \times 100\%$$

该指标能够反映漏斗的效率和效果，以及不同阶段的转化情况，营销人员能够据此分析转化率低的阶段存在的问题。

销售线索丢失率（Percentage of Leads Dropped）

销售线索丢失率是指一定时间段内营销团队丢失的潜在客户数量与生成的总销售线索数量之比。

$$销售线索丢失率 = \frac{完全丢失的潜在客户数量}{生成的总销售线索数量} \times 100\%$$

例如，某企业收到了 200 个潜在客户的线索，但只有 50 个被视为符合要求的线索并得到跟进，那么它的线索丢失率为 75%。这意味着有 75% 的线索被视为低质量或不适合，或者没有被追踪和联系。并不是所有的线索都有转化为实际客户的潜力，因此企业需要及时地过滤掉一些低质量或者不符合要求的线索，避免浪费资源和时间。但是，如果企业的线索丢失率过高，就可能表明企业的线索质量和销售流程存在问题，需要加以改进和优化。

销售线索跟进率（Percentage of Leads Followed Up With）

销售线索跟进率是指一定时间段内营销团队实际积极追踪并联系的潜在客户数量与生成的总销售线索数量之比。

$$销售线索跟进率 = \frac{积极联系的潜在客户数量}{生成的总销售线索数量} \times 100\%$$

如果这些销售线索不及时跟进和处理，就可能会流失掉。因此，企业需要跟进和联系尽可能多的线索，以提高转化率和销售额。通过追踪销售线索跟进率这个指标，企业可以衡量销售团队的表现和工作效率，了解哪些线索需要进一步跟进和处理，以及哪些销售策略和流程需要改进和优化。销售线索跟进率越高，说明销售人员越能及时地与潜在客户建立联系并取得信任，也越有可能促成交易。

销售线索平均响应时间（Average Lead Response Time）

销售线索平均响应时间是指企业在接收到新的销售线索后平均需要多长时间做出响应。线索响应时间通常为从客户首次联系企业开始，到企业给予回复或响应的时间长度。通常用一定时间内所有响应的销售线索响应时间之和除以响应的销售线索数量来计算。

$$销售线索平均响应时间 = \frac{所有响应的销售线索响应时间之和}{响应的销售线索数量}$$

通常，销售线索会通过多种渠道（如电话、电子邮件、在线聊天或社交媒体等）进入企业的销售团队。销售线索平均响应时间是一个非常重要的指标，因为它关系到企业与潜在客户之间的联系和互动速度。如果企业的线索响应时间很长，潜在客户可能会感到不满并转向其他供应商。如果企业的线索响应时间很短，则有助于提高潜在客户的满意度和销售转化率。

新客户获得率（New Customer Acquisition Rate）

新客户获得率是指在一定时间段内品牌或企业等获得的新客户数量占总客户数

量的比例。通常用一定时间段内的统计期末的新客户数除以统计期初的总客户数来计算。

$$新客户获得率 = \frac{统计期末的新客户数}{统计期初的总客户数} \times 100\%$$

例如，A 店铺 2024 年 7 月 1 日共有 1000 个客户，7 月 31 日共有 1300 个客户，其中流失 1000 个客户，获得 400 个新客户，那么 A 店铺 2024 年 7 月的新客户获得率为 400÷1000×100%=40%。该指标能够衡量公司增长速度和效率，反映了企业挖掘潜在市场、扩大市场占有率的能力。

询单转化率（Inquiry Conversion Rate）

询单转化率是指对产品或服务进行咨询后下单的用户数占咨询总人数的比例。

$$询单转化率 = \frac{咨询后下单的用户数}{咨询总人数} \times 100\%$$

询单转化是指买家通过咨询本店客服等相关人员达成交易，最终产生销售转化。询单转化率的高低与负责咨询工作的人员的回复速度、服务态度、专业知识、销售技巧等都有一定关系，可以归纳为两点：响应速度和服务能力。

Y ▶

一次性用户数（Number of One-Time Users）

一次性用户数是指第一次使用产品（新增首日）之后就再也没有使用过的用户，一般特指那些无效用户，是区分有效用户和无效用户的一个重要参考指标。常规来说，直接按照第二天是否活跃进行判断过于武断，所以一般会把判定的界限定位在"七天内都无活跃"的用户。

移动设备上的转化率（Mobile Conversion Rate）

移动设备上的转化率是指通过移动设备访问网站或应用程序并完成目标行为（如购买、注册、下载等）的用户比例。通常用在移动设备上完成目标行为的访问次数除以在移动设备上的总访问次数来计算。

$$移动设备上的转化率 = \frac{在移动设备上完成目标行为的访问次数}{在移动设备上的总访问次数} \times 100\%$$

类似地，可以根据不同的设备或渠道来变换，如桌面端的转化率等。

引用率（Amplification Rate）

引用率是指社交媒体上每条内容被转发的次数与总粉丝数之比。

$$引用率 = \frac{每条内容被转发的次数}{总粉丝数} \times 100\%$$

该指标由 Google 的数字营销布道者 Avinash Kaushik 提出，他认为引用率反映的是"您的粉丝将您的内容分享到他们的网络中的速率"。

一般而言，越高的引用率可以带来越强大的传播能力，也体现了内容的受欢迎程度。

营销源起的新用户率（Marketing-Originated Customer Percentage）

营销源起的新用户率是指通过营销活动收集用户信息的新增用户数与总新增用户数的比率，反映了在一定时间内由营销团队生成的潜在客户占总潜在客户数量的比例。通常用一定时间段内由营销活动开发的新客户数除以同一时间段内获得的总新客户数来计算。

$$营销源起的新用户率 = \frac{由营销活动开发的新客户数}{同一时间段内获得的总新客户数} \times 100\%$$

该指标可以体现营销团队对业绩增长的贡献和驱动力，也可以评估和优化营销策略和投资。

用户参与率（User Engagement Rate）

用户参与率或互动率是指用户对内容或活动的互动程度，互动行为包括点赞、评论、分享、收藏、私信等。不同平台的可互动指标存在差异，但通常情况下，用户参与率通过计算一定时间内产生的所有互动行为的次数总和除以总粉丝数来计算。

$$用户参与率 = \frac{所有互动行为的次数总和}{总粉丝数} \times 100\%$$

参与率是社交媒体营销常用的指标之一，它可以帮助用户了解自己的内容是否吸引了目标受众，是否提高了品牌知名度和信任度，是否增加了客户转化率和忠诚度。通过监测和分析用户参与率，社交媒体账号所有者可以优化自己的内容和营销策略。

用户订阅转化率（Subscription Conversion Rate，SCR）

用户订阅转化率是指在网站或应用程序上注册并成为付费会员的用户数占比，通常用在一定时间段内注册并成为付费会员的访问次数除以总访问次数来计算。

$$用户订阅转化率 = \frac{注册并成为付费会员的访问次数}{总访问次数} \times 100\%$$

该指标能够帮助公司了解用户对网站或应用程序的兴趣程度，并评估其订阅策略的效果。一般来说，订阅价格、订阅周期、订阅内容、订阅优惠等都会影响用户的订阅意愿和行为。

用户回访率（Return Visit Rate）

回访用户是指在一定时间内访问过网站并再次访问的用户，是一个很好地体现参与程度的指标，能够反映用户对网站的兴趣程度。回访用户可以通过不同的方式来计算和分析，如按照时间段、来源、设备、地域等。一种常用的方法是计算用户回访率，也就是回访用户占总访问用户的比例，通常用在一定时间段内的回访用户数除以总访问用户数来计算。

$$用户回访率 = \frac{回访用户数}{总访问用户数} \times 100\%$$

例如，某网站在 2024 年 7 月共有 100000 个访问用户，其中有 20000 个是回访用户，那么 2024 年 7 月该网站的回访率为 20000÷100000×100%=20%。

用户获取成本（Customer Acquisition Cost，CAC）

用户获取成本，即花多少钱获取了一个新用户。用户获取成本的计算公式为总的市场相关花费除以总的对应花费带来的新用户数。

$$用户获取成本 = \frac{总的市场相关花费}{总的对应花费带来的新用户数}$$

市场相关花费包括广告投入、佣金、管理费用等，这是市场推广时经常用到的指标，并且通常会与用户生命周期价值（Life Time Value，LTV）作比较，据此选择最适合自己的推广渠道。

一般情况下，LTV 和 CAC 的关系大致可以理解为 LTV/CAC=ROI，ROI 即投入产出比，LTV 和 CAC 是决定企业营销回报率的关键指标。

用户运营成本（Customer Operation Cost，COC）

用户运营成本是指企业为了维持和提升用户的活跃度、忠诚度和满意度而付出的各种费用，包括用户服务成本、用户激励成本、用户培养成本、用户维系成本。要统计用户运营成本需根据实际情况，统计在每个触点上所花费的各项费用，包括人力、物力、财力等，将各项费用相加，得到的总费用为用户运营成本。

优化版按点击付费（Optimization Cost per Click，OCPC）

优化版按点击付费是在 CPC（每点击成本）的基础上，以优化为目标，同时以点击为收费依据的一种计费方式。其本质还是按照 CPC 出价，简单来说，还是按照广告点击收费，即每次广告上线后，只要被用户点击了，系统就会根据事先设置好的金额向广告商收取费用。OCPC 针对点击而扣费，对于仅有曝光却没点击的广告，无需支付流量费用。

优化版按点击付费的竞价依据 = 广告系统的实时出价
　　　　　　　　　　　　　= 平台预估 CPC
　　　　　　　　　　　　　= 广告主设置的点击出价 × 从点击到转化的比例预估 ×
　　　　　　　　　　　　　　智能调控因子

其中，智能调控因子由流量广告的日预算消耗情况、转化成本的达成情况等因素共同决定，其目标是平台帮助广告主在预算范围内根据流量质量动态调整出价。广告主选择特定的转化目标，并提供愿意为该转化目标而支付的平均价格之后，系统将借助转化预估模型，实时预估每次广告请求的转化价值并进行智能出价，为广告主获取更多优质流量、控制转化成本。优化版按点击付费的原理是对预估高转化人群提高出价，获取流量；对预估低转化人群降低出价，减少展现，最终使平均转化成本低于设定的目标价格。

优化版按行动付费（Optimized Cost per Action，OCPA）

OCPA 是每行动成本（CPA）的优化版，OCPA 的本质还是按照 CPA 付费，但 OCPA 的结算方式是按点击结算，CPA 是按照转化结算。当广告投放流程中选定特定的优化目标（App 下载、用户注册等）后，通过及时、准确回传效果数据，借助转化预估模型，实时预估每次点击对广告主的转化价值，自动出价，最终按照点击扣费。

OCPA 可以根据产品的特点，把潜在用户人群细化拆分，按照用户年龄段、性别、兴趣等分开售卖，提高识别高质量用户和普通用户，帮助广告主以最低的成本达到价值最大化的效果。

优化版千次展示成本（Optimization Cost per Mille，OCPM）

优化版千次展示成本是一种智能曝光的扣费模式，具体是指广告平台仍然按照每千次成本（CPM）的模式进行费用结算，但会根据转化率、点击率、点击价值等进行优化。例如，我们在路边开了一家火锅店，然后派人发传单以吸引客户。第一天去发传单，不管是年轻人、中年人还是老年人都发，结果发现，第一天来吃火锅的都是年轻人，那么第二天就只针对年轻人去发。

优化版千次展示成本的竞价依据
= 广告系统的实时出价
= 广告主设置的转化出价 × 从点击到转化的比例预估 × 点击率预估 × 智能调控因子

广告投放时系统会根据数据反馈去搜寻更容易产生转化的用户群体，数据反馈指的是用户点击、在落地页的浏览时长、转化的情况，系统会自动搜寻与转化效果好的客户标签相近的人群进行广告投放。

OCPM 的优势是采用更准确的点击率与转化率预估计值，能将广告展示给最容易产生转化的用户，在帮助客户获取优质流量的同时，能提高转化率、降低转化成本。

部分在线广告结算方式如表 1-2 所示。

表 1-2　部分在线广告结算方式

结算方式	点击率估计	点击价值估计	优缺点	适用场景
CPT	需求方	需求方	优点：可以充分发挥橱窗效应 缺点：无法利用受众定向技术	高曝光的品牌广告
CPM	需求方	需求方	优点：可利用受众定向选择目标人群 缺点：合约售卖下受众划分不能过细	有满足受众需求的品牌广告 实时竞价广告交易
CPC	供给方	需求方	优点：可以精细化分受众人群；对供给方和需求方合理分工 缺点：无效点击可能浪费需求方的预算	竞价广告网络
CPS/CPA/ROI	供给方	供给方	优点：需求方无任何风险 缺点：供给方运营难度较大	效果类广告联盟； 效果类 DSP（需求方平台）
OCPM	供给方	供给方	优点：向 CPA（每行动成本）方式稳健过渡 缺点：频繁的出价调整会导致成本增加	数据能力较强的广告平台

资料来源：刘鹏，王超 . 计算广告：互联网商业变现的市场与技术 [M]. 北京：人民邮电出版社，2019.

预估点击率（Predict Click-Through Rate，PCTR）

预估点击率是指预测在给定广告展示次数下广告被点击的概率，通过机器学习算法对相关数据进行分析能够得到该数值。

预估转化率（Predict Conversion Rate，PCR）

预估转化率是指点击营销内容和发生转化的概率，通常通过机器学习算法或模型可以得到。其和预估点击率是两个重要的衡量广告效果的指标，通常用于评估广告投放效果和优化广告策略。

月度经常性收入（Monthly Recurring Revenue，MRR）

月度经常性收入，即每月经常性收入，是指一家公司每个月基于订阅服务的固定收入总额。该指标通常被软件即服务（SaaS）公司所使用，这类企业基于订阅模式而产生收入。计算 MRR 有两种方法：

一是将每月从每个客户获得的收入进行加总，得出总 MRR。

$$MRR = r_1 + r_2 + r_3 + ... + r_n$$

其中，r_n 为每月从第 n 个客户处获得的收入。

二是通过将平均每用户收入（ARPA）乘以付费客户数量（PU），计算得出 MRR。

$$MRR = ARPA \times PU$$

该指标可帮助企业了解业务的两个关键方面：如何获取新客户和留住现有客户。在获取新客户方面，该指标显示了营销和拓展工作是否带来了源源不断的新业务。在留住现有客户方面，该指标表明了客户关系的强度和客户服务的有效性。持续获得高数字表明当前的客户是满意和忠诚的，这是可持续业务增长的关键。

根据 MRR 拓展的词有新 MRR、扩展 MRR、流失 MRR 等，其中新 MRR 是指来自新客户的收入；扩展 MRR 是指由现有客户产生的收入，包括交叉销售（购买补充产品或服务）、升级或增值销售（更昂贵的计划）和更大的销售量（购买更多席位、使用数据、交易等）；流失 MRR 是指由于客户降级计划或完全取消而失去的收入，它是下个月 MRR 的一个领先指标。

账户注销率（Unsubscribe Rate）

账户注销率或取消订阅率，是指在一定时间段内取消订阅或注销账户的比率，通常用统计周期末取消订阅或注销账号的数量除以统计周期初的订阅数量或账户数量来计算。

$$账户注销率 = \frac{统计周期末注销账户的数量}{统计周期初的账户数量} \times 100\%$$

$$取消订阅率 = \frac{统计周期末取消订阅的数量}{统计周期初的订阅数量} \times 100\%$$

该指标可以让营销人员判断客户离开的比例，以及进一步追溯离开的时间、触发事件，通过调查和反馈，可以手机取消订阅和注销账户的原因，以此来提升产品或服务质量。

质量评分（Quality Score）

质量评分是一个由谷歌设计的评分标准，用来给关键字的有效性打分。一般对预期点击率、着陆页体验、广告相关性等因素展开衡量，在 Google Ads 中能够查看相关的数据信息。该指标能够影响每次点击费用和广告排名，指标值越高，说明用更低的花费可以得到越靠前的页面显示位置。

转化量（Conversion Count）

转化量是指对广告或其他营销内容产生响应的用户数量，即因营销内容采取特定行动（如购买商品、注册网站、下载应用程序等）的用户数量，通常用于评估广告和营销内容的效果。转化量一般就是统计在一定时间段内采取特定行动的数量。例如，2024 年 7 月某公司的营销广告共有 10000 次浏览，其中有 1000 次发生了转化行为，那么 2024 年 7 月该广告的转化量为 1000。

转化率（Conversion Rate，CVR）

转化率是指用户在浏览或点击广告等营销内容后采取了预期的行动，即转化行为，如购买产品、注册账户、填写表单等。通常用一定时间段内的转化量除以营销内容点击量来计算。

$$转化率 = \frac{转化量}{营销内容点击量} \times 100\%$$

其中，转化量是指在广告投放期间完成预期行为的用户数量，营销内容点击量是指同一时期内营销内容被点击的总次数。转化率一般作为衡量广告商的用户是否真实、是否优质的重要标准，表示的是从广告点击到完成预期行为的用户比例，用于衡量广告转化效果，可以帮助广告主了解广告的吸引力和有效性。

着陆页转化率（Landing Page Conversion Rate）

着陆页转化率是指访问者在进入网站着陆页后转化为目标行为的比率。着陆页也称落地页，是指目标用户通过点击广告、搜索引擎结果或其他链接进入网站后首先看到的页面，用于评估网站或应用的着陆页转化效果。通常用一定时间内的转化量除以着陆页访问量来计算。

$$着陆页转化率 = \frac{转化量}{着陆页访问量} \times 100\%$$

一般而言，着陆页转化率越高，代表着吸引力强、易读性高、说服力强、转化工具突出等。

自动化解决率（Automated Resolution Rate）

自动化解决率是指在一定时间内由自动化系统（如智能机器人、自动化当年规划工具等）解决的客户请求数量与总客户请求数量的比值，用于衡量自动化程度。

$$自动化解决率 = \frac{由自动化系统解决的客户请求数量}{总客户请求数量} \times 100\%$$

若自动化解决率为40%，则可以表明，在每5个客户请求中，有两个是不需要人工干预就可以解决的。一般而言，自动化解决率越高，用户的满意度越高，企业或商家的效率也得到提高，同时能够降低一定成本。

最小存货单位（Stock Keeping Unit，SKU）

最小存货单位，即库存进出计量的基本单元，可以件、盒、托、盘等为单位。2023年已经被引申为产品统一编号的简称，每种产品均对应有SKU号。

对于一种商品而言，当其品牌、型号、配置、等级、花色、包装容量、单位、生产日期、保质期、用途、价格、产地等属性中的任何一个属性与其他商品存在不同时,可称为一个单品。以电商仓库的商品举例,SKU 是指一款商品,每款都出现一个 SKU,便于电商识别商品。一款商品多色,则有多个 SKU,如一件衣服有红色、白色、蓝色,则 SKU 编码也不相同,如果 SKU 相同则会出现发错货的情况。周转率是指具体某 SKU 商品的价值高低,商品周转率越高,商品给公司带来的利润就越高。

▶ 案例分析

以用户为中心的洞察能力迭代

2012 年 3 月,江小白品牌首次亮相,推出了第一款单纯高粱酒品——"我是江小白"。在江小白创立时,传统渠道的白酒市场竞争依旧激烈,关于"白酒年轻化"的话题早已存在,但缺少定位于年轻人市场的品牌和产品。成立之初,江小白瞄准年轻人的白酒市场,主打"青春小酒""青春新白酒""面向年轻人的白酒品牌"和"年轻人第一口酒"等宣扬口号,通过"江小白文案"方式与年轻一代消费者沟通,"我是江小白,生活很简单"成为江小白标志性和流传最广的一句语录。

然而,随着白酒行业进入存量竞争时代,消费者的需求呈现多样化、碎片化、个性化发展趋势,这些变化催生了企业的数字化应用。通过引入数字化和数字化的新应用,特别是成长型酒企可以有效针对消费者需求精准开发出更具竞争力的产品和服务,满足市场新需求,帮助企业打造核心竞争力。数字化发展是时代发展的需要,也是酒业创新必须走的路。在这方面,很多酒业企业已走在探索创新实践的前沿。

2019 年被称为中国白酒的数字化元年,从生产管理到渠道管控再到市场营销,技术赋能为白酒行业注入了一股新的发展动力。其中,江小白与腾讯进行深度合作,借助腾讯的大数据能力和渠道能力,搭建了新生代消费者交流和互动的数字化桥梁,2019 年 4 月 9 日,江小白与腾讯在重庆举办了"中国新酒饮时代江小白×腾讯合作发布会",双方宣布将在大数据和渠道建设等方面展开合作,助力江小白进行战略升级、战术转型,加速推动白酒行业全渠道营销能力的智慧升级。在发布会上,腾讯相关负责人表示,此次腾讯与江小白的强强联手,将从数据洞察、用户场景、内容共建、智慧零售四大方面打造白酒行业解决方案,助力江小白在新酒饮时代的数字化升级。

早在 2015 年,江小白就启动了数字化运营,即"一物一码"。江小白借助腾讯的数据技术,通过瓶内的二维码实现了数据的验证真伪和全程物流信息查询。江小白是第一批试点实现"一物一码"的消费品牌,对比传统的物理印刷,二维码的运用是一次革命性跃升,从生产开始的那一刻,如每一瓶酒是几点几分生产的,是由谁生产的,全部信息都可以记录在二维码里面。消费者通过扫码就可以知道整个链路的全过程,实现了酒类产品的防伪验证和食品安全全程管控。江小白也表示,自从使用了这个二维码以后,总体打假防伪的压力就变小了。所以,"一物一码"的数字化技术让食品安全变得更可靠、整个链路的管理更便捷,也给消费者提供了消费保障。江小白通过腾讯的"一物一码"技术,除了实现数据的验证真伪和全程物流信息查询,确保了消费者的合法权益,还帮助自己实现了产品与用户之间的连接,让每个产品都成为连接品牌与年轻消费者的数字化触点,消费者通过扫描江小白瓶盖上的二维码,输入想表达的文字、上传照片,就会自动生成一个专属酒瓶。被选中的用户内容可以进行批量生产,并在全国同步上市。当时,这种用户共创模式既为江小白提供了更多的经典文案,也打破了江小白和用户的隔离感,成为消费终端互动的新方式。通过用户数据沉淀,企业可以更理性地感知消费者需求,进而提供更精准的服务,实现长效增长。

思考题:

结合以上案例及相关资料分析江小白在以用户为中心的过程中,哪些指标最具有价值?

第二章
模 型 篇

> **学习目标**
>
> 1. 了解和掌握各量化营销相关模型的具体内容
> 2. 学习利用模型对消费者决策、营销策略等进行分析的方法
> 3. 掌握将模型与营销组合战略相结合的能力

▶ 导入案例

不止一副好眼镜——灵伴科技

杭州灵伴科技有限公司（以下简称灵伴科技）创立于2014年，是一家专注于人机交互技术的产品平台公司，2018年被评为国家高新技术企业，2024年凭借71亿元的估值荣登胡润研究院发布的《2024全球独角兽榜》。

灵伴科技致力于AR眼镜等软硬件产品的研发及以YodaOS操作系统为载体的生态构建，通过语音识别、自然语言处理、计算机视觉、光学显示、芯片平台、硬件设计等多领域研究，将前沿的AI和AR技术与行业应用相结合，为不同垂直领域的客户提供全栈式解决方案，有效提升用户体验、助力企业增效、赋能公共安全，其AI、AR产品已在全球八十余个国家和地区投入使用。

一是"飞上天"的眼镜。天宫一号上用的AR眼镜正是来自灵伴科技。灵伴科技的创始人兼CEO祝铭明表示，"天宫一号上用的就是我们的眼镜，这是人类历史上第一个上太空服役，也是唯一现在在太空正式服役的AR产品。"2024年10月12日，"天宫课堂"第三课开讲，神舟十四号飞行乘组航天员陈冬、刘洋、蔡旭哲在问天实验舱内开展了一堂太空科普课。课堂上，航天员陈冬戴上了我国空间站的首个混合现

实（MR）眼镜，这款产品原型为灵伴科技研发的产品，佩戴这款眼镜后航天员眼前是一块非常大的显示屏，屏幕上面能够显示很多内容，包括图片提示、文本提示、视频提示和虚实结合提示，以帮助航天员高效地完成实验和工作。

二是实现无纸化演讲的"AI+AR"眼镜。2025年2月18日，在杭州余杭区经济高质量发展大会上，祝铭明戴着一副黑框紫边的眼镜，手里却没拿一页演讲稿便上台开始演讲，他说："作为工程师，我是第一次在政府会议上发言，其实非常紧张，但是因为我的发言稿就在我戴着的这副眼镜上，翻页则是通过戴在手上的戒指完成的，所以没拿稿子就上台了。"尽管全程脱稿，但祝铭明演讲全程自信流畅、表达自如，其中的奥秘正是他佩戴的这副黑框紫边的眼镜——Rokid Glasses。

2024年11月，灵伴科技正式发布了新产品——Rokid Glasses一体机。Rokid Glasses采用衍射光波导技术把图像传输到眼镜上，衍射光波导（Diffractive Waveguide）是一种用于增强现实（AR）等近眼显示设备的核心光学技术，其核心目标是让透明玻璃（或光学材料）能够显示图像，同时保持现实世界的可见性，即能够在透明镜片上呈现虚拟界面，同时不影响用户的正常视线。这款眼镜联合暴龙美学设计以达到产品外观的时尚度，整机重量仅49克，能够让佩戴体验接近普通眼镜，同时支持近视、散光人群的镜片定制，适合多种人群。

最为关键的是，Rokid Glasses具备多种丰富的实用功能，可实现快速点餐、打车及商品支付，同时眼镜搭载多模态AI大模型，具备AI识物、AI拍照答题、AI多语种翻译、AI快速回复、AI实时导航、AI转译、AI闪记、AI健康提醒等功能。从多样的使用场景上来看，Rokid Glasses重新定义了人机交互方式，让智能眼镜贴近生活。

"技术必须服务于人，让每一位用户觉得实用、敢用、买得起，都能轻松享受科技带来的便利"，这是灵伴科技一直践行的使命，其不断创新的产品持续满足用户在不同场景下的需求。灵伴科技以创新为翼，重塑全球生活方式，为生活场景变革注入新鲜动力。

资料来源：Rokid官网、杭州市余杭区仓前商会公众号。

4E理论

1960年，麦肯锡（Jerome McCarthy）提出了4P营销理论，即产品（Product）、价格（Price）、渠道（Place）、促销（Promotion）。1990年，美国市场营销专家劳特朋（Lauterborn）提出了4C理论，即顾客（Customer）、成本（Cost）、便利（Convenience）、沟通（Communication）。4P营销理论是针对企业的营销组合策

略，而 4C 理论是以顾客为导向的。2001 年，美国营销学者唐舒尔茨和艾登伯格提出了 4R 理论，即关联（Relevancy）、报酬（Reward）、反应（Reaction）、关系（Relationship），4R 理论聚焦于企业与顾客之间的相互联系，从而形成竞争优势。

在现代企业的发展过程中，营销活动逐渐在企业的竞争战略中发挥作用，因而出现了战略营销的概念，即 4I 理论，也就是关系营销（Incorporating Marketing）、权力营销（Influence Marketing）、形象营销（Image Marketing）和信息营销（Information Marketing）。对于 4I 理论还有一种解释——网络整合营销，即趣味（Interesting）、利益（Interests）、互动（Interaction）、个性（Individuality）。

4E 理论是布莱恩（Brian，奥美互动的 CEO）提出的，即体验（Experience）、无处不在（Everyplace）、交换（Exchange）、布道（Evangelism）。4E 理论还有一个版本，是由中国营销学者傅明武提出的，即体验（Experience）、花费（Expense）、店铺（E-shop）、展现（Exhibition）。

4V 营销组合论由国内学者吴金明等提出，4V 是指差异化（Variation）、功能化（Versatility）、附加价值（Value）、共鸣（Vibration）。而网络营销的 4S 组合包括范围（Scope）、网站（Site）、协同（Synergy）和系统（System）。

上述理论的发展离不开以下几个因素。

第一，企业之间的竞争是全方位的，单靠某种营销组合的应用很难在市场竞争中取胜，营销组合理论逐步与战略管理相融合，出现了战略营销的新观念，即 4I 组合。第二，高新技术产业和高新技术企业迅猛发展，高新技术企业的产品有自己独有的特点，于是产生了适用于高新技术企业的 4V 组合。第三，随着计算机互联网技术的发展，网络营销和电子商务成为企业新的营销市场，于是出现了适用于电子商务的 4S 组合。

5A模型——全链路模型

在移动互联网普及的时代，消费者由独立的个体转变为聚合的群体，因而购买行为也由传统的 B2C 形式演变为 G2G 形式（Group to Group），而社群内部的连接所产生的群体效应对消费者的成长路径产生了巨大的影响。菲利普·科特勒在《营销革命 4.0：从传统到数字》一书中提出了 5A 模型，如图 2-1 所示。

认知（Aware） → 吸引（Appeal） → 询问（Ask） → 行动（Act） → 拥护（Advocate）

图 2-1　5A 模型

认知，这是消费者接触产品或品牌的第一步。此时，初步的认知和存在感已经建立，但这样的认知并不具备任何情感依附。

吸引，吸引的驱动力来自需求。当消费者发现产品或品牌满足了他们的某个需求或者激发了他们的兴趣点时，吸引便产生了。

询问，一旦对购买需求进行了初步的确认，消费者便会着手进行相关信息的搜索，对信息进行分析，并最终形成方案评价与购买决策。

行动，当消费者对产品的分析结果契合了购买动机时，购买意图便最终转化为购买行为。

拥护，购后最理想的状态、拥护的状态将通过社群内部的相互影响而被扩散和放大，并反馈至 5A 环节中的其他环节。

（1）购买行动比（Purchase Act Rate，PAR）。

$$购买行动比 = \frac{购买人数}{认知人数}$$

传统时代的购买行动比保持在一个较高的水平，因而为了扩大销售额，最好的方法就是通过广告来提升基数——品牌认知人数。过去，企业会绞尽脑汁想创意，通过大众媒体投放广告，以让更多的人知道自己的品牌，而在社交媒体中，由于品牌选择多样性的爆炸式增长，以及消费者消费习惯的更变，购买行动比出现了大幅下降。

（2）品牌拥护比（Brand Advocate Rate，BAR）。

$$品牌拥护比 = \frac{拥护人数}{认知人数}$$

在新媒体时代，粉丝经济逐渐成为品牌的关键词，因而 BAR 将代替 PAR 成为更重要的指标，更高的 BAR 代表更高的粉丝经济生产力。通过提高 BAR，企业把营销的部分工作交给自己的"拥趸"，让粉丝自动完成品牌传播及推广活动。因此，企业应当更敏锐地发现、识别并最终留住自己的粉丝，同时赋予其有效的工具，使其为企业带来更多的效益。

（3）吸引指数。

$$吸引指数 = \frac{吸引人数}{认知人数}$$

提高吸引指数需要借助品牌的力量，通过品牌定位及品牌差异化在消费者心中的独特地位，创造传播驱动力，并通过具体的营销传播来落实。在移动互联网时代，崛起的小众品牌就是最好的证明。例如，知乎是小众的"高质量知识型社交网站"，豆瓣是小众的"文艺青年大本营",《董小姐》是小众的民谣,雕爷牛腩是小众的"轻奢餐"……这些在过去被认为是"冷门"的概念或品牌通过进行有效的差异化,满足了消费者派生性的细分需求,并借助移动互联网和长尾的双重效应,实现了纵向深度和横向圈层的双向发展。

(4) 好奇指数。

$$好奇指数 = \frac{询问人数}{吸引人数}$$

提高好奇指数需要借助社群的力量,通过社交媒体营销来激发人们的好奇心,实现好奇人数的爆炸式增长。

ALS 慈善的冰桶挑战、Blendtec 的 Will it Blend 视频……似乎在一夜之间,这些"病毒式"传播内容在所有社交媒体平台被引爆,过去需要花重金大量投放广告才能达到的效果,如今可以在极短的时间内免费完成。

(5) 认同指数。

$$认同指数 = \frac{购买人数}{询问人数}$$

认同指数的关键在于渠道管理与销售人员管理,尽管今天我们所谈及的"渠道"在实体之外包含了更多的线上概念,但线下场所依然是非常重要的。以站在互联网思维风口的小米为例,其 70% 的销量仍来自线下渠道。阿里巴巴、顺丰、京东"最后一公里"的争夺战,腾讯、万达、百度的联手 O2O 布局……这些都表明了企业 O2O 战略落地之线下渠道的关键性。

(6) 亲密指数。

$$亲密指数 = \frac{拥护人数}{购买人数}$$

亲密指数的关键词有服务蓝图、客户服务或关怀、忠诚度计划。可以看到,越来越多的品牌通过会员制度中的积分累积与兑换、等级奖励等方式,与客户形成了共同利益点,把新客户变成"回头客"。

过去,会员卡是一种最常见的忠诚度计划形式;到了移动互联网时代,App 实现了会员卡、优惠券、积分系统等的整合,创业公司 FiveStars 甚至将这一切变得更简单,其将会员认证与管理系统集成到 POS 机,用客户手机号取代会员卡,由此实现了无须实体卡片甚至无须应用程序的忠诚度管理。

社交媒体的"蝴蝶效应"影响了消费者的成长路径。在社交媒体时代，理想的消费者成长路径是认知→吸引→询问→购买→拥护。对于企业而言，其会经历一个人数下降再回升的过程，这与传统思维中递减的"漏斗"形有显著差异。

认知→吸引→询问过程中人数的下降是社群价值观与品牌价值观之间差异性导致的筛选结果，询问→购买→拥护过程中人数的回升，则归因于互联网的平等性和社交媒体的"蝴蝶效应"：每个个体的声音和情绪都会被放大，在社群内部产生深远的影响，自下而上地建立并兴起"亚文化"，因而在发生实际购买行为之前，你就已经是某个品牌的拥护者了，这也解释了经营粉丝社群的重要性。

5C营销模型——网络营销理论

5C网络营销理论被归结为五个基本元素的营销策略组合，即瞄准消费者需求（Consumer's Need）、成本（Cost）、便利性（Convenience）、沟通（Communication）、认证和亮证（Certification and Show），这五个元素被简称为"5C营销"或"5C网络营销"，如图2-2所示。

图2-2 5C营销

消费者需求是指瞄准消费者需求，首先要了解、研究、分析消费者的需要与欲求，而不是先考虑企业能生产什么产品。

成本是指消费者所愿意支付的成本。要了解消费者满足需要与欲求愿意付出多少钱（成本），而不是先给产品定价，即向消费者要多少钱。

便利性是指消费者的便利性，产品应考虑到如何方便消费者使用。

与消费者沟通是指以消费者为中心实施营销沟通是十分重要的，通过互动、沟通等方式，将企业内外营销不断进行整合，把顾客和企业双方的利益无形地整合在一起。

认证和亮证是指建立企业信用信息公示体系十分必要，通过互联网融合线下线上信息、展示企业资质、彰显品牌价值、查询品牌真伪。

A ▶

AARRR模型——用户增长分析模型

AARRR 模型因其呈现与海盗所为般的掠夺性增长特征又称海盗模型、增长黑客理论模型，是硅谷著名风险投资人戴夫·麦克卢尔（Dave McClure）于 2007 提出的，该模型属于五级漏斗，主要包含五个阶段：获取用户（Acquisition）、提高活跃度（Activation）、提高留存率（Retention）、获取收入（Revenue）、自传播（Refer），如图 2-3 所示。

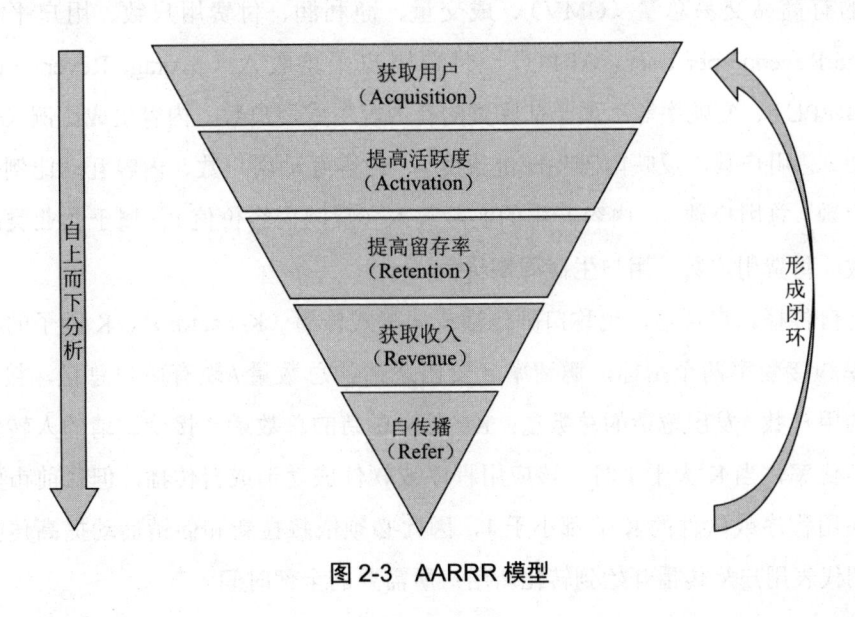

图 2-3 AARRR 模型

一是获取用户。这一阶段一般需要评估的维度有渠道的获客数量、获客质量等。渠道数量和质量的指标包括每日新增、累计新增、启动次数、首次交易户、首绑交易户、一次性用户数、平均使用时长等。

二是提高活跃度。这一阶段的评估指标包括注册激活、主动活跃、推送活跃、交易活跃等。活跃用户指标包括日活跃用户（DAU）、周活跃用户（WAU）、月活跃用户（MAU），时长指标包括用户在线时长、用户登录时长、App 使用时长、视频使用时长。通过活跃度指标数据，企业能够很好地了解用户的体验，有助于提高用户黏性。

$$用户每月访问App天数 = \frac{DAU}{MAU} \times 30$$

DAU/MAU 越高。即用户每月访问天数越多，用户黏性越高，流失率越低，留存率越高。

三是提高留存率。衡量留存率的指标包括次日留存、3 日留存、7 日留存、30 日留存。一般来说，次日留存 >3 日留存 >7 日留存 > 次月留存。用户的留存量刚开始会下降得比较严重，到了后期会逐渐稳定在一个数量级上。稳定下来的这些用户，基本上就是产品的目标用户。

四是获取收入。互联网产品变现的媒介主要有广告、电商、游戏、直播、会员付费、互联网金融等，无论是以上哪一种，收入都直接或间接来自用户。其中，属于交易类的有商品交易总量（GMV）、成交量、净利润、付费用户数、用户平均收入（Average Revenue per User，ARPU）、付费用户平均收入（Average Revenue per Pay User，ARPPU）、复购率等；属于社区类的有内容生成用户数、内容生成比例（内容生成用户数/总用户数，反映内容生成健康度）、内容互动用户数、内容互动比例（内容互动用户数/总用户数）、内容产生的实际收入（反映内容价值）；属于企业类的有体验用户数、付费用户数、用户生命周期价值。

五是自传播。自传播，也称口碑传播或病毒式传播（K-Factor），K 因子的计算包括邀请率和接受率两个指标，邀请率 = 发出邀请的总数量/现有用户总量，接受率 = 新注册的用户数/发出邀请的总数量。K= 发出邀请的总数量×接受邀请的人转化为新用户的转化率，当 K 大于 1 时，该应用程序或软件成功形成自传播，但目前市面上绝大多数应用程序或软件的 K 值都小于 1，因此必须依赖拉新和促销活动提高传播率。传播周期代表用户从传播开始到转化新用户所需要的全部时间。

ADMAS模型——用户消费行为模型

苏云和宋书琦（2020）认为，在网络时代，社会化媒体给予用户极大的参与空间，使消费者对商品的诉求越来越高。因此，在商业广告创意过程中，对消费者心理的研究和分析就显得至关重要，于是将 AIDMA、AISAS 和 ISMAS 消费行为模式进行了创新升级，提出了 ADMAS 消费行为模式，如图 2-4 所示。

引起注意（Attention），即在信息量巨大的互联网世界，只有具有异质性的信息才能引起消费者的注意，进而使之产生兴趣。

产生需求（Desire），即消费者会根据已有的产品信息评估需求，并判断产品是否对其具有价值。

搜寻信息（口碑）[Message（Mouth）]，即在消费者意识到商品能够满足其一定需求的基础上，消费者会通过各种方式搜索并了解产品的相关信息和口碑情况。

采取行动（Action），即消费者在搜索信息的过程中会比较所看到的同类产品，制定属于自己的消费决策方案并进行最终的消费选择。

分享（Share），即消费者分享自己的消费体验。

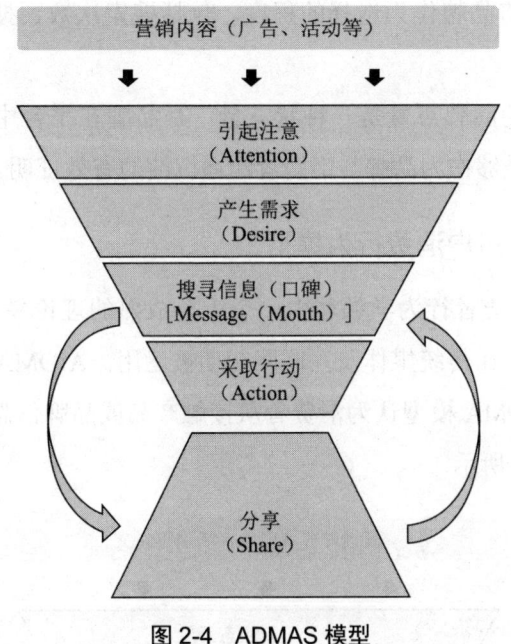

图 2-4　ADMAS 模型

Aha模型——品牌力综合评估模型

Aha 品牌力综合评估模型是由磁力引擎在"2023·增量效应"磁力大会上提出的，Aha 模型基于消费者与品牌在平台中不断地链接、交互所产生的数据，通过更具系统与科学性的数据整合，能够提供品牌以衡量营销投放价值的量化标准。所谓"Aha"，即围绕沉浸（Air）、热情（Hot）、目标（Ask）三大维度构建起的评估体系，如图 2-5 所示。

沉浸，度量用户对品牌信息的沉浸程度，包括商业触达、触达人数、自然触达三项指标。

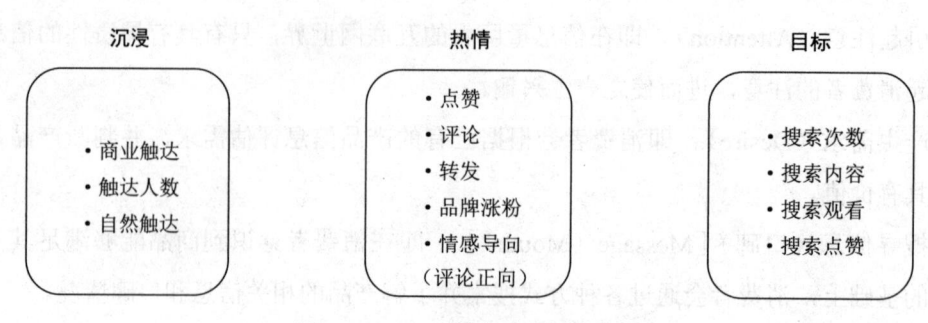

```
沉浸                    热情                    目标
                      ·点赞
·商业触达              ·评论                   ·搜索次数
·触达人数              ·转发                   ·搜索内容
·自然触达              ·品牌涨粉               ·搜索观看
                      ·情感导向               ·搜索点赞
                      （评论正向）
```

图 2-5 Aha 品牌力综合评估模型

热情，度量用户与品牌产生关联的热度，包括点赞、评论、转发、品牌涨粉及情感导向（评论正向）五项指标。

目标，度量用户将品牌作为选择的程度，包括搜索次数、搜索内容、搜索观看、搜索点赞四项指标。

Aha 模型所计算的品牌声量是一种状态量，是品牌在平台中所处发展水平、竞争状态等的量化阐释，能够作为品牌与消费者沟通沉淀的有效证明。

AIDMA模型——用户消费行为模型

AIDMA 模型是消费者行为学领域中一个十分成熟的理论模型，于 1898 年由美国广告学家刘易斯提出，在传统媒体及互联网初期被运用。AIDMA 模型主要应用和服务于线下实体经济。AIDMA 模型认为消费者从接触产品或品牌信息到最终完成购买会经历五个环节，如图 2-6 所示。

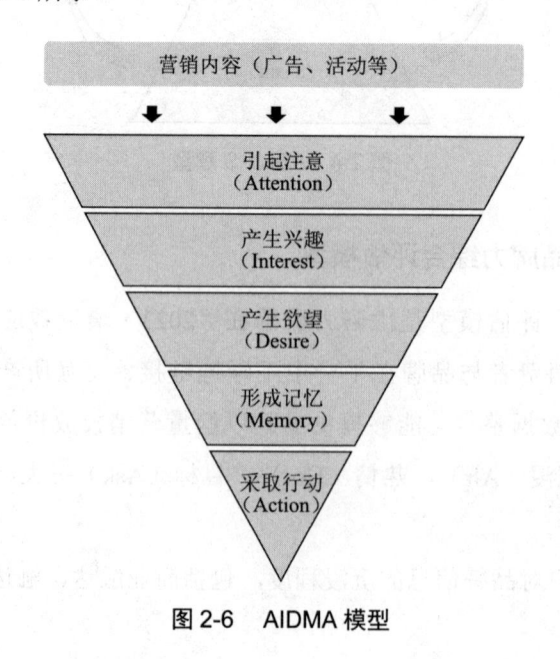

```
营销内容（广告、活动等）
         ↓   ↓   ↓
      引起注意
     （Attention）
      产生兴趣
     （Interest）
      产生欲望
      （Desire）
      形成记忆
      （Memory）
      采取行动
      （Action）
```

图 2-6 AIDMA 模型

引起注意（Attention），即营销内容（广告、活动等）能够引起受众注意力。

产生兴趣（Interest），即在引起注意力的基础上，营销内容能够激发出受众想要互动的兴趣。

产生欲望（Desire），即让受众感受到他们对产品的需求。

形成记忆（Memory），即通过反复刺激，让受众在心中将需求与产品相结合。

采取行动（Action），即用户完成购买产品的行为。

上述五个环节可以将消费者行为过程概括为"通过广告或其他营销手段引起消费者的注意和兴趣，进而使消费者产生购买欲望，通过反复刺激使消费者对商品信息进行记忆，形成一定的品牌认知，并在一定的刺激下做出购买行为"。

AIPL模型——全链路模型

阿里巴巴针对全域营销提出了 AIPL、FAST、GROW 三大数字模型，这三个模型均通过对消费者行为数据展开分析获得内容。其中，AIPL 模型聚焦于目标实现品牌人群资产定量化、链路化运营，AIPL 表示用户从看到"你""点你""产生兴趣""购买"的过程。在本质上，AIPL 模型是将各类电商的行为数据进行一系列清洗后建立的一个综合数据模型，包括品牌商品的曝光、点击、浏览，用户的搜索、成交、加购、分享等行为，是对品牌消费者情况进行的一个比较全面的衡量，如图 2-7 所示。

认知（Awareness） → 兴趣（Interest） → 购买（Purchase） → 忠诚（Loyalty）

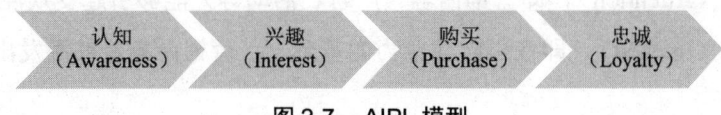

图 2-7　AIPL 模型

认知（Awareness），是指品牌认知人群，即有多少用户看到了产品或品牌的传播内容，也就是说被品牌触达的人群。

兴趣（Interest），是指感兴趣人群，即用户对传播内容感兴趣并做出响应行为，如线上的浏览、点击关注、加购、领取试用等，或线下的进店驻留等。

购买（Purchase），是指购买人群，即实际购买产品的用户群体，使用了该品牌的产品或服务。

忠诚（Loyalty），是指忠实用户，即具有品牌忠诚度的用户，除发生购买行为外，还有复购、分享等其他互动行为。

AISAS模型——用户消费行为模型

2005 年，日本电通广告集团对传统的 AIDMA 模型进行了重构，提出了 AISAS 模型，引入了互联网的两个典型行为模式——搜索与分享，即当广告引起消费者的注意和兴趣后，消费者会主动对品牌和商品信息进行搜索，继而产生购买行为，并通过社交媒体进行消费体验分享，如图 2-8 所示。

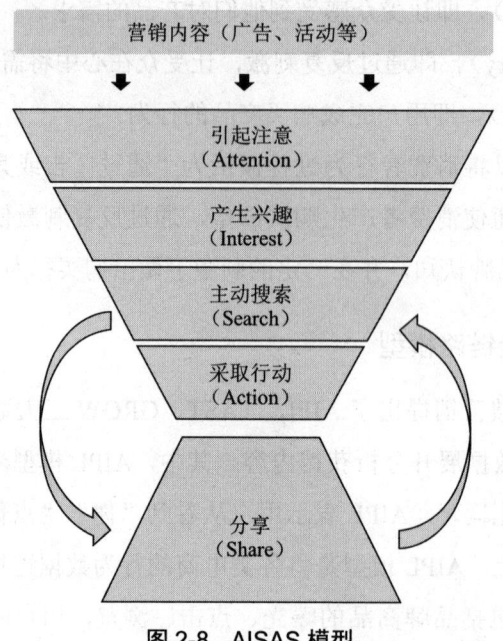

图 2-8 AISAS 模型

引起注意（Attention），即营销内容（广告、活动等）能够引起受众注意力。

产生兴趣（Interest），即在引起注意力的基础上，营销内容能够激发出受众想要互动的兴趣。

主动搜索（Search），即用户对感兴趣的产品或品牌展开信息搜索。

采取行动（Action），即用户完成购买产品的行为。

分享（Share），即用户分享其购买心得和体验。

相较于 AIDMA 模型，AISAS 模型更加准确地概括了在网络时代下，消费者获得信息及分享信息的能力，是 AIDMA 理论的发展。

DeEP模型——品牌资产评估模型

阿里巴巴集团天猫品牌营销中心联合波士顿咨询公司（BCG）在共同发布的《数字营销 3.0——DeEP 品牌心智增长方法论》中，首推品牌资产评估体系——DeEP 模型。

发现（Discover），即消费者被有效触达，开始了解品牌。

探寻（Engage），即消费者与品牌间产生积极的互动行为。

热爱（Enthuse），即消费者成为品牌粉丝，并有意愿分享和传播。

品效合一（Perform），即品牌资产和销售表现间的相对关系，即从品牌资产规模到实际销售体量的转化率处于营销平衡状态。

数字化品牌资产评估模型尤其关注三个指标：①品牌资产总额，即品牌价值的绝对规模；②品牌资产结构，即发现、探寻和热爱之间的比例；③品牌资产变现率，即品牌资产规模与实际销售规模的比较关系。

DeEP 模型将品牌与消费者关系分为发现、探寻、热爱三个层级，并结合品牌心智份额、品牌消费潜能等指标，建立一套实时快速、"品""效"结合、跨触点可衡量品牌效果的评估体系。

DFEAS模型——用户消费行为模型

DFEAS 模式是由网富天下（北京）电子商务有限公司的创始人任周波针对互联网与企业电子商务的发展而提出的一种面向消费者网络行为的企业网络营销模式。DFEAS 模式与 AIDMA 模式、AISAS 模式并称为营销三大模式，DFEAS 模型更加关注对目标客户需求的挖掘、锁定和培育，如图 2-9 所示。

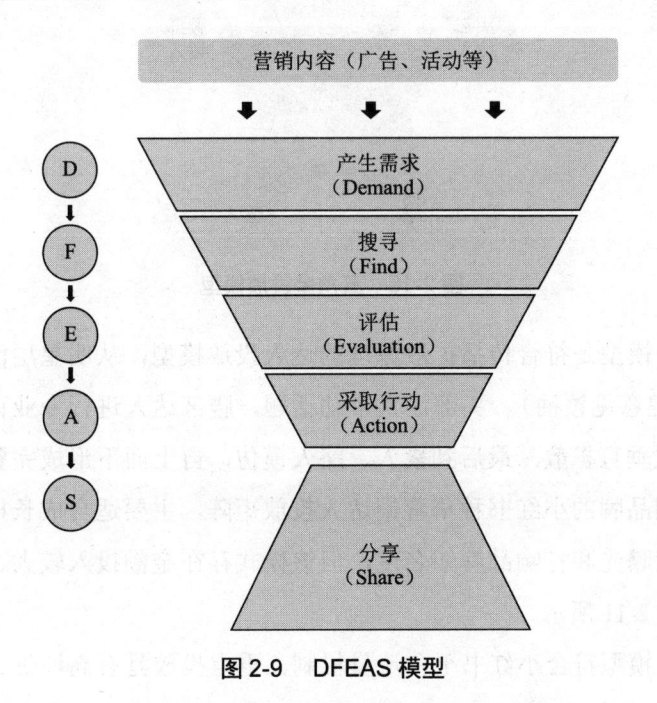

图 2-9 DFEAS 模型

产生需求（Demand），即消费者从网络媒体中获得营销内容，并因此产生需求。

搜寻（Find），即产生需求后，消费者主动搜索能够满足此需求的产品。

评估（Evaluation），即消费者一般会选择多个同类型产品，然后根据品牌、口碑等对各产品进行评估，最终做出购买决策。

采取行动（Action），即消费者决定购买某个产品并完成交易行动。

分享（Share），即消费者针对产品使用心得进行体验分享。

达人投放模型

千瓜数据在推出的《2022 小红书优选达人解决方案》中总结了三种主流的达人投放模型，分别是五角星投放模型、金字塔投放模型、橄榄型投放模型，各模型针对不同发展阶段的品牌小红书种草营销达人投放矩阵。

五角星投放模型聚焦于投放目标，不局限于达人层级，以垂直内容为主，实现精准触达用户，具备高 ROI（投资回报率），主要适合起步期品牌（或中小品牌）的小红书种草营销达人投放矩阵，用于抢占赛道，但浏览量一般较少，无法形成规模效应和长尾营销，如图 2-10 所示。

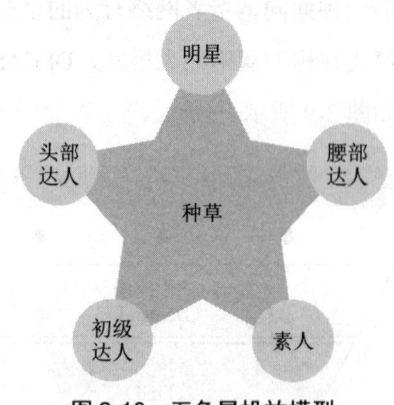

图 2-10 五角星投放模型

金字塔投放模型是符合传播扩散原理的达人投放模型，从明星层面展开造势，到知名 KOL（关键意见领袖）、头部达人带动话题，腰部达人进行专业评测及种草，再到初级达人形成垂直扩散，最后到素人、路人模仿，自上而下形成完整的传播链路，主要适合成长期品牌的小红书种草营销达人投放矩阵，主要适合成长期品牌的营销，用于品牌的持续曝光和打响品牌知名度，但该模式存在金额投入较大、成本消耗较高的局限性，如图 2-11 所示。

橄榄型投放模型符合小红书平台流量机制，重点投放具有高性价比的腰部和初级达人，主要适合成熟期品牌的小红书种草营销达人投放矩阵，用于奠定品牌认知基础，但存在周期长、效果慢的缺点，如图 2-12 所示。

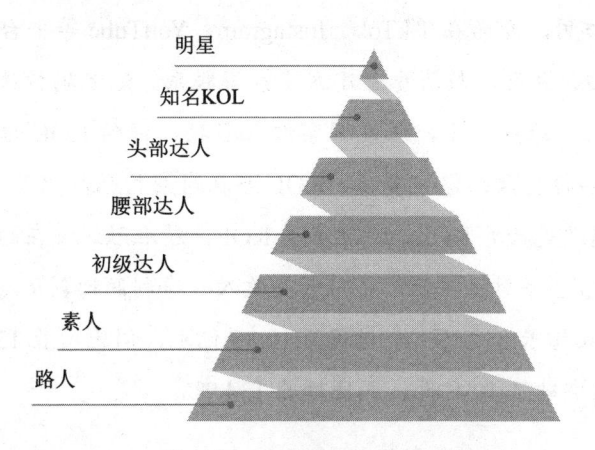

图 2-11　金字塔投放模型

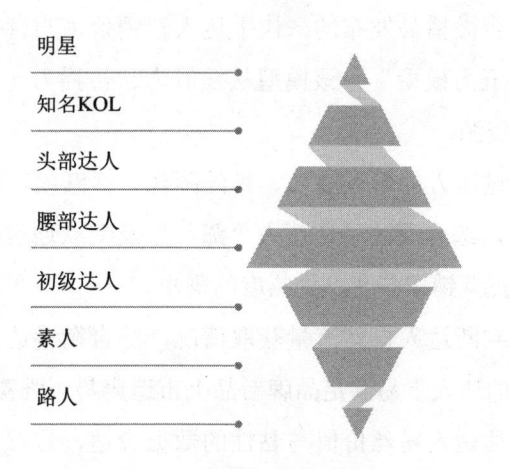

图 2-12　橄榄型投放模型

【相关案例】

泡泡玛特的出海营销战

泡泡玛特（POP MART）成立于 2010 年，核心业务是 IP 孵化与运营、潮流玩具与零售、主题乐园与体验、数字娱乐。盲盒热潮为潮玩市场注入了新的活力。众多国内品牌如泡泡玛特、52TOYS 等纷纷加入战局，促进了市场的繁荣。然而，随着市场的逐渐饱和盲盒热度的减退，中国潮玩品牌开始寻求新的增长点，"出海"成为潮玩品牌的必选之路。

泡泡玛特的海外客群主要为 Z 世代，与国内类似，海外尤其是东南亚国家的年轻消费者也是 TikTok、Instagram、YouTube 等社交平台的重度使用者。泡泡玛特在这三大平台上进行了大量精准的红人、明星投放。泡泡玛特发现了社交媒体对品牌直接触达消费者的重要作用，开始在 TikTok、Instagram、YouTube 等平台上创建官方社媒账号，通过日常发帖、互动，与消费者建立了紧密联系。泡泡玛特从传播维度、商业维度、粉丝维度、成长维度出发，深度洞察红人数据，评估 KOL 的产出内容质量和效果，KOL 粉丝与品牌受众画像契合度、KOL 潜在商业价值，以及 KOL 内容的发展潜力，为泡泡玛特精选美妆类 KOL、潮玩垂类 KOL，精准触达潜在的受众。

泡泡玛特的 2023 年财报显示，公司营业收入、净利润均创历史新高，全年营业收入为 63 亿元，同比增长 36.5%；净利润为 10.89 亿元，同比增长 128.8%。同时，泡泡玛特海外业务首次突破了 10 亿元，同比增长 134.9%。

达人五力模型

快手磁力引擎联合微播易发布的《快手达人营销价值与营销策略研究报告》中首次推出了"快手达人五力模型"，该模型从发展力、传播力、号召力、商业力及性价比五个维度评估达人资源。

（1）发展力。通过达人的粉丝增长、粉丝画像、活跃粉丝情况判断达人内容触达价值与长尾影响价值，综合反映了该达人"蹿红"及受欢迎程度，发展力强的达人能够更好地满足品牌节点营销求裂变、提热度的需求。

（2）传播力。能判断达人自然流量获取情况，综合衡量达人的内容质量和获得流量的能力，传播力强的达人更易满足品牌新品上市造声势、强覆盖的需求。

（3）号召力。评估达人粉丝价值与黏性的数据表达，号召力强的达人有助于强化品牌在消费者心中的形象，进而优化种草策略，快速建立品牌信任。

（4）商业力。从商业订单的完成情况、达人商业化稳定情况判断达人商业化能力，是衡量达人商业化专业度及经验、履约情况的指标，商业力强的达人助力品牌有效提升和转化。

（5）性价比。综合播放、互动等效果，评估达人近期表现数据，寻找高性价比的达人，高性价比的达人在满足品牌营销需求的同时，进一步控制成本，从而降低营销 CPM（每千人成本），提升整体 ROI（投资回报率）。

抖音店铺运营力评价模型

《2023 抖音消费品营销报告》中提出了店铺运营力评价模型，该模型是一个全面评估店铺综合实力的工具，从店铺力、种草力、内容力、合作力和个性力五个维度对抖音店铺进行评估。

（1）店铺力。评估店铺的口碑，反映店铺的声誉和用户满意度，通常根据店铺的口碑来评定。

（2）种草力。通过评估店铺的投流量衡量店铺的吸引力，通常根据所分析店铺的投流量（商品短视频广告＋直播引流广告）来评定。

（3）内容力。评估店铺的短视频质量和直播间的布景水平，反映了店铺的内容创作能力，通常根据店铺的短视频质量、直播间的布景水平来评定。

（4）合作力。评估店铺与第三方达人合作的力度，体现了店铺的合作资源，通常根据店铺与头部、中部、腰部、尾部不同层级达人合作的平均数，以及第三方达人合作总数的平均数来评定。

（5）个性力。评估店铺发布的营销内容的多样性，展现了店铺的创新能力，通常根据店铺所发布的营销内容（商品、属性、场景）评定。

"FACT+S"模型——抖音电商经营模型

"FACT+S"模型是抖音电商提出的全域经营方法，最开始抖音电商推出的是"FACT"模型，后来演变成"FACT+"模型，最新的"FACT+S"模型是围绕货架场的经营价值，发挥内容场和货架场的协同效应，用于帮助商家在抖音电商平台实现全域协同增长。该模型包含内容场和货架场，其中内容场是以内容为核心的场域，如直播、短视频、图文；而货架场是以商品展示为核心的场域，如抖音商城、商家店铺、商品链接，如图2-13所示。

图2-13 "FACT+S"模型

阵地自营（Field），是商家通过直播、短视频等形式，直接向消费者展示商品的真实情况，提升消费者的购物体验。

达人矩阵（Alliance），是指商家通过与联盟达人合作，共同推广商品，扩大品牌影响力。

营销活动（Campaign），是指商家通过参与抖音电商官方发起的营销活动，提升品牌知名度和销售额。

头部达人（Top KOL），是指商家与头部达人合作，借助其影响力提升品牌知名度和销量。

S是指三个关键场域，即搜索（Search）、商城（Shopping Center）和店铺或达人橱窗（Shop），其中搜索是指用户"人找货"的典型行为，商城是指用户发生浏览和购买的场景，店铺或达人橱窗则是指商家经营的阵地，这三个关键场域有机结合，能够发挥放大全域的协同效应。

围绕"FACT+S"模型，很多商家已经运用实践探索出了不同的增长模式，有聚焦商品的，有围绕内容测款的，也有借助达人矩阵或营销大事件的，如部分商家通过更新货架中的商品，并通过内容测款和达人矩阵带动销量增长，或部分品牌通过采用特定营销事件获取流量。

FAST模型——消费者运营健康度模型

阿里巴巴针对全域营销提出了AIPL、FAST、GROW三大数字模型。这三个模型均通过对消费者行为数据展开分析获得关键信息。FAST模型能够更加准确地衡量品牌营销运营效率。FAST也将品牌运营的视角从商品交易总额（GMV）转向了对品牌价值健康、持久的维护，如图2-14所示。

数量指标	质量指标
可运营人群，即AIPL总量 （Fertility）	人群转化率，即AIPL转化 （Advancing）
高价值人群总量，即会员总量 （Superiority）	高价值人群活跃率，即会员活跃率 （Thriving）

图 2-14 FAST 模型

可运营人群，即 AIPL 总量（Fertility），是指曾经达到 AIPL 状态的消费者去重总量指数化的结果。该指标能够为品牌提供可运营消费者总量的情况。

人群转化率，即 AIPL 转化（Advancing），是指存在 AIPL 状态提升的消费者去重总量在 AIPL 人群总量中占比的指数。该指标有助于了解消费者的活跃度，从而筛选出优质的消费者，对消费者进行分层运营或差异化营销，进而提高用户的转化率。

高价值人群总量，即会员总量（Superiority），是指高净值、高价值及高传播力消费者，即有意向与品牌产生互动的人群，如会员。

高价值人群活跃率，即会员活跃率（Thriving），是指有过活跃行为（包括 180 天内加购、收藏、领取权益或积分等互动行为）的超级用户在超级用户人群总量中的占比。

FAST 模型是在 AIPL 基础上的延伸，其中 F 和 S 属于数量维度的指标，A 和 T 属于质量维度的指标。

飞轮模型——亚马逊飞轮效应模型

飞轮理论是由亚马逊创始人杰夫·贝索斯提出的，指的是电商业务飞轮，由用户体验、流量、供应商、选择和便利、增长、更低的成本和更低的价格七个要素构成，如图 2-15 所示。当公司持续致力于提升用户体验时，自然会带动流量增加，吸引更多的卖家合作。消费者因此拥有更多的商品选择和更便利的服务，进一步提升用户体验。随着不断循环发展，电商的高固定成本逐渐被分摊，使公司能够以更低的价格提供商品和服务。低价格是提升用户体验的关键因素之一。亚马逊从最推崇的客户体验开始发力，客户体验的提升会促进流量和购买量的增长；更多的购买量又提高了电商的采购能力，不仅可以降低价格，还可以吸引更多卖家入驻；同时，更低的价格、更多的商品选择又会促进客户体验的提升。因此，这几个要素互相促进，形成正向循环。

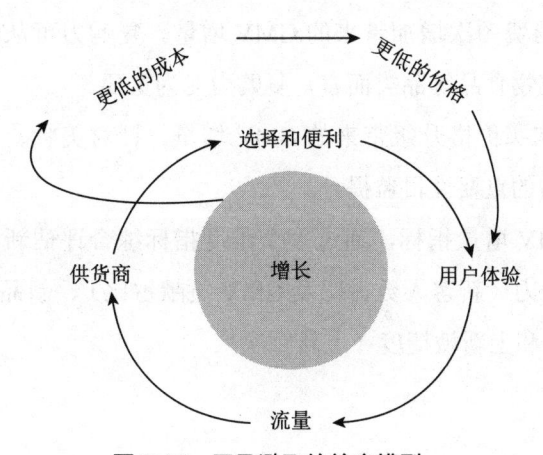

图 2-15 亚马逊飞轮效应模型

G

GROW模型——品类增长模型

阿里巴巴针对全域营销提出了AIPL、FAST、GROW三大数字模型，这三个模型均通过分析消费者行为数据获得关键信息。GROW模型聚焦于指导大快消行业品类，渗透力（Gain）、复购力（Retain）、新品力（Widen）和价格力（Boost）被视为品类增长的"决策因子"，如图2-16所示。GROW模型能够帮助企业更精准地抓住增长机会。每个因子驱动的增量GMV绝对值即为品牌的指标分值。随着新品日益成为品牌增长的引爆点，新品力（Widen）也被作为衡量品牌增长能力的重要指标。

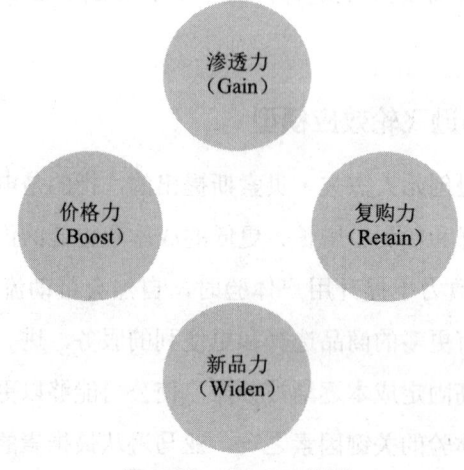

图 2-16 GROW 模型

渗透力指通过渗透提升（消费者拉新）带来的GMV增量。渗透力可拆分为现有类目渗透提升和类目拓展渗透提升。

复购力指通过消费频次增加带来的GMV增量。复购力可从新老客户视角进一步细化。对于母婴、宠物食品等品类而言，复购力尤为重要。

价格力指通过购买价格升级带来的GMV增量。针对美妆、个护等消费升级趋势明显的品类，价格力的重要性日益提升。

新品力是非GMV增量指标，通过多个维度指标综合评估新品效能，包括新品对新客和GMV的贡献力（新客人数占比及GMV贡献占比）、新品的爆发力（初次上新期间的GMV表现）和上新敏捷度（上新频次）。

【相关案例】

嗅觉经济中的东方美学——观夏

观夏是创立于2018年的东方文化香氛品牌，其品牌聚焦"家居香氛个护"领域，定位于"专注香氛疗愈与健康生活的品牌"，旨在挖掘中国人记忆中的情意结，唤回中国人对东方文化的自信和兴趣，做好原创东方植物香是观夏的初衷。在较长的一段时间内，观夏仅通过私域（Direct-to-Consumer，DTC）和线下门店的模式就实现年销量过亿且复购率高达60%。

在长期被西方品牌主导的香氛这一品类，观夏如何通过差异化的定位切入市场？观夏发现中高端香薰空白市场，抓住机遇，打造了具有东方特色的香薰品牌，成功占领了消费者的心智。另外，观夏提出"东方香"的品牌差异化定位，专注于香氛疗愈与健康生活方式。观夏成功将东方文化和现代生活融入产品设计中，由内到外地将根植于用户心中的东方文化嵌入品牌理念和产品设计中才是观夏成功破圈的关键之处。

从香料的应用、香味的创作、产品品牌整体的包装设计及内容营销传播，观夏都深谙中国传统文化精髓，打造了属于中国人理念中的"中国香气"，展现出新中式东方文化的审美和生活方式，如旗下"颐和金桂""昆仑煮雪""书院莲池"等产品的名称，均极具画面感与东方美学色彩。

此外，观夏的成功得益于其独特的营销设计。观夏非常注重内容创作，产品品类涵盖晶石香薰系列、香薰蜡烛系列、香膏系列、洗护系列等，每一个细分产品命名的背后都有其独特的深意，通过和香味有关的意境来传达不同的香气，且带有强烈的古典气息，如西溪桃花、江南竹海等，而这些正是大众所熟知的"东方气息"。观夏将讲故事的内容模式融入营销环节，通过产品+内容+场景的链路来建立与消费者的共鸣，提升购买率和复购率，强化了消费者对品牌东方美学的认知。在体验营销方面，观夏主要通过开设线下门店和快闪店来加深了消费者对观夏的形象认知。线下门店注重通过线下场景展现品牌理念，线下空间设计形式每两个月定期更换主题，能够保证消费者的新鲜感，提升线下门店的触达率和复购率。

资料来源：LIONPRO省狮品牌公众号。

I ▶

ISMAS模型——用户消费行为模型

2013年，北京大学教授刘德寰提出了一个以用户为中心的传播法则——ISMAS模型（见图2-17），其强调了移动互联网时代人们生活形态的改变，尤其体现在用户主动性增强方面，是对传统模型的改进。

产生兴趣（Interest），即营销内容要能够激发出受众想要互动的兴趣。

主动搜索（Search），即用户对感兴趣的产品（或服务）或品牌展开信息搜索。

关注口碑（Mouth），即消费者会通过各种方式搜索并了解产品的相关信息和口碑情况。

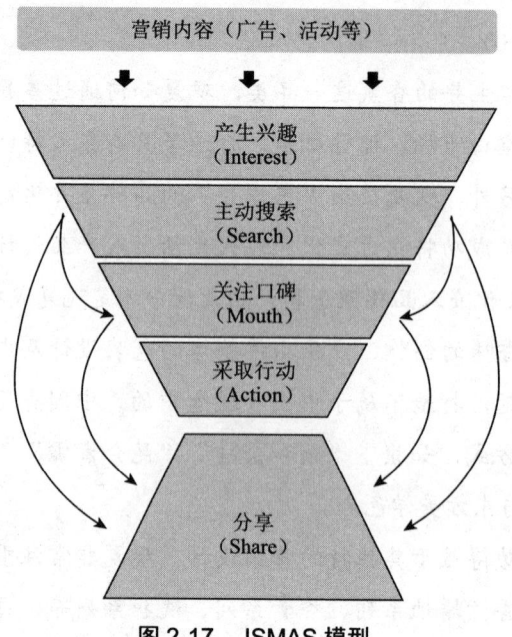

图 2-17　ISMAS 模型

采取行动（Action），即用户根据口碑信息做出购买产品的决策。

分享（Share），即消费者通过社交网络分享自己的购买心得和消费体验。

ISMAS 模型认为，在移动互联网与社交媒体高度发达阶段，消费者已经存在兴趣植入，并进入了主动的、自主的消费时代，他们拥有十分清晰的购买目标，同时了解能够进行主动购买和寻找口碑效应的渠道，并且会通过分享购买体验形成二次口碑。

留存分析模型

留存分析模型是一种衡量用户健康度或参与度的模型，其通过下载量、DAU（日活跃用户数量）等指标，深入了解用户的留存和流失状况，发现了影响产品可持续增长的关键因素，如指导市场决策、产品改进、提升用户价值等。

MMM模型——营销效果统计模型

MMM（Marketing Mix Modeling）模型是一种用于分析市场营销活动效果的统计模型。该模型通过分析市场营销活动与市场绩效的关系，帮助企业了解不同营销变量对销售、收入、市场份额等指标的影响，并进行预测和优化决策。MMM模型的输入变量可以包括产品数据、竞品数据、宏观经济数据、营销数据及转化数据。

MMM模型通常基于历史数据，综合考虑多个市场营销变量，如广告投入、促销活动、定价策略等，以及外部因素，如季节性、竞争环境等。通过建立统计模型，MMM模型可以量化不同营销变量对业绩的贡献度，揭示各项营销活动的效果和投资回报率，从而帮助企业优化资源配置、制定更有效的市场营销策略。

"O-5A-GROW"模型——品牌数字资产模型

巨量云图以"5A"为核心，创造性地提出了"O-5A-GROW"营销方法论。

"O-5A-GROW"模型中的"O"即Opportunity，指机会人群（品牌破圈的主要目标人群），主要是指四个方面的人群：①基于流转分析挖掘的人群；②基于历史投放高CTR（点击通过率）扩展人群；③用户行为和兴趣定向人群；④传统DMP（数据管理平台）定向意向人群。"O-5A-GROW"模型以数据为依托，从行业、品牌、用户等多视角出发指导品牌战略的制定，持续为品牌资产蓄水。

GROW则为营销活动评估指标，包括品牌知名度（Gain）、深度种草（Relation Deepening）、众媒养成（Owned Self-media）和口碑建设（Word of Mouth），将科学评估体系渗入营销活动的每一环，使一切效果评判均有据可依，并有效指导品牌营销策略优化和升级。

品牌知名度，即用营销活动期间新增的关系用户总数及价值来衡量。

深度种草，即用营销活动期间机会、感知、好奇、询问、流向行动的关系用户总数及价值来衡量。

众媒养成，即用营销活动期间流向用户的关系用户总数及价值来衡量。

口碑建设，即用营销活动期间由负面情感人数流向正面情感关系的用户总数及价值来衡量。

O-5A-GROW 模型中的 5A 是指菲利普·科特勒提出的 5A 模型，整个模型可以拆分为两步：第一步是 O 与 5A 相结合，用于区分消费者和机会人群；第二步是 O+5A 与 GROW 相结合，用于驱动机会人群。

ODMM模型——数字化成熟度模型

由华为联合 30 余家全球知名公司成立的开放组织——Open ROADS Community 提出了一个数字化成熟度模型，用来衡量一家公司的数字化能力成熟度，这个模型是 ODMM（Open Digital Maturity Model）型。该模型通过战略决心（Strategic Dynamism），数字文化、人才和技能（Digital Culture, Talent & Skills），卓越客户体验（Optimal Customer Experience），数据管理与分析（Data Centricity），服务创新和数字交付（Service Innovation & Optimized Delivery），数字技术领导力（Digital Technology Leadership）6 大评估维度对组织数字化成熟度展开全面理解，各评估维度包含 3 个子维度，共 18 个评估子维度，如图 2-18 所示。

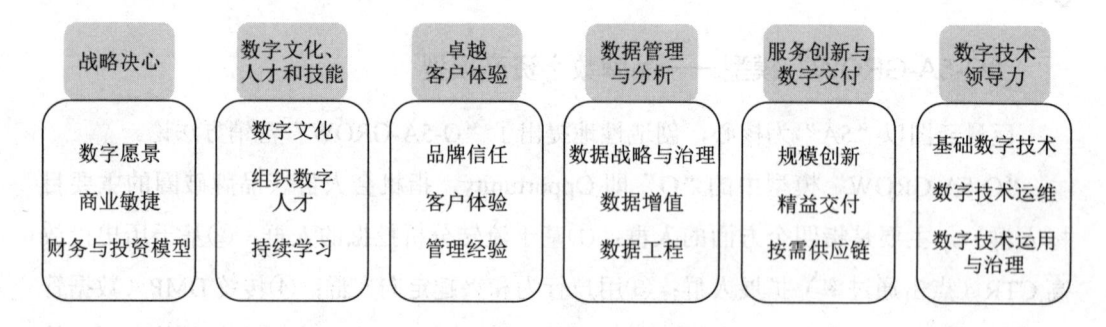

战略决心	数字文化、人才和技能	卓越客户体验	数据管理与分析	服务创新与数字交付	数字技术领导力
数字愿景 商业敏捷 财务与投资模型	数字文化 组织数字人才 持续学习	品牌信任 客户体验 管理经验	数据战略与治理 数据增值 数据工程	规模创新 精益交付 按需供应链	基础数字技术 数字技术运维 数字技术运用与治理

图 2-18 ODMM 模型

战略决心。战略决心在很大程度上与企业的领导力有关，该维度注重企业的领导层是否具备真正的数字愿景、企业本身是否具有快速变化和转变的敏捷性、企业是否以正确的财务模式运作。企业是能轻松地投资于创新点，还是受到严格和透明的投资评估的约束。

数字文化、人才和技能。该维度侧重于团队是否敏捷，企业能否形成相应的数字化团队，该团队是否具备一定的技能、能否适应环境的变化、是否有正确的动机。另外，考虑到会发生员工更换岗位或工作的情况，数字化转型需要大量的再教育，那么企业是否为员工提供了正确的学习和发展机会，以帮助他们在数字运营的新范式中取得成功；企业是否为员工提供了数字工作平台；是否提供弹性工作时间；是否允许员工远程办公。

卓越客户体验。企业想要在激烈的竞争中获得成功，提高客户体验变得越来越重要。该维度注重在为客户提供服务的过程中，企业是否根据客户的需求进行个性化定制服务；是否主动考虑客户，甚至在客户知道问题所在前，企业就解决相应问题；企业提供良好客户体验的激励措施是否正确；员工是否接受过提供良好客户体验的培训；企业是否有衡量客户体验的工具和指标；企业能否注重客户反馈，主动了解客户的意见并采取行动。

数据管理与分析。数据管理与分析所发挥的作用日益重要，企业在数字化转型过程中，数据的作用尤为关键。该维度特别关注企业是否有真正的数据使用计划，是否有完善的治理体系，是否具备安全系统，是否由专业团队负责收集数据，是否将数据打包并出售给第三方，是否在法律法规允许的范围内通过共享数据获得额外的收入，是否有正确的分析模型，是否有合适的数据分析人员，企业是否基于数据做出决策。

服务创新和数字交付。在提供数字化业务的情况下，企业将主要通过生态系统进行交付。该维度聚焦于企业是否具备合理的生态系统；是否有规范的管理流程来开发和管理生态系统；大部分企业仅具有产品思维而非服务，因此企业是否专注于服务；是否有专注于提供产品服务的团队，以及该团队是否始终基于生态系统进行创新和提供新服务；企业是否优化交付方式。

数字技术领导力。技术是推动数字化转型的首要驱动力，事实上，其更多的是实现数字化转型的保障。该维度侧重于企业是否采用一定标准，以便客户与企业能够互动；企业是否拥有较高的技术水平，可以轻松地、高效率地与其他企业进行合作。

R ▶

RFM模型——客户关系管理分析模型

RFM模型是衡量客户价值和客户创造利益能力的重要工具。该模型通过客户的近期购买行为（Recency）、消费频率（Frequency）及消费金额（Monetary）三项指标描述客户价值，是客户关系管理（CRM）分析模式中被广泛运用的一种模型，如图2-19所示。

客户的近期购买行为表示客户最近一次购买的时间与当前的时间间隔，一般认为该时间间隔越短，客户的忠诚度越高，流失风险越低。

消费频率表示客户在一定时间段内的购买次数，一般认为该次数越多，客户的满意度越高，忠诚度越高。

消费金额表示客户在一定时间内购买的累计金额，一般认为该累计金额越大，客户价值越高，贡献度越高。

一般的分析模型着重对客户贡献度进行分析，RFM则强调以客户的行为来区分客户。根据三个维度可得到以下客户类型。

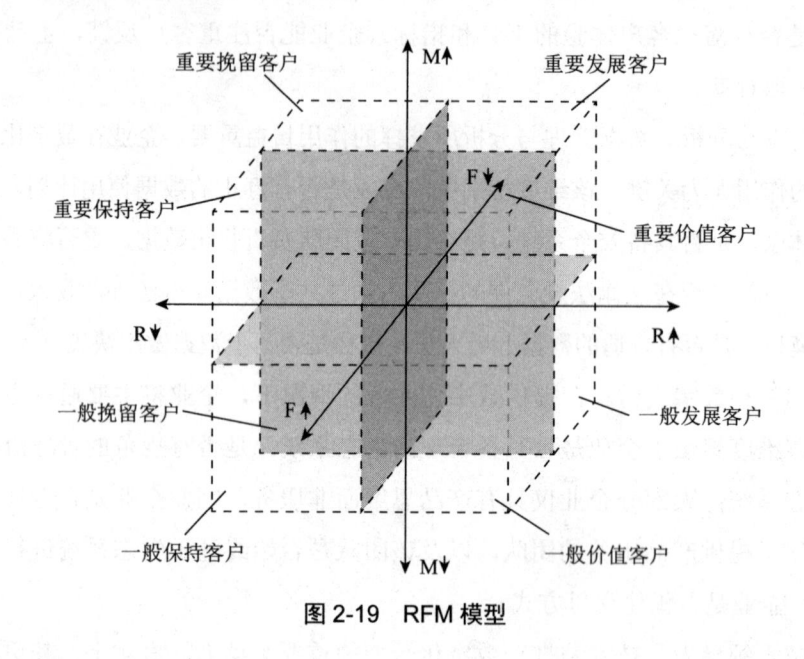

图 2-19　RFM 模型

（1）重要价值客户（111）。消费时间间隔短，消费频次和消费金额都很高，必须是 VIP。

（2）重要保持客户（011）。消费时间间隔长，但消费频次和消费金额都很高，说明这是一段时间没来的忠诚客户，需要主动与其保持联系。

（3）重要发展客户（101）。消费时间间隔较短、消费金额高，但频次不高，忠诚度不高，是很有潜力的用户，必须重点发展。

（4）重要挽留客户（001）。消费时间间隔较长、消费频次不高，但消费金额高，可能是将要流失或者已经流失的用户，应当采取挽留措施。

S ▶

SEED模型——种草模型

秒针系统高级产品总监范晋材将场景拆分为时间、地点、人物、目的、情绪、痛点六大元素，并将打动消费者最关键的情绪总结为"情绪五感"，即社交感、释放感、安全感、氛围感、松弛感，并认为应将"情绪五感"与品牌营销场景融合，融合过程可遵循秒针系统最新推出的 SEED（种草）模型，如图 2-20 所示。

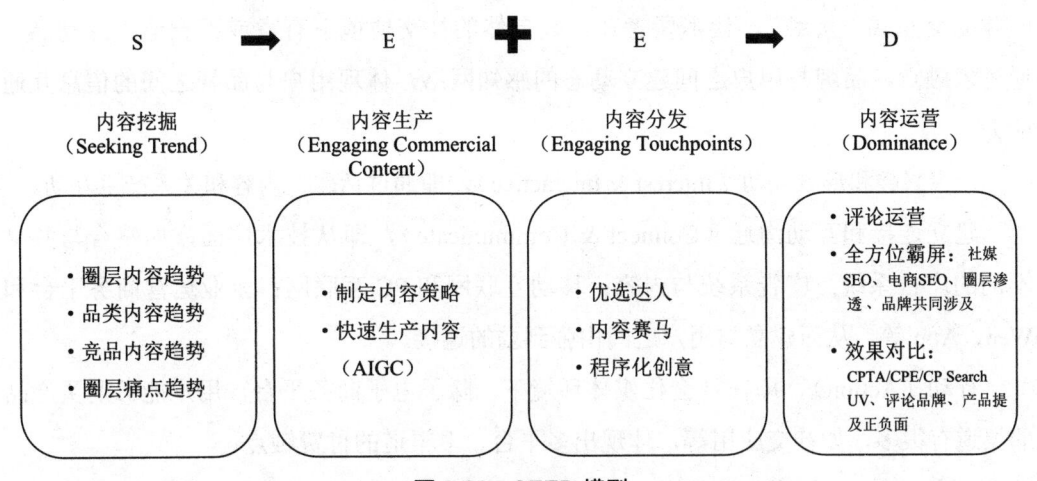

```
S  →  E  +  E  →  D
```

内容挖掘　　　内容生产　　　　内容分发　　　　内容运营
（Seeking Trend）（Engaging Commercial（Engaging Touchpoints）（Dominance）
　　　　　　　　　Content）

- 圈层内容趋势
- 品类内容趋势
- 竞品内容趋势
- 圈层痛点趋势

- 制定内容策略
- 快速生产内容（AIGC）

- 优选达人
- 内容赛马
- 程序化创意

- 评论运营
- 全方位霸屏：社媒SEO、电商SEO、圈层渗透、品牌共同涉及
- 效果对比：CPTA/CPE/CP Search UV、评论品牌、产品提及正负面

图 2-20　SEED 模型

资料来源：https://mp.weixin.qq.com/s/GY_C3gNKiU4QbuSF5LKetQ。

SICAS模型——用户消费行为模型

SICAS 模型于 2011 年由互联网数据中心（Data Center of China Internet，DCCI）提出，是基于长期依赖对用户的行为追踪、消费测量、触点分析得出数字时代的用户消费模型，如图 2-21 所示。

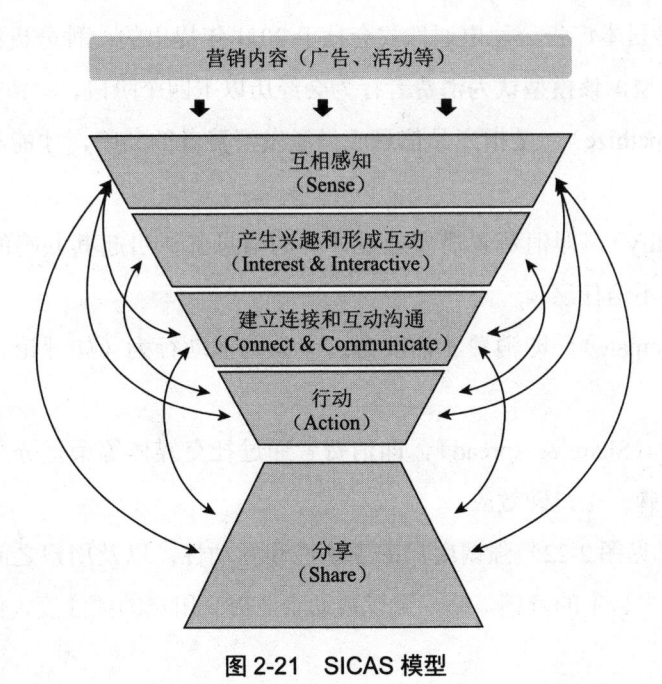

营销内容（广告、活动等）

- 互相感知（Sense）
- 产生兴趣和形成互动（Interest & Interactive）
- 建立连接和互动沟通（Connect & Communicate）
- 行动（Action）
- 分享（Share）

图 2-21　SICAS 模型

互相感知（Sense），即通过推送、订阅、共享等多元化方式在消费者与商品之

间建立交互式"接触",让消费者在比较自然的社交情境下有意或无意地关注商品,通过多触点,品牌与用户之间建立动态的感知网络,体现用户与品牌之间的信息互通能力。

产生兴趣和形成互动(Interest & Interactive),即通过话题、内容和关系产生互动。

建立连接和互动沟通(Connect & Communicate),即从技术层面,如整合与共享不同的广告系统;广告系统与内容;移动互联网和 PC 互联网;企业运营商务平台和 Web、App 等,从而建立与用户之间由强到弱的连接。

行动(Action),即在社会化媒体环境下,除了电子商务平台,用户能够购买产品的渠道有很多,如社交应用等,体现出多平台、多渠道的付费触点。

分享(Share),即互联网的开放分享能够实现用户体验分享碎片的自动分发和动态聚合。

SICAS 模型是与社会化网络、全数字环境相关的消费行为模型,这一模型突出了基于移动互联科技的全渠道感知网络,加强了企业与消费者之间的互动,构建了可循环的消费者行为网络框架,是适应移动互联网时代的数字化消费模型。

SIPS模型——用户消费行为模型

SIPS 模型是日本广告公司电通株式会社于 2011 年提出的一种分析社交媒体时代用户消费行为的模型,该模型认为消费者行为会经历以下四个阶段。

共鸣(Sympathize),是指产品信息应当激发消费者的共鸣,才能与企业产生交流和互动。

确认(Identify),即消费者需要通过外界的信息确认引起其共鸣的产品是否具有价值,以消除其不信任感。

参与(Participate),即消费者需要通过一系列互动行为(如评论、点赞等)来增加购买意愿。

分享或扩散(Share & Spread),即消费者通过社交媒体等渠道分享自己的消费体验,对产品或品牌产生口碑效应。

SIPS 模型(见图 2-22)强调用户的主动性和互动性,以及用户之间的影响力。它适用于社交媒体平台上的营销策略,可以帮助企业提高用户的关注度、信任度、忠诚度和传播度。

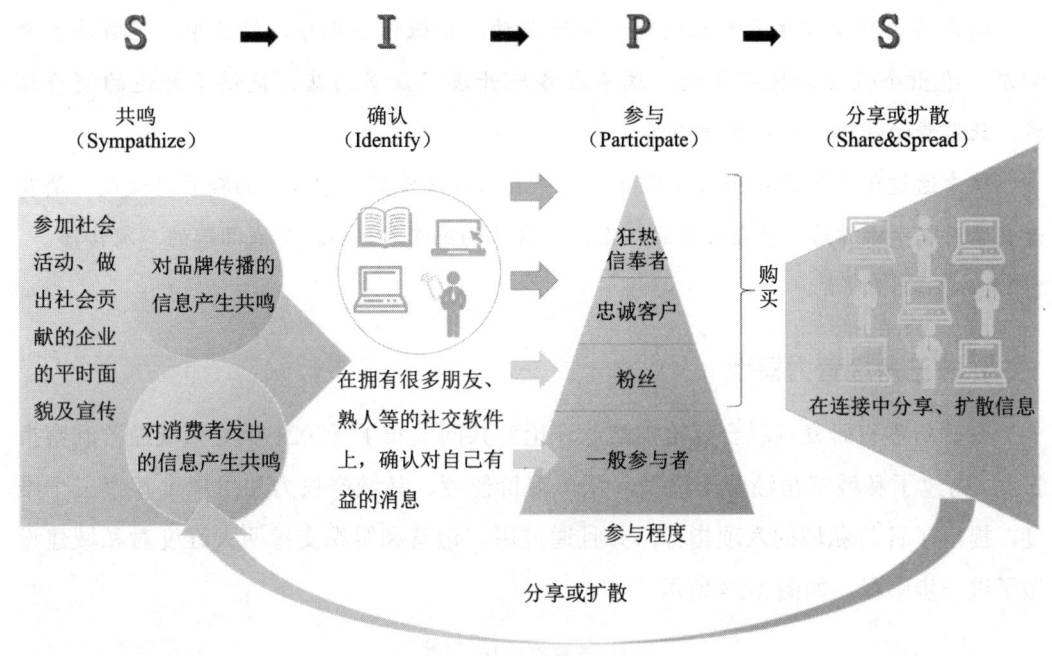

图 2-22　SIPS 模型

资料来源：刘毅，曾佳欣 . 基于 SIPS 模型的短视频平台图书营销策略探究 [J]. 出版发行研究，2020(3)：19-25+67.

【相关案例】

瑞幸如何进行用户精细化运营

瑞幸咖啡（以下简称瑞幸）成立于 2017 年，定位白领细分人群和年轻的移动互联网用户，主打高性价比的现磨咖啡产品。从 2020 年 9 月的厚乳拿铁开始，瑞幸的爆款产品频繁进入消费者视野。2021 年，瑞幸推出的生椰拿铁、丝绒拿铁等频频成为热议话题，生椰系列单月销量超 1000 万杯，2022 年 4 月生椰拿铁单品销量突破 1 亿杯，其中的成功与其用户精细化运营密不可分。

瑞幸通过讲述其咖啡研发的历程，以及为提供优质咖啡所付出的努力，与消费者对高品质咖啡、便捷饮品的需求产生共鸣和情感链接。瑞幸强调"让每一个顾客轻松享受一杯喝得到、喝得值的好咖啡"理念，与消费者对便捷、美味饮品的期待形成共鸣。

瑞幸的产品研发机制建立在全链路数字化基础上，海量的数据为新品规划、研发、测试和上架提供了多维度的底层支撑，创新机制又反哺了更全面的细节数据，为瑞幸逐渐积累起超越对手的产品创新力。瑞幸注重咖啡豆的选择和咖啡制作工艺，通过严格的质量控制，确保咖啡的品质，从而赢得了消费者的信任。

瑞幸通过社交媒体平台与消费者进行互动，如微信小程序、抖音等，了解消费者需求，推出个性化的优惠活动。瑞幸在各地开设了众多门店，提供了舒适的消费环境，让消费者能够愉快地品尝咖啡。

瑞幸通过优质的产品和服务赢得了消费者的口碑传播，增加了品牌的忠诚度。消费者在享用瑞幸咖啡后，会在社交媒体上分享自己的感受和体验，形成品牌的二次传播。

资料来源：爱运营。

私域三角经营力模型

有赞新零售研究院联合《哈佛商业评论》共同发布了《2021年度私域经营洞察报告》，构建了私域三角经营力模型，从单客价值度、私域产权力和用户推荐率三个维度，提出了评价私域的六项指标，并且通过用户运营和组织支撑两大维度对私域建设做了进一步阐释，如图2-23所示。

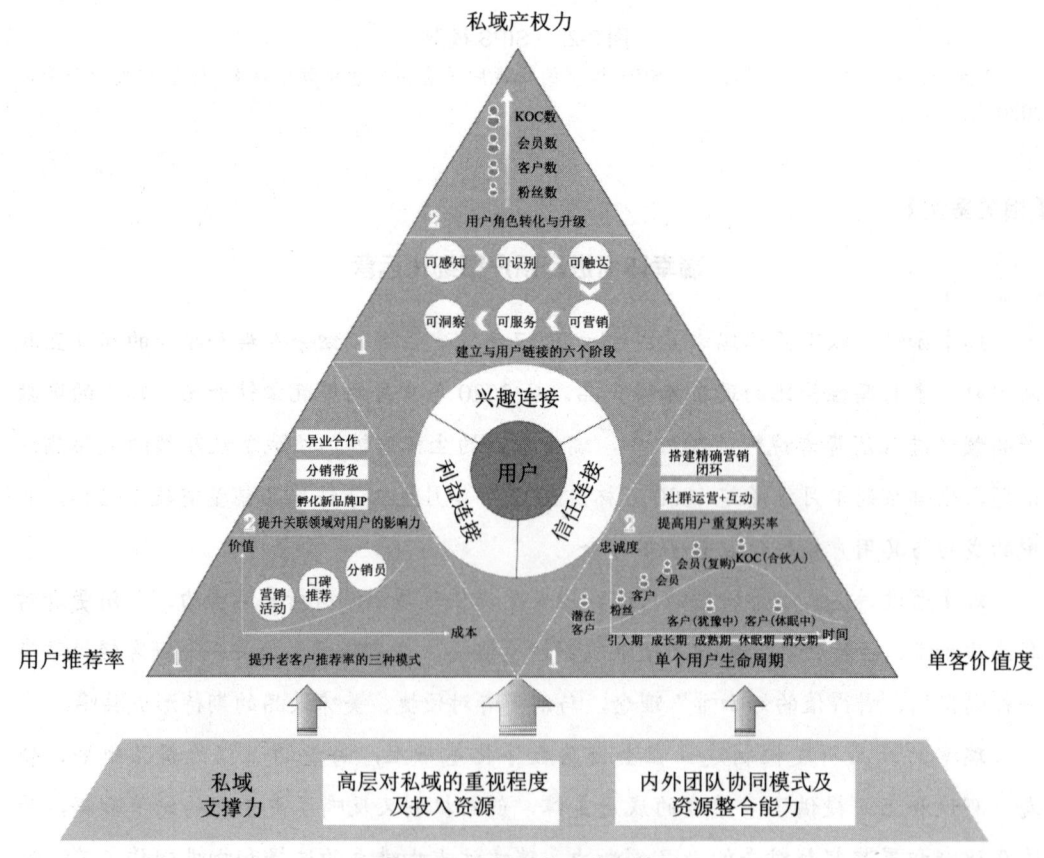

图2-23 私域三角经营力模型

私域产权力的核心是内容能力，通过文章、笔记、短视频、直播等，不断与目标用户建立兴趣连接。连接用户的数量主要包括企业及员工建立的各类触点所能触达的用户总数。企业信息触达用户的能力主要指企业信息能够直接到达用户的能力，也包括企业生产的优质内容可以曝光在用户面前的能力。

单客价值度是指运营深度，重点是促进更多用户的多次复购。

用户推荐率是指更多用户愿意去传播，达到二次甚至多次传播。

私域支撑力所反映的正是企业从私域的顶层布局到组织架构、从团队协作到资源整合等方面的能力。私域对组织要求的关键点在于高层对私域的重视程度及投入资源、内外团队协同模式及资源整合能力。

小数据战略5cm方法论

小数据战略 5cm 方法论是专注在企业用户增长上的有效方法论，其秉持"以用户为中心"理念，如图 2-24 所示。

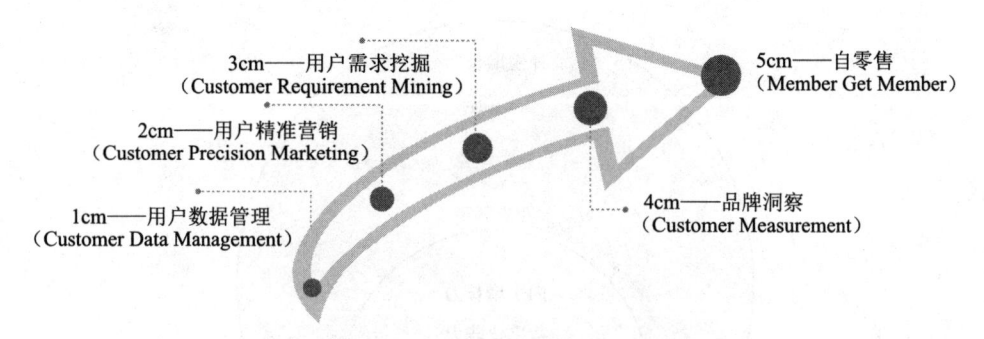

图 2-24　小数据战略 5cm 方法论

资料来源：周宏明 . 2023 年小数据战略 5cm 用户增长白皮书 [R]. 小数据研究中心，2023.

1cm——用户数据管理。在实现用户增长的问题上，企业应当用数据思维制定数据战略，重点关注与企业自身相关的小数据——用户数据，从小数据中挖掘大数据的价值。用户数据就是根基，重视用户数据，尽可能多地运用各种数字化工具获取有效的用户数据，完成数据管理平台的构建，形成用户画像，做到足够了解用户。

2cm——用户精准营销。在 1cm 的基础上，2cm 就可以更精准地把握用户数据，在用户数据库中对用户进行标签分类，运用数字化工具将海量的网络商品资源信息与用户需求进行精准匹配。在不打扰用户的前提下，提升用户复购率，提高品牌价值和品牌形象。

3cm——用户需求挖掘。企业的用户流失在很大程度上是因为还不够了解用户，3cm 就是要求企业做到数据智能化，对未来进行预测。不仅要挖掘用户的显性需求，更要挖掘用户的隐性需求。以用户数据为燃料，为用户转化提供有力的动能。

4cm——品牌洞察。口碑不仅影响了品牌价值，在一定程度上可助力用户增长。4cm 提倡企业不断通过用户的口碑数据，重新洞察和定义企业的品牌价值，全面提升品牌形象。

5cm——自零售。企业应当先找到和培养品牌忠诚度最高的、对品牌产生了依赖感的"超级用户"。他们一次或多次体验过产品和服务，认可品牌、信赖品牌，愿意在各类社交平台上为品牌代言，愿意把好的消费体验与亲朋好友分享。他们既是消费者也是销售者。

新锐品牌增长潜力模型

秒针营销科学院认为新锐品牌有两个标准：一是 10 年内出现在我国市场的新品牌；二是品牌营业收入增速远高于行业平均水平。秒针营销科学院构建了新锐品牌增长潜力模型，该模型将新锐品牌的增长潜力分为外生和内生两个维度，如图 2-25 所示。

外生增长力
认知份额
+
数字体验
+
创新感知

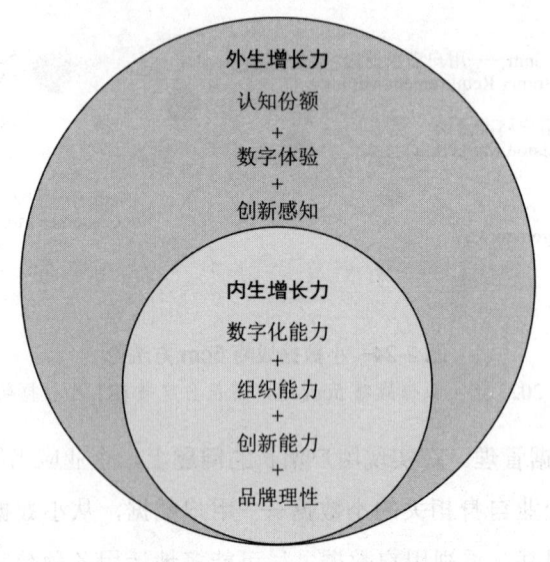

内生增长力
数字化能力
+
组织能力
+
创新能力
+
品牌理性

图 2-25　新锐品牌增长潜力模型

外生增长力是指消费者的行为和态度对品牌增长起到的推动作用，外生增长力数据可以通过消费者调研数据及各类社交媒体大数据平台获得；内生增长力是指企业内部管理员对品牌增长起到的推动作用，内生增长力数据可以通过投资机构评分、行业专家评分及相关平台获得。

秒针营销科学院还强调了品牌潜力资产，认为可以通过各类财务指标量化新锐品牌增长潜力，其计算公式如下。

$$品牌潜力资产 = 品牌沉淀价值 \times \overbrace{(内生增长力 + 外生增长力)}^{品牌增长潜力}$$

其中，品牌沉淀价值基于品牌在消费市场中的表现、行业发展速度和资本市场对品牌的估值综合计算得到。

▶ 案例分析

菲利普·科特勒 5A 模型的数字化

菲利普·科特勒的 5A 模型是数字化营销时代的产物，与传统的 4P 理论、4C 理论有明显的区别，其中用户被吸引并主动问询对应互联网中的种草与搜索，具备数智时代的特点。另外，5A 模型是一套通过用户行为反映营销效果的评估模型，企业可利用 5A 模型更加清晰地发现品牌营销的薄弱环节，有针对性地帮助品牌快速、高效达到推广目的。

巨量引擎作为字节旗下的商业化平台，在 2019 年将 5A 模型数字化，推出了"O-5A 模型"，其中"O"表示"Opportunity"，即机会人群，指的是品牌破圈的主要目标人群。巨量引擎剖析了其平台上的众多成功案例，发现品牌方通过人群资产经营构建和消费者的关系，已经成为这些成功模式背后真正的增长密钥。通过机会人群的运营，巨量引擎可以帮助品牌完成人群资产的放量，解决增长层面拉新破圈和 GMV 新增量的问题。

在巨量云图"O-5A 模型"下，各阶段的用户关系资产都得到了定量确定，如认知阶段是广告、自然内容、直播、挑战赛等相关内容的低频曝光和浅阅读行为；吸引阶段是广告、自然内容、直播、挑战赛等相关内容的中频曝光、中频阅读及浅互动行为；询问阶段是广告、自然内容、直播、挑战赛、搜索等相关内容的高频曝光、深度阅读、深互动行为和多次主动获取信息的主动行为；行动阶段是有过购买或者定义的转化行为，如下载、注册、激活等；用户阶段是关注品牌官方账号，属于官方粉丝的人群，此类划分标准为 A1（了解人群）、A2（吸引人群）、A3（种草人群）、A4（购买人群）、A5（复购人群）。品牌可以通过 5A 品牌资产人群的诊断，了解不同人群的总量、结构及流转的情况，及时发现问题，匹配到执行团队。品牌在运营过程中可以利用机会人群拓新，构建出具有个性化的目标消费者画像，及时甄别消费者的兴趣点和时间机会窗口，实现高效破圈；利用5A分层经营提升经营效率，根据增长目标测算需要支撑的人群资产数量及层级结构，推动人群高效流转；发挥互动转化意愿更高的A3种草人群的作用，推动外部电商平台GMV增长，同时推动品牌搜索量和品牌热度的提升。

为了寻找新的增长空间，RIO锐澳通过为先"圈人"再"排序"的两步走策略，首先借助兴趣标签和货品标签，从0.6亿低度酒兴趣人群拓展到1.4亿酒水兴趣人群，再拓展至两亿饮料兴趣人群，层层递进、广泛拉新；其次对两亿目标人群进行排序，将精致妈妈、新锐白领、Z世代作为优势人群，优先进行精准内容投放，如针对Z世代人群推出了"夏夜撸串畅饮"等活动。在2022年"618"大促期间，RIO锐澳针对新圈选的机会人群与29位达人进行合作，播放量达1.3亿次，累计互动300万次以上，播放完成率高于酒类行业TOP5均值，成功实现人群破圈。

思考题：

结合企业实际案例，分析其在运营过程中如何运用O-5A模型并取得了什么效果。

第三章
网络热词篇

> **学习目标**
>
> 1. 了解常见的社群营销、口碑营销等领域的网络热词并熟知其含义
> 2. 掌握网络热词出现的营销情境
> 3. 培养应用网络热词赋能量化营销的能力

▶ 导入案例

"白象泡面工厂"焕发"打卡"新活力

企业工厂"开放+参观"成为一种持续散发活力的新方式、新手段，吸引着越来越多的年轻人，工厂已不再局限于传统的生产加工的单一功能，而是可游览、可观光、可直视的新景点。然而，受工厂的地理位置所限，普通工厂与消费者仍有距离感。于是，自2022年11月以来，"白象泡面工厂"沉浸式主题店相继在长沙、郑州、杭州、重庆等地登场。为了打破这种距离感，白象直接把"工厂"搬进"商场"，加强了工厂与消费者的互动，让消费者的体验更直观，见证白象"一碗好面的诞生"。

独特的展现形式让白象这个有几十年历史的知名国货品牌，又一次吸引了人们的目光。将方便面生产流水线的环节近距离展示在消费者面前的"白象泡面工厂"，是品牌继工厂慢直播后的又一次创新尝试，力求打造身临其境的全新体验，同时彰显了白象的品质自信，敢于展示方便面的制作过程，让消费者买得放心、吃得安心。

第一季、第二季"白象泡面工厂"通过造面长廊和白象历史馆，展示了白象几十年专注中国面的发展历程和历年代表产品。第三季"白象泡面工厂"传承了前两季

的设计，并通过6大创意区域和"实习生上岗"沉浸式角色体验，融入子品牌"大辣娇"的新品，成为白象新品发布风向标，将离年轻消费者颇有距离的"工厂"主题，打造成吸引都市潮流的新地标。不同于一般快闪店的走马观花式游览，消费者来到"白象泡面工厂"后要先变身为"火辣实习生"，领取上岗证后方可进"厂"参观；通过生产线科普等形式，让消费者看到产品实实在在的品质。这个过程需要严格按照白象"大辣娇"牛油麻辣火锅面的生产流程，完成上岗打卡。辣椒科普站则带消费者一览辣度天花板，造面长廊展现了从一粒小麦到一碗好面蜕变的全过程。消费者通过科普方式，具象化地感知到新品的卖点，也就有了更强的尝鲜欲望。结束后，还有"实习奖励"相赠。可以说从打卡机制上，让人们由单纯的参观者变身为"实习生"，真正做到了沉浸式体验。

创新性产品与创新性营销相辅相成，是吸引消费者前来参观、打卡，以及在社交网络上传播的重要原因之一。2006年，白象食品瞄准潮流辣味市场推出了子品牌"大辣娇"，时至今日，"大辣娇"已经在辣味速食领域专注研发了许多新品。例如，在火鸡面流行的风口，"大辣娇"除推出国产经典甜辣火鸡面外，还结合地方风味推出了金沙咸蛋黄火鸡面、黑金臭豆腐火鸡面等，深受消费者的欢迎。作为白象的子品牌，"大辣娇"一直通过"陪伴式营销"进行品牌营销创新，在满足消费者口味需求的同时，鼓励年轻人良性释放压力。

对于白象及其子品牌"大辣娇"而言，爆款的诞生从来都不是偶然的，而是"扎实的基本功+精准洞察圈层"的必然结果。在产品力的基础上，注重创新力，才能最终实现业绩的增长。

A ▶

安利

消费者将自己体验过的产品真诚地推荐给其他用户，安利党是指乐于推荐好东西、热爱分享好东西的人群；求安利是指想要获得诚心推荐的人群。

B ▶

拔草

"拔草"一词作为网络用语的解释有两个。一是当事人消除了对某一产品的购物欲望，或因发现此产品并没有想象中那么好或因无力支付等，将其从购买清单里删除，取消购买计划。二是终于将心仪的产品买到手，满足了购物欲望。

避雷

避雷是指避免接触到"雷区"，是指用户提醒其他用户不要购买或享受其已经体验过的质量差的事物或服务，如避雷甲店铺，售后服务差等。也可以指在网络用语中避免触碰敏感话题或言论，以避免引起不必要的争议或冲突。

C ▶

踩雷

踩雷是指在做某事或使用某物时遇到意料之外的困难或损失，如吃到口味差的食品、购入色差大的衣物等，一般用来评价产品质量或产品的使用感较差。

超级符号

超级符号是一个心理学术语，原意是潜移默化地融入人们生活的符号。在营销和品牌领域，超级符号是指通过视觉呈现的方式打造独特、容易记忆、能代表品牌的符号，并通过广泛传播等形式，在消费心中形成强势的品牌联想，如麦当劳的金色拱门。超级符号能够快速传递品牌或组织的信息，让消费者迅速产生共鸣，因此超级符号成为品牌传播的重要工具之一。

吃土

网络商家为了有更好的客流量和收入，往往会利用各种节假日进行打折及促销活动。大多数网友面对比平时更便宜、性价比更高的商品，极易抵挡不住诱惑，疯狂"剁手"，在付完款后才发现自己的经济能力承受不起这样的花费，入不敷出，不禁感叹，自己又要"吃土"了。

出圈

出圈，一般而言是指人或事物的知名度变高，不只被原属粉丝小圈子所关注，开始进入大众视野。出圈可以是对营销的传播效果的一种表达，如极具创意、热度高等。出圈也可以是指传统的消费偏好、消费习惯突破原有圈层。

C位

C位是指中间位置、重要的位置，C位出圈是指在一类人或事物中，其中某位或某件事最被大众关注或热度最高。

D ▶

达人

达人是指在社交媒体或直播带货平台中某一领域十分专业、表现优秀、能力出众的人物，如带货达人等。一般而言，按月GMV或粉丝量级，可以将达人分类为头部达人、肩部达人、中腰部达人、尾部达人、小达人。一般而言，头部达人的粉丝量多、知名度高、影响力强；肩部达人的粉丝没有头部达人多，但他们在其所处圈层的影响力大，并且粉丝黏性高。

打卡

打卡是指人们到了某个地方、拥有了某件事物、做了某件事情等，如打卡新地标、打卡新路线等。

带货

带货是指"带货主播"（如明星、网红、互联网营销师）等通过视频直播等途径对商品进行推销。带货力强是指主播所推荐的产品引发大面积流行或出现热销情况。

单身经济

单身经济也称"单人经济"，是指由单身人士特有的生活方式及其不同于传统家庭模式下的消费倾向和偏好所带来的市场需求，以及厂商供给而形成的经济关系。一般而言，单身群体具备较强的消费倾向、新奇的消费偏好及偏爱享受型消费品等特征。

剁手

剁手往往指网络购物者没有管住自己的手，随心所欲地点击网页下单，买了很多不该买的东西，事后感到很后悔，此时网购者表示欲"剁手"以明志，以保证下次不再犯同样的错误。随着互联网上这类人的不断增多，具有这种特点的人被称为"剁手党"。

F ▶

佛系买家

佛系买家的逻辑是"各自安好",不自动确认收货、不点评、不退货。这类买家秉持与世无争的态度,在网上购物时,能自己解决的问题绝不麻烦客服,能凑合用的东西肯定懒得换。

佛系卖家

佛系卖家是指一种有目的地放下赚钱态度的卖家,可以是指卖什么都行,或者盈亏都无谓的卖家。他们一般不会主动对其产品进行宣传或开展营销活动,不在乎销量,只图开心。

K ▶

狂草

狂草表示受到论坛高手的影响被种草,对某种东西极度渴望。

M ▶

秒杀

秒杀作为卖家竞拍、买家抢购的一种方式,侧重于"杀",形容买家在规定时间内快速抢购有限的特价商品的行为,可以理解为"杀价"的引申。

N ▶

"年清族"

"年清族"是以"年轻"的谐音命名的对"银行里的存款一年一清或几年一清"消费群体的称呼。这一群体的消费理念和基本生活逻辑与"月光族"是一模一样的。他们不像"月光族"那样,将每个月的工资花得精光,而是将节余下来的工资一笔笔变成存款。但这一笔笔存款又不会持久地存下去,过一段时间(一般是一年或几年)又会阶段性地"失踪",因为在他们的生活理念中,储蓄不是目的,而是为了更好、更大的消费,为了更好地享受生活。

P

破圈

破圈是指某个人或他的作品突破某个小的圈子，被更多的人接纳并认可。破圈的实质是文化的交流与融合，是与更多主客体发生连接、产生新的关系、丰富价值网络的过程。

S

刷屏

刷屏是指互联网上某信息集中出现的现象，又称洗板（版）、刷屏，如朋友圈被刷屏、弹幕刷屏等。原先是指同一个用户在网络论坛、留言板、BBS、即时聊天室、网络游戏聊天系统等短时间内发送大量信息，特指重复相同或无意义的内容。

T

她经济

她经济，即女性经济，是由著名经济学家史清琪提出的概念，指围绕女性消费形成的特有经济圈和经济现象，即女性经济独立与自主、较多的消费需求使女性消费者形成了特有的消费模式及经济现象。

天花板

天花板是指某人或某物在某些领域的能力、表现或地位等方面的程度达到了最高，几乎无法被超越。一般而言，是指最高级或最优秀的某人或某物，如手机天花板、美食天花板等。有时，网络用户会用"地板"表达与天花板相对的含义，表示程度最低、体验感最差等。

【相关案例】

新式茶饮联名营销界的天花板——喜茶

2017年6月，喜茶与美宝莲完成了第一次联名合作，同年还与贝玲妃、小黄鸭、W酒店及爱奇艺完成了品牌联名。2018年，喜茶与乐事、百雀羚、大英博物馆、欧莱雅和塔卡沙等16个品牌联名。2019年的合作品牌达30个左右，包括徐福记、阿华田、科颜氏、太平鸟等。

喜茶与藤原浩（时装设计师，音乐监制）联名的特调饮品，首日卖出了15万杯，两周卖出了100万杯。

与一般品牌的联名活动相比，喜茶对每个细节的把控都很严格，从联名物料的设计，到上线后对用户数据和反馈的追踪与分析，这也让营销活动产生了较强的"长尾效应"。喜茶还运用协作文档，发挥其实时更新及多人协作的作用，让整个联名活动的生命周期加长，即便一年后依然有很多人来查看和编辑这个文档。

对于联名营销，喜茶从品牌精神层面到具体的创意落地层面，都有自己明确的规划。对于日常合作IP的选择，是否与喜茶的品牌精神相契合才是他们的首要考虑因素。2022年，喜茶将品牌精神聚焦于"喜悦"这一主题，因此无论是在用户与品牌的日常接触中，还是在品牌活动中，喜茶一直都在持续输出关于"喜悦"的表达。从新年伊始和特斯拉联合开展"开工之喜"，到"520"和民政局合作推出大喜之日的赠饮活动，再到与《喜剧之王》这样的IP的合作，都是喜茶对"喜悦"内涵的不断思考和挖掘。

资料来源：案例来自SHOWCASE的公众号文章。

铁粉

铁粉是铁杆粉丝的简称，是指非常喜欢并强烈支持某人或某事物的粉丝群体。在一些社交媒体应用中，铁粉是指与博主、主播等账号所属人长期互动或互动较多的粉丝群体。一般根据用户互动量的多少和频类，不同平台会列出各自的铁粉等级，如微博就有铁粉、金粉、钻粉，拥有铁粉的博主所发布的内容会在关系流、动态流等场景以更强的方式分发给其铁粉，更及时地触达核心粉丝。铁粉等级越高，其评论的排序越有机会靠前。在电商平台中，钻粉就是跟网络主播关系比较密切的粉丝，也是消费能力较强的粉丝。

【相关案例】

100个梦想的赞助商

大多数品牌、商家在构建私域用户池以后，仅仅作为品牌方单方面向用户输出产品、服务理念，导致用户不为此买单。然而，若要打造一个活跃、成功的私域用户池，品牌与用户之间拥有共同价值观或话题是关键。

小米不仅是一家科技公司，更是一家能让用户为之持续"发烧"的企业。小米利用小米论坛、微信、微博等社交矩阵，持续为用户输出价值观，建立话题，让用户成为企业的"一份子"，最终凝聚用户力量，打造属于自己的"铁粉"阵营。

处于初创期的小米营销预算较低，负责人黎万强就注册了上百个账户，在Andriod论坛里模仿水军发广告，在此过程中发现了100个对手机应用有较浓厚兴趣的技术"发烧友"。这些人便是小米粉丝的创始成员，也是后来MIUI（小米公司旗下基于Android系统深度优化、定制、开发的第三方手机操作系统）测试的主要参与者，也正是这些超级用户激发了小米的粉丝模式。为了特别感谢这100位铁杆粉丝，小米曾经发布了一名为"100个梦想的赞助商"微电影，并把他们的ID放在开机页面上。

为了体现对粉丝的重视，小米每年都会举行"小米家宴"，邀请粉丝参与。每年受邀的粉丝不仅能享受到机票、酒店的全包服务，还能在家宴上近距离接触小米的各方大佬。"小米家宴"可谓小米与粉丝互动活动的重头戏，高大上的免费盛宴典礼通过小米高层与米粉、米粉与米粉之间的交流，小米生态链产品的介绍，味道独具新意的饕餮大餐，以及开设众多百城小家宴分会场的形式，拉近了小米与粉丝客户之间的距离，使米粉产生了归属感，同时也展示了小米对粉丝的重视。

X ▶

学研型消费

学研型消费是指会通过主动学习和研究提升消费理念的群体，他们让自己以更明智的消费、更优惠的价格，实现更高品质的娱乐消遣，满足自我提升的需求。简单而言，就是消费者更加理性、更加精明细致。得益于数字营销内容的繁荣，线上线下的边界越来越模糊，如"餐前团个券""线上点单顺路取""去打卡先看看有什么坑"，线上线下结合的生活服务已经渗透到Z世代生活的方方面面。在这些购物券和种草、拔草的背后，年轻人通过主动学习使消费更趋理性。他们活跃于各大社交媒体的评价区、抢券区及比价区，主动研究产品的成分、功能、价格、优惠组合、使用周期等。

Y ▶

野性消费

野性消费是指不受拘束、如狼似虎般地进行消费，即消费者想要任性地、不计后果地展开购买行为，一般与理性消费相对。

月光族

"月光",即生活中的"钱用得月月光"的缩略语。月光族是指那些每月赚的钱还没到下个月月初就被全部花光的一群人。这个概念也可以用来形容赚钱不多,收入仅可以维持基本开销的一类人。

Z ▶

长草

长草表示种草之后经过不断地再种草以及草的自我成长,使心中的小草茁壮成长,购物欲望不断膨胀的过程。长草的意思就是自己对这件事的需求很强,越来越想吃、想玩、想看、想使用。

种草

在网络上,种草表示分享推荐某一商品的优秀品质,以激发他人购买欲望的行为,或自己根据外界信息,对某事物产生体验或拥有欲望的过程;也表示把一样事物分享推荐给另一个人,让另一个人喜欢这样事物的行为,类似"安利"的用法;还表示一件事物让自己从心里由衷地喜欢。

"种草"是一种本质为内容营销的"隐形"广告,我们可以理解为推荐,即"种草"是达人和品牌及平台,通过营销手段向消费者推荐产品,激发消费者的购买欲望,最终达到购物的一种行为。对于各品牌商家来说,"种草"营销可以提高品牌对消费者的影响力,进一步提升该品牌的知名度,是企业进行品牌营销的一种有效途径。

"种草"最初是在美食及美妆的讨论中渐渐火爆起来的,"种草"者通过将自己对食物或美妆用品的使用心得在网络上分享出去,以真实的体验叙述,帮助被"种草"者更好地做选择。

此外,还衍生出了"种草名"的概念,种草名是指品牌或商品等在传播过程中广泛流传的别称,而不是正规完整的商品名,如小破站(哔哩哔哩动画)、小红薯(小红书)、烂番茄色(一种口红色号)、踢不烂(Timberland)、鹅厂(腾讯)、神仙水(某护肤用品)等,通常"种草名"更具记忆度和更好的传播效果,能够较为精准、明了地体现产品特色及定位,从而快速打开社媒知名度,进而提升用户好感度。

【相关案例】

三顿半用空罐激发用户种草

在网络普及的时代下，消费者会把更多的关注度和认可度放在社交平台之上，如微博、小红书、B站、抖音。一般而言，这群消费者更愿意接受平台上的口碑种草。

克劳锐发布的《微博、B站、小红书三大平台种草力研究报告》显示，67.8%的用户认为，线上种草内容对选择商品并最终产生购买行为有很大影响；61%的用户信任明星自用的好物推荐；80%的用户会在种草后一周内完成购买。种草是广大潜在客户认知品牌、决策购买、销售转化极其关键的一个过程。

三顿半是成立于2015年的精品咖啡品牌，其通过构建和开拓精品咖啡的消费场景，强调为广大咖啡爱好者呈现更多精品咖啡的可能。与普通速溶咖啡的塑料袋包装不同，三顿半采用了颜色鲜艳的小罐装设计，用"咖啡本身的形状"打造视觉差异化，将冻干速溶咖啡装入颜色鲜艳、便携又具玩味的迷你"咖啡杯"的包装中，并采用了内容符号化设计，具体是根据烘焙程度进行数字分类，数字从0～7，数字越大代表咖啡烘焙程度越高，在颜值高的同时也极具辨识度。因其产品的颜值高，用户会自发地进行拍照，形成自传播。

三顿半还推出了"返航计划"这一独特项目，即三顿半长期回收咖啡空罐的计划，每年开展两次。用户（相当于该项目的领航员）可以通过专属小程序进行预约，在指定的开放日前往各城市中设置的返航点，以空壳兑换主题物资，回收的空罐也将再利用制成生活周边产品。该项目调动了消费者的情绪体验，激励消费者主动发帖，形成初步的种草环节，得到了更多潜在用户的关注。

种草值

种草值（TrueInterest）是由小红书推出的一种科学计算种草值的方式，它通过量化小红书用户的深度和主动行为，提供贴近真实种草场景的数据，形成更科学、更高效的种草体系。

$$种草值=f（深度阅读，深度互动）$$

其中，深度阅读是指用户对图文阅读或视频观看的深入程度，深度互动是指用户的收藏、搜索、求购评论、分享等互动行为。

自来水

自来水是指一群因为发自内心的喜爱和欣赏，或不由自主，或满腔热情，去义务宣传某项活动的粉丝团体的别名。多用于网友对某品牌、某产品或某事物感到满意后自发地、真心实意地为其进行宣传和推荐，自来水行为通常与商业行为相对。

组合拳

在营销策划中，组合拳是指采用多种营销手段来达到最终营销的目的，如"打好媒体组合拳，释放传播最大效益""线上线下互为补充，打好市场组合拳"等。

▶ 案例分析

电影中的"自来水"效应

2015年，电影《大圣归来》刚开始上映就在网络上掀起了"自来水"效应，似乎每个人都在分享这部国产动画影片。《大圣归来》打破了当时国内动画电影的票房纪录，其引发的"自来水"营销现象也成为电影市场的典范之作。

在《大圣归来》上映之前，横店影视制作有限公司制作了《搞定岳父大人》《龙之谷破晓奇兵》等高品质影片，但因为发行工作不够到位，几部影片的票房都不太理想。而《大圣归来》在发行上吸取了失败的教训，得到了众多名人、大咖等的加持，为这部影片打响了一场漂亮的营销战。

横店影视制作有限公司总经理刘志江是《大圣归来》的制片人，他在2015年上海电影节期间邀请了一位新加坡朋友来观看《大圣归来》的成片。这位朋友将《黑客帝国》的制片人安德鲁·梅森带到了观影现场。对于这位大咖的到来，刘志江十分惊喜，以至于在看片期间，刘志江的眼睛始终观察着安德鲁·梅森的表情。在影片结束后的采访中，安德鲁·梅森对《大圣归来》做出评价："如果要是在好莱坞做到这个品质，预算经费要达到1.2亿美元，在澳大利亚可能要6000万美元。"听了安德鲁·梅森的话后，大家对这部影片开始刮目相看。

不同于传统的电影宣传推广方式，《大圣归来》的首波宣传选在了动漫人聚集的某视频网站，主题曲MV在该网站发布后，一周的点击量就达到400万次，一大批忠实的国漫迷成为《大圣归来》的第一波主打受众。在口碑大好的前提下，第二波宣传从新浪微博、百度贴吧发起，二次创作的热情被点燃，电影开始受到关注。在影片上映初期，多个微博营销大号也纷纷参与话题转发活动，在一定程度上扩大了微博平台的传播效应。甚至有自称为"电影西游记之大圣归来"的民间粉丝团在新浪微博开设了名为"水帘洞大圣自来水公司"的账号，自发地转发大量与电影相关的内容。第三波宣传锁定微信自媒体，开始了口口相传的扩大阶段。

一位影迷在接受记者采访时表示："因为看到《大圣归来》在微博和微信朋友圈实在太火了，身边的很多朋友都在看这部电影，为了不落伍，能和大家找到共同的话题，同时也为了满足自己的好奇心，想知道究竟是一部怎样的电影让大家自发地帮助宣传，所以我才买票去看。"企鹅影视副总裁常斌表示："《大圣归来》这部电影刚放映时我没有感觉，而且也不太喜欢动画片这个类型。后来在朋友圈发现一个程序员说这部电影好看，我很震惊。因为我的朋友圈里影视从业人员居多，大家都是互相帮忙、互相支持，可信度会打折扣。可一个程序员说电影好看，一下抬高了我对这部电影的期待值。"

《大圣归来》的成功也为我们传达了该如何利用低成本、重策划、赢口碑的方式打赢产品宣传仗的秘诀。

思考题：

结合以上案例分析"自来水"的优劣势及企业该如何更好地管理"自来水"。

第四章
其他重要词汇篇

> **学习目标**
>
> 1. 了解量化营销的基本概念和相关的重要术语
> 2. 全面掌握量化营销知识和理念
> 3. 熟知量化营销关键术语在营销规划和管理中的应用

▶ 导入案例

用数据探索关键支付时刻

Uber（优步）成立于2009年，最初在旧金山开展业务。该公司在短时间内迅速扩张到美国的其他城市和国际市场，开创了共享出行行业。目前，Uber已经将业务拓展到食品配送、货运和电动出行等领域，为数十亿次乘车和送货服务提供动力，连接数百万乘客、企业、餐馆、司机和快递员，彻底改变了人们的出行方式。

Uber的整体商业模式是基于众包（Crowd Sourcing）的大数据原则，让愿意载人的车主提供载客服务。车费根据GPS定位及街道数据自动结算，再配合Uber自己的算法，根据路程与时间的关系进行调整，得出最终的价格。这是与普通出租车服务的不同之处，乘客是根据路程所花费的时间而不是距离来付费的。这些算法会实时监控交通状况与路程所用时间的长短。也就是说，乘车价格会根据搭车需求做出调整，同时在交通繁忙时，同样的路程所用时间也更长。这种定价策略会激励司机在高峰期载客，在搭车需求较低时待在家里。Uber还为这种基于大数据信息的定价策略申请了专利，又称"峰值定价策略"（Surge Pricing）。Uber在2016年就开始拓展外卖业务（Uber Eats），首先将App中的外卖和出行整合在一起，引导司机在二者间机动转换；其次以交叉调度算法，在上下班高峰为司机派送出行订单，在用餐高峰派送外卖订单。

Uber采取了一种算法技术驱动的路径缓解交通拥堵和解决环境污染问题。以派单为例，Uber的核心算法基于实时、动态的供需关系进行定价，并利用价格杠杆优化区域内的供需关系，从而提升整个交通网络的效率。例如，演唱会结束后有大量观众需要打车，短时间内需求暴增，Uber利用价格杠杆在短时间内将该区域的打车价格提高，一方面通过价格提升吸引了区域外的司机增加区域供给，同时也解决了乘客打车难的痛点。另一方面通过数据洞察到了许多关键支付时刻，如有与天气相关的，有与节假日相关的，等等，甚至发现当用户的手机电量低于2%时，尤其是在晚间，用户会比平常更愿意主动加价1.5倍。

大数据和数据科学是Uber作为交通平台的核心和创新动力，Uber每天收集和处理数PB的数据，从用户产生的数据中获得关键信息并做出决策，用以构建和改进产品，如更好的定价和匹配、欺诈检测、缩短预计到达时间等，从而帮助公司更好地进行交易，并实现对利润的管理。

360°画像（360° Portrait）

360°画像是指通过大数据等技术收集用户信息，这些信息是基于标签体系构建的，对所收集的信息进行整合和分析，从而形成一个全方位、多维度的客户画像。360°画像属于最小颗粒度的用户洞察，通常包括用户的基本信息、行为轨迹、消费习惯、活跃度、服务需求等。这些信息能够帮助企业和营销人员了解用户是谁、用户具有什么特征、用户的兴趣偏好等相关内容，为企业制定营销策略、服务策略、提升用户满意度提供重要依据，以此帮助企业更好地了解用户需求和行为，从而实现个性化营销和服务。

A ▶

按效果付费（Pay for Performance，PFP）

按效果付费是指广告商根据广告产生的实际效果（如点击、销售、注册等）来支付广告费用。在PFP模式下，广告商可以根据不同的广告指标选择付费，如每次点击成本（Cost per Click，CPC）按照广告被点击的次数付费，每次行动成本（Cost per Action，CPA）按照用户完成特定目标行动（如购买、注册、下载等）的次数付费，每次销售成本（Cost per Sale，CPS）按照通过广告产生的销售交易次数付费。

按效果付费有效地解决了长期困扰广告客户的广告欺诈、广告浪费问题，为广告客户节约了大量的市场推广费用，提高了广告的投资回报率，可以更精确地控制广告预算，确保广告支出与实际效果相匹配。

C ▶

产品-市场匹配（Product Market Fit，PMF）

产品-市场匹配是指产品在迭代和市场不断变化的情况下产品和市场之间的匹配，通常有以下三种方式。

一是用更好的产品体验满足一个已有的市场。在这种情况下，这个市场已经被明确定义且存在，但是目前满足这个市场的产品的体验仍不够好，并且用户（无论他们是否觉察）在寻找额外功能或者更加便利的使用方式来解决他们的问题。

二是用一个产品满足一个已有但部分需求未被满足的市场。初创公司在这个市场中抓住了一个细分市场，直接推出产品并满足了这个细分市场用户的需求。

三是用一个产品创造出一个新的市场。做这类产品无疑会遇到重重障碍，因为在产品诞生之前，用户不知道自己需要这种产品，因此需求是不存在的，市场也是不存在的。

衡量 To C 产品 PMF 的指标可以是次日留存用户数、新增日活数等，如 30% 的次日留存（对于新用户而言，在次日能够保留 30%），新增 DAU 超过 100 个（每日新增用户超过 100 个），达到 10 万用户量（整个产品的用户量达到 10 万个），每周使用天数超过 3 天（用户每周的访问天数超过 3 天）等。

衡量 To B 产品（SaaS 产品）PMF 的指标可以是付费转化率、月流失率等，如 5% 的付费转化率（有 5% 的用户进行付费），LTV/CAC>3（用户终身价值与用户获取成本的比值大于 3，可以判断该产品具有一定的发展潜力，模式容易被认可）；月流失率低于 2%（每个月流失的企业用户低于 2%），月毛利达到 10 万元（每个月的收入毛利达到 10 万元）等。

长尾流量（Long-Tail Traffic）

长尾流量是指在网络上相对于热门、热点内容的大规模流量，存在大量分散的、低频的、长尾的流量。这些长尾流量通常来自各种小众、特定兴趣或者细分领域的用户，由一个分布较广但各自规模相对较小的流量组成。长尾流量的特点包括低频、分散、多样性和个性化。

程序化广告（Programmatic Advertising）

程序化广告是指利用技术手段进行广告交易和管理。广告主可以程序化采购媒体资源，并利用算法和技术自动实现目标受众的精准定向，只把广告投放给对的人。媒体可以程序化售卖跨媒体、跨终端（电脑、手机、平板、互联网电视等）的媒体资源，并利用技术实现广告流量的分级，进行差异化定价（如一线城市的价格高于二三线城市、黄金时段的价格高于其他时间段的价格）。因此，程序化广告可以定义为：以人为本的精准广告定向，媒体资源的自动化、数字化售卖与采购。

垂类（Vertical Category）

垂类是指垂直领域，互联网行业术语，为限定群体提供特定服务。垂类运营是指企业专注于某一个特定的市场细分领域，通过深入了解目标用户需求，提供专业化的产品和服务，以达到更高的用户满意度和市场份额的一种运营模式。

【相关案例】

聚焦滑雪领域的迪桑特

1935年，著名日本企业家石本他家男在大阪创立了一家运动男装的公司。20年后，石本注意到滑雪运动的流行趋势，便邀请了西村一良（日本首位专业滑雪运动员）出任品牌顾问，开始研发专业滑雪装备，并将公司改名为迪桑特（Descente）。"Descente"一词源于法语，是滑雪运动中滑降的意思，同时迪桑特的标志性符号也是向下的三个箭头，分别代表直线滑降、斜滑降和横滑降三种双板滑雪的基本技术。

作为一个诞生于1935年的高端专业运动品牌，迪桑特在滑雪领域奠定了权威地位。迪桑特在滑雪这个事情上"做深""做精"的专一精神在运动行业也是极为罕见的。迪桑特发挥精耕滑雪领域多年的优势，利用明星效应与达人口碑种草，通过权威测评力证、深度绑定滑雪穿搭场景等内容，突出了专业功能性与美观度兼备的卖点。

2016年，迪桑特被安踏集团收购。安踏收购迪桑特后，目标相当明确，就是要做高端、专业的运动品牌，其先从滑雪专业切入。安踏将首批门店设在冰雪运动氛围浓厚的东北市场，市场反应出乎意料的好。根据安踏体育的数据，2022年9月至2023年8月，迪桑特月活跃会员超80万，同比增长35%，人均消费金额超5000元。

D

第一方数据（1st Party Data）

第一方数据也被称为广告主自有数据，指的是在广告主自有平台上生产的对于广告主自身可控的数据，包括已经购买商品的用户数据、参加会员体系（不一定是已经购买商品的用户）的会员数据、在线下门店通过技术收集的数据，以及在企业业务运营过程中产生的数据。

第二方数据（2nd Party Data）

第二方数据指的是发生在外部平台，但所有权是广告主的数据。通过外部平台的用户隐私协议，广告主可以合规地收集到消费者的清单级数据。

第三方数据（3rd Party Data）

第三方数据是指从外部购买的数据。相反，用户可以从大型数据整合者那里购买，这些数据整合者从各种平台和网站提取数据下载，向发布者和其他数据所有者支付第一方数据的费用。然后，整合者将其收集到一个大型数据集中，并将其作为第三方数据出售。许多公司都销售这类数据，消费者可以通过不同的途径访问这些数据。

多触点归因（Multi-Touchpoints Attribution，MTA）

多触点归因是一种营销测量方法，它将客户旅程中的多个在线和离线触点考虑在内，然后根据每个企业的不同逻辑评估各触点对最终用户转化的贡献和价值。

线下接触点包括电视（不包括智能电视）、广播、印刷品（如广告牌、优惠券和直邮）等。在线接触点分为付费媒体、自有媒体和数字媒体等，其中付费媒体包括搜索、展示、社交等，而自有媒体是指网站、电子邮件、演示、博客等内容营销及品牌的社交媒体账户。

多触点归因模型利用数据分析和统计建模技术，结合用户行为数据和触点数据，可以追踪和记录用户在整个营销路径中的多个接触点，并量化每个接触点对转化行为的影响。这样可以更准确地评估不同营销渠道、广告媒体或营销活动的贡献度，帮助企业优化资源配置、制定更有效的市场营销策略。

在多触点归因中，触点的权重可以相同，也可以按比例加权，具体取决于所使用的模型。相较于单一触点，多触点的视角更全面，能够涵盖整个销售漏斗，深入洞察用户。

F

访客的人数统计（Visitor Demographics）

访客的人数统计可以通过多种方式收集，如问卷调查、在线表单、社交媒体分析、网站分析工具等。对于不同的产品或服务可能需要关注不同的人口统计指标，如年龄、性别、收入等。通过访客的人数统计，营销人员可以了解访客来自什么区域、哪个国家，基于此为这些访客推送专属的内容，从而提高用户留存率。

分销涟漪效应（Distribution Ripple Effect）

分销业务的本质是商家的社会关系链通过利益连接数字化并裂变放大，这个裂变放大的模型很像涟漪。涟漪的大小源于商家的社会资源整合能力。商家的分销是从内到外、从轻到重、由远及近的一个过程。分销可以影响内部的员工，进而不断往外扩散，往外圈寻找更多的机会点，如寻找老客户。而越往外，商家的掌控力、影响力越弱。

因此在涟漪内圈，企业应该把重点放在全员上线、培训赋能上。内部分销员的产出通常是外圈的 1.5～2 倍，主要是因为外圈需要通过提高分享的意愿和裂变的系数，去覆盖更广泛的消费者群体，从中找到传播的关键意见消费者（KOC）。

G

个人验证信息（Personality Identifiable Information，PII）

个人验证信息是有关个人的所有数据，这些数据能帮助识别这个人，如姓名、指纹或其他生物特征资料、电子邮件、电话号码等。必须根据规则和法规收集、存储和销毁个人身份数据。

公海池（Public Sea Pool）

公海池是客户关系管理中的概念，也是客户关系管理系统中的一个特殊区域，可以理解为一个共享的客户资源池，用于存储未被分配给具体销售人员的潜在客户、线索或机会，即这些客户、线索或机会可能是通过市场活动、网络营销等途径获得的，但尚未被具体的销售团队或个人发现。公海池是一个集中管理的区域，为企业提供了一个清晰的客户库，以便更好地利用潜在的业务机会，通过公海池收集的大量数据可以为企业提供一定的参考，有助于管理层做出更加明智的决策。

公域流量（Public Traffic）

公域流量是指初次主动或被动参与开放平台内容曝光中的流量。常见的公域流量可分为四大类型：电商生活平台（如淘宝、京东、美团等）、信息平台（如今日头条、百家号等）、社群平台（如微博、知乎等）、短视频平台（如抖音、快手等）。对于企业而言，公域流量的来源除了用户随机访问进入，最主要的是流量购买，即付费发布广告和特定信息吸引流量；通过一定的购买机制，平台使用算法推荐帮助企业引流，如淘宝直通车、微博推广信息弹窗、抖音开屏广告等。

关键词排名（Keyword Ranking）

关键词排名是指一个网站或网页在搜索引擎中针对某个关键词的排序位置。关键词排名是一个常用的指标，可以衡量人们对某些事物的搜索热度和关注点。关键词排名的位置，就是体现定位，让人能够准确地知道在现行营销活动中该字段是否有效。

【相关案例】

新网站如何优化关键词排名

新网站所面临的最大问题就是没有流量、没有访问者，而且很难做好关键词排名，关键词排名对自然流量有重要的作用，所以网页间关键词排名的竞争十分激烈，几乎所有的营销人员都在为关键词优化而努力。

Tye 是一款可以帮助用户进行个性化设计电子邮件营销方式和高效管理潜在客户的数字营销工具。Tye 团队为这款产品创建了一个网站——Tye.co，试图通过这个网站为该产品带来流量和用户。在没有建立任何反向链接的情况下，在短短一周内该网站就有一篇文章被搜索引擎收录，排在了关键词"B2B 电子邮件营销"的首位。

由于 Tye 是一款新产品，所以用电子邮件调研就不太现实和有效，Tye 团队只能通过更为直接的方式搜集数据——通过采访的形式深入了解用户的基本信息、需求及上网习惯（如喜欢用哪些软件、时长和频率是多少等），依据采访确定了比较详细且精准的用户画像。

虽然 Tye 是供营销人员使用的一个营销类工具，一般而言，技术"小白"也可以轻松运用，但用户也需要对数据库管理和电子邮件营销的技术有一定的了解。因此，在宣传 Tye 这款产品时，就需要以易于理解的形式编写广告词。为了做到这一点，Tye

的营销人员采访了很多技术专家（有些是 Tye 团队内部的技术研发人员，有些是团队外部的专家），邀请了各行各业的用户使用他们的产品并进行采访，收集他们的使用反馈，并最终撰写了《2021 年 6 种实测有效的 B2B 电子邮件营销策略》一文，从用户的实际使用体验出发，总结出一套专属于他们的产品宣传攻略。Morning Brew 是个免费的财经、金融、科技类新闻媒体，每天会为其订阅用户发送一条电子邮件早报。《2021 年 6 种实测有效的 B2B 电子邮件营销策略》一文被 Morning Brew 抓取并得到了推荐，当天 Tye 的网站就产生了 1.6 万次访问。

资料来源：领动 Leadong 公众号。

关键绩效指标（Key Performance Indicator，KPI）

关键绩效指标是通过对组织内部流程输入端、输出端的关键参数进行设置、取样、计算、分析，衡量流程绩效的一种目标式量化管理指标，是把企业的战略目标分解为若干可操作的工作目标的工具，是企业绩效管理的基础。不同的商业目标和业务所对应的 KPI 不同。

关键商业需求（Key Business Requirement，KBR）

关键商业需求是一个企业最关键的商业目标。KBR 决定了一个企业的其他目标，以及针对这些目标选用什么样的指标或 KPI。

关键意见领袖（Key Opinion Leader，KOL）

关键意见领袖通常被定义为拥有更多、更准确的产品信息，且为相关群体所接受或信任，并对该群体的购买行为有较大影响的人。

关键意见消费者（Key Opinion Consumer，KOC）

关键意见消费者一般是指能影响自己的朋友、粉丝，产生消费行为的消费者。相比于 KOL，KOC 的粉丝更少，影响力更小。如果将 KOL、KOC、普通用户看成一个金字塔的话，那么 KOL 绝对处于头部，KOC 处于腰部，普通用户则位于底部。图 4-1 为 KOL、KOC 与普通用户的影响力。

```
         KOL
        /   \
       /     \
      /  KOC  \         影
     /         \        响
    /           \       力
   /   普通用户   \      ↓
  /_____\
```

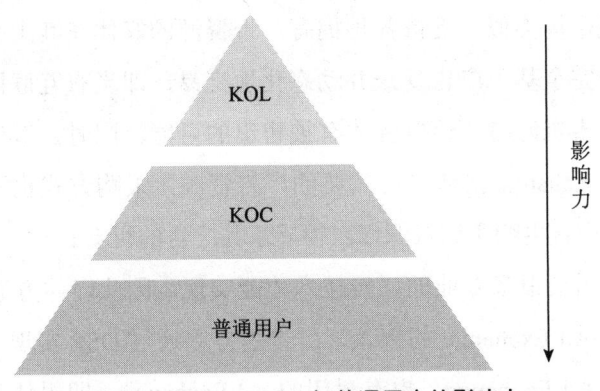

图 4-1　KOL、KOC 与普通用户的影响力

归因分析（Attribution Analysis）

归因分析提供了一种直观的度量——转化贡献度，主要用于衡量和评估站内的用户触点对总体转化目标实现（如订单总金额）所做出的贡献，可以非常直接地量化每个运营位和触点的转化效果和价值贡献，其中触点是指用户与产品进行交互的接触点。在用户转化路径上，站内的众多触点都参与了对用户的劝说和引导，影响了用户的最终决策。那么，对比各用户触点而言，是指它们为关键指标的达成分别贡献了多大力量，是否如运营人员所预期的那样具有较高的转化能力；如果存在被低估的情况，在之后的运营中应如何调整对运营资源投入的权重分配。常见的归因分析模型有以下五种。

（1）首次触点归因：将转化功劳 100% 归于首次互动的待归因事件。

（2）末次触点归因：将转化功劳 100% 归于末次互动的待归因事件。

（3）线性归因：将转化功劳平均分配给转化路径上的所有待归因事件。

（4）位置归因：按待归因事件在转化路径上的位置分配转化功劳，一般首次互动和末次互动的事件各占 40%，中间触点事件均分剩余的 20%。

（5）时间衰减归因：按待归因事件发生的时间顺序，分配转化功劳，距离目标事件发生时间越近的待归因事件做出的贡献越大，分配到的功劳越多。

H ▶

互联网广告交易平台（Ad Exchange，ADX）

互联网广告交易平台联系着买方平台（Demand-Side Platform，DSP）和卖方平台（Sell-Side Platform，SSP），通过接入 SSP 汇集大量媒体流量，从而收集处理属于广告目标客户的数据，是实现精准营销的交易场所。Ad Exchange 一般是开放的，与金融投资的股票二级市场类似，支持各种拥有广告资源的媒体在其上交易自己的广告资源，通常这些资源完全基于广告受众并动态化地交易，即当有互联网用户（受众）的终端展现了这些广告资源时，该资源才有被售出的可能。同时，有广告位需求的广告主也可以进入 Ad Exchange 采购自己需要的广告资源，采购方式也同样是当广告资源上有受众出现时，广告主购买该资源以获得展示其广告的机会。

由于这一过程需要很多专业的广告技术才能实现，因此媒体方通常通过 SSP 来实现自己广告资源与 Ad Exchange 的接入，广告主方则通过 DSP 实现与 Ad Exchange 的接入。除了开放的 Ad Exchange，也有封闭的 Ad Exchange，即媒体基于自己的广告资源建立的广告交换网络，一般没有或者只有很少的来自其他媒体的广告资源，因此它并不是真正意义上的 Ad Exchange，尽管它对几乎所有的广告主开放。

会话（Session）

会话是指在指定的时间段内在网站、小程序、App 等发生的一系列用户行为的集合。例如，一次会话可以包含多个页面浏览、交互事件等。会话是具备时间属性的，根据不同的切割规则，可以生成不同长度的会话。会话的工作原理是：当用户第一次访问一个网站或应用程序时，服务器会为该用户创建一个唯一的标识符（Session ID），并将其发送给客户端。客户端可以将 Session ID 保存在 Cookie（小型文本文件）中，或者通过 URL 参数传递。当用户再次访问该网站或应用程序时，客户端会将 Session ID 发送给服务器，服务器根据 Session ID 找到对应的会话数据，并根据用户的请求进行处理。

J ▶

基础设施即服务（Infrastructure-as-a-Service, IaaS）

基础设施即服务提供给消费者的服务是对所有计算基础设施的利用，包括处理 CPU、内存、存储、网络和其他基本的计算资源，用户能够部署和运行任意软件，包括操作系统和应用程序。消费者不能管理或控制任何云计算基础设施，但能控制操作系统的选择、存储空间、部署的应用，也有可能获得有限制的网络组件（如路由器、防火墙、负载均衡器等）的控制。

集客营销（Inbound Marketing, IM）

集客营销是一套完整的全渠道数字营销方法体系，通过各种不同的渠道，做到分众且精准的网络营销。利用付费方式或投入人力、时间的媒体应加强信息的传播，得到更多免费的传播机会，并且加强数字资产的优化以及关键字的锁定，确保每则广告及信息的传播都能导入目标到达网站，同时做好搜索引擎优化（SEO）、搜索媒体优化（SMO）、用户体验优化（UEO）的全网站优化。

集客营销的核心在于通过创建符合客户兴趣和需求的优质内容，吸引客户主动参与并与品牌互动，而不是简单地通过传统的广告形式向客户推送信息。这种营销方式强调的是用户体验和对客户价值的关注，而不仅仅是对销售产品的直接诉求。集客营销不仅限于数字营销，还包括在内容营销、电子邮件营销、社交媒体营销等多个领域的结合运用。

井字标签（Hashtag）

井字标签，又称"话题标签"，是指在能够进行社交互动的应用中，如微博、小红书、推特（Twitter）等，以"#"符号开头的关键词或短语，如"# 某品牌发布会""# 美食"等。

在内容中使用标签可以将其与相关话题或事件关联起来，通过点击标签，用户可以查看与该标签相关的所有内容，从而增加了曝光机会。创建独特的标签与品牌或产品相关，并在内容中使用。鼓励用户利用这个标签产生互动，分享他们的体验或意见，了解用户对品牌或产品的认知，从而增加品牌曝光率，建立用户群体。

K ▶

KFS产品种草组合

小红书灵感营销携手引力传媒联合发布了《让灵感乘风而行——小红书「KFS 内容营销组合策略」解读报告》。KFS 内容营销组合策略融合了消费者路径与小红书灵感营销产品，形成了"内容+"的协同效应，让品牌方从用户需求出发，以资产经营为始终。

K（Kol）：借助数据洞察，先选品，再定营销场景，最后找对人，找到产品的翻译官，让种草深入人心。

F（Feeds）：精准触达人群，发挥规模放大效应，提升经营效率，帮助品牌降本增效。

S（Search）：守住搜索需求，以用户行为为牵引，指导内容策略、投放策略，触发用户购买意向。

客户体验管理（Customer Experience Management，CEM）

客户体验管理是以客户为中心、以数据为基础，对客户体验［包括品牌体验（BX）、产品体验（PX）、服务体验（SX）和员工体验（EX）］的全面洞察和管理。其核心是关注每一位客户，在客户每一段旅程中的每一关键时刻（MOT）的体验管理，以提高客户整体体验为出发点，注重与客户的每一次接触，通过协调整合售前、售中和售后等各个阶段，各种客户接触点，或接触渠道，有目的地或无缝隙地为客户传递目标信息，创造匹配品牌承诺的正面感觉，以实现良性互动，进而创造具有差异化的客户体验，提高客户的忠诚度，强化感知价值，从而提高企业收入与资产价值。

【相关案例】

细致入微的客户体验管理

不管电商势头多么凶猛，竞争多么激烈，胖东来在许昌的地位始终固若磐石。有媒体分析称，胖东来超市成功的背后反映出一种新的购物趋势——在商品之外，情绪价值正被纳入主导消费的重要考量因素。

商品不喜欢可无条件退货，电影放映结束前20分钟可无条件退票，雨天会主动为顾客的电瓶车或自行车套防水布，超市内有免费的充电宝、直饮水、一次性杯子，宠物寄存，便利整洁的母婴室，楼层电梯出入口有专职服务人员搀扶老人和孩子，等等。

胖东来的细节之处也值得注意，例如，担心年长的消费者看不清楚货签，特意在货架旁摆放了放大镜；提供7种类型的购物车，以满足不同人群的需求；担心顾客因手部干燥而搓不开购物袋，因此配备了湿手器；在女生洗手间的镜子下，装饰盆景、香薰、抽纸巾、皮筋、洗手液、梳子、棉签、护手霜、橄榄油从左到右摆放着。处理海鲜的师傅不只处理食材，还保持台面和地面的清洁，并推荐烹调方式。在商品复位上，胖东来的工作人员总会第一时间把货物补齐，把混乱的货物归位。胖东来的员工知无不答。问路、指路、提需求，准确回应；甚至打听工资，都大大方方地回应。在打包处理方面，胖东来每列自助结账处的终端都会有两名工作人员负责分类打包。

为了向客户提供更加专业的服务，胖东来为超市部、服饰部、电器部、餐饮部等部门的上百个岗位制定了详细的操作手册及视频。例如，一份小家电操作手册，胖东来会用62页的篇幅对卫生标准、服务流程、销售管理等进行详细说明，使整个过程规范化。

胖东来对客户进行体验反馈的途径从一开始的面对面访谈、留言板、客户满意度走访调查到互联网时代更高效便捷的NPS（净推荐值）调研、满意度调查、基于人工智能的自然语言处理技术的电话访谈等技术，对客户体验从精确度量到及时优化。

资料来源：实探胖东来[N].中国经济周刊，2024-07-16.

L▶

流量来源（Traffic Source）

流量来源是指网站或应用访问者来自哪里，以及这些用户是如何进入网站或应用的，如自然搜索、推荐、社交媒体、付费广告等。

从流量来源能够看到网站的健康状况和增长潜力，了解最有价值的客户来源，营销人员需要持续关注并扩大流量来源。

六次互动理论

六次互动理论是指在用户消费旅程上找出六个最重要的时刻，设计与用户互动的内容和方式。

M▶

模型即服务（Model-as-a-Service，MaaS）

模型即服务是指以云计算为基础，将大模型作为一项服务提供给用户使用的新业态。各家头部云厂商把模型作为重要的生产元素，依托于既有的IaaS设施与PaaS平台架构，为下游客户提供以大模型为核心的数据处理、特征工程、模型训练、模型调优、推理部署等服务。

P▶

品牌资产（Brand Equity）

财务核算视角：成本法、收益法、市场价格法、股票市值法和溢价法。

市场角度：品牌资产＝品牌收益×品牌强度。品牌收益反映品牌近几年的获利能力（品牌资产评估公司Interbrand分两步评估品牌资产，即先确定品牌收益和现金流，再根据品牌强度确定折现率)。

品牌强度决定品牌未来的现金流入的能力,最大值为20。Interbrand主要从市场领先性、稳定性、市场特征(行业增长能力等)、国际化能力、发展趋势(与消费者的相关性)、品牌支持、法律保障七个方面确定品牌的强度。依据以上因素收集数据分析品牌各因子表现的得分,综合得到品牌价值。同时,可以将Interbrand的品牌评估方法看作数据(品牌收益)与情感(品牌强度)相结合的算法。

(1) 品牌强度(Brand Strength)。即品牌在消费者心目中处于何种地位。品牌强度可以通过情感数据衡量,即随着时间的推移,由于多次互动,品牌在人们心目中获得的差异价值。可以通过消费者调查和一系列评估问题来了解消费者对品牌的相对偏好或品牌的受欢迎程度。

(2) 品牌知名度(Brand Awareness)。品牌知名度是目标客户、市场和主要利益相关者对品牌的了解程度,这是品牌资产的重要组成部分。由于品牌知名度是基于情感的指标,因此可以通过询问以下问题来衡量:①客户未来的购买意向;②客户现在和未来可能对当前品牌的认知;③目标客户的购买历史;④客户在日常对话中讨论品牌所花费的时间。

针对以上问题,可以通过四种途径来找到答案:①焦点小组、研究小组或客户品牌认知调查问卷;②门店客流量及销售数据(Sales Data);③品牌和产品的搜索量;④客户反馈,如通过社交媒体发文和评论的频次、内容。

(3) 品牌相关性(Brand Relevance)。这指的是客户满意度,当客户认为品牌能够为其提供独特价值时,客户满意度将随之提高。也正是因为品牌被认为更有价值、与目标市场的相关度更高、能够实现特定目的,品牌资产水平也随之提高。可以衡量的方法包括以下几种。①客户满意度(CSAT),帮助了解客户对公司品牌、产品、服务或体验的满意度。②净推荐值(NPS),也称口碑,是一种衡量某位客户可能会向他人推荐产品、服务或企业的指数。净推荐值(NPS)=(推荐者数量/总样本数)×100%-(贬损者数量/总样本数)×100%。通过净推荐值,能够分析顾客的忠诚度,可以了解客户与品牌情感联系的相关信息。③联合分析统计技术,是用以揭示关键的消费者决策过程及客户对品牌的重视程度。

平台即服务(Platform-as-a-Service,PaaS)

平台即服务是一种云计算模型,可为客户提供完整的云平台(硬件、软件和基础架构），用于开发、运行和管理应用程序，而无需应对构建和维护本地平台时通常会遇到的成本、复杂性和不灵活性。PaaS 提供商在其数据中心托管的所有内容，包括服务器、网络、存储、操作系统软件、数据库和开发工具。通常客户可以支付固定费用为指定数量的用户提供一定的资源，也可以选择"即用即付"定价方式仅为他们使用的资源付费。

平台即服务提供开发框架、分析商业智能等功能。开发人员可以在 PaaS 提供的框架的基础上开发或自定义基于云的应用程序，与创建 Excel 宏的方式类似，PaaS 让开发人员能够通过内置软件组件创建应用程序，包含可扩展性、高可用性和多租户功能等云功能，减少了开发人员必须完成的代码量。PaaS 中提供的工具服务使组织能够分析和挖掘其数据、得出的见解和模式并预测结果，从而更有利于预测、产品设计及其他业务。

R ▶

人工智能生成内容（AI-Generated Content，AIGC）

人工智能生成内容是指利用人工智能技术（生成式 AI 路径）来生成内容的新型内容生产方式。如阿里云推出的通义千问、百度推出的文心一言均属于自然语言生成 AI。

【相关案例】

AIGC 助力盒马进行创意设计

2023 年，盒马创意设计团队深入探索并积极应用了人工智能生成内容（AIGC）技术，提升设计能力，助力业务增长，改变组织生态。AIGC 技术已经成为盒马创意设计团队在工作中必不可少的利器，覆盖了很多的营销场景。

盒马创意设计团队深入探索了 AIGC 技术在营销创意设计领域中的应用，成功将 AIGC 融入盒马创意设计团队的设计工作中。这不仅优化了盒马创意设计团队的工作流程、提高了工作效率，更为创意营销带来了新的视角和可能性。作为专注于营销创意的设计团队，盒马创意设计团队实现了设计质量和生产效率的显著提升，推动了设计内容的品质升级和营销策略的深度创新。AI 技术的应用大大加快了设计速度，使盒马创意设计团队能够快速探索多种设计方案，并对其进行迭代优化，最终在最短的时间内实现了视觉效果最大化。

为了使AI技术在设计领域的应用价值最大化，盒马创意设计团队特别注重AI知识的积累和分享，形成了丰富的AI知识库沉淀，如AI使用文档、实践应用案例、团队知识共享。

对于盒马创意设计团队来说，构建和维护一个全面的AI工具库对于提升设计效率和创新能力至关重要。这个AI工具库涵盖了从图像生成、文案创作到动画制作等多个方面的工具，目的是为设计师提供一个广泛的资源池，使他们能够在日常的设计工作中快速挑选和应用合适的工具。通过不断更新和扩充AI工具库，盒马创意设计团队能够保持技术领先，同时促进设计师之间的知识分享和技能提升。这些工具不仅提升了设计效率，更为创造更具吸引力和创新性的营销内容奠定了坚实的基础。

为了提高设计效率并促进创意的持续创新，盒马创意设计团队还构建了一个专门的AI素材库。素材库主要收集和归纳了AI生成的素材图，包括但不限于图像、图标、背景及各种视觉元素，目的是为设计项目沉淀丰富的资源，同时也方便对这些素材的二次利用，提高团队的整体效率与产量。

资料来源：盒马设计。

日志分析（Log Analysis）

日志分析是一种最基本的网站访问量统计方法，它通过分析网站服务器上的访问日志文件来获取访问量数据，涉及对IT系统和技术基础设施生成的机器数据进行搜索、分析与可视化。在日志文件中，每次访问都会被记录下来，包括访问时间、访问者IP地址、访问的页面、访问来源等信息。通过日志分析，我们可以得到"导致我的应用程序出问题的原因是什么""是否有可疑的身份验证活动""此IP地址访问了哪些数据""我的用户对哪些内容或产品感兴趣""哪些功能最常或最少使用""哪个用户最活跃，为什么"等问题的答案。

入站链接（Inbound Link）

入站链接也称反向链接（Backlink）、进入链接（Incoming Link）或内链（Inlink），是指一个网站在其他网站上设有指向该网站链接的数量。这一指标衡量的是网站链接的广泛程度，有时也被当作搜索引擎优化的一项参考数据。一般而言，当网站获得了来自权威和相关的其他网站的入站链接时，搜索引擎会认为该网站更具价值和权威，网站在搜索结果中的排名也因此得到提高。

软件即服务（Software-as-a-Service，SaaS）

软件即服务，提供给客户的服务是运营商运行在云计算基础设施上的应用程序，用户可以在各种设备上通过客户端界面访问，如浏览器。消费者不需要管理或控制任何云计算基础设施，包括网络、服务器、操作系统、存储等，可以理解为开通账号密码就可以使用。

S ▶

社交媒体评估（Social Media Evaluation）

通常对社交媒体的评估分为不同阶段，各阶段有对应的评估指标。

（1）兴趣阶段。

品牌知名度：企业在所有社交媒体平台上获得的关注量。

粉丝增长率：一种衡量社交媒体用户粉丝数量增长的指标，计算公式为：（期末粉丝数 − 期初粉丝数）/ 期初粉丝数 ×100%。

内容触达率：自你的帖子上线以来看到它的人数，例如，如果你有1000个粉丝，每个人都会看三次你的帖子，那么你的触达率仍然只有1000。这个指标直接受时间（用户在线时长）和内容（用户喜欢的帖子类型）的影响。

点赞率：一个帖子获得的点赞数量与粉丝总数的关系。不同的社交平台产品的设计稍有差异，但大体而言，差不多都是喜欢、点赞等。

平均参与率：在报告期内与内容进行互动的所有用户的百分比，包括点赞、评论、转发等。计算公式为：平均参与率 = 某个帖子在一段时间内被点赞、评论和转发的数量 / 粉丝总数 ×100%。

病毒率：在报告期内分享你的帖子的人与看到该帖子的人数的比率。计算公式为：病毒率 = 分享量 / 浏览量 ×100%。

（2）转化阶段。

转化率：在点击帖子中的链接后，在页面上有后续操作的用户与页面总访客的比率。这些后续操作可以是下载内容、订阅、注册甚至购买等。计算公式为：转化率 = 转化率 / 总点击次数 ×100%。

点击率：受众在帖子中点击CTA（号召行动）链接的频率。计算帖子的总浏览量。计算公式为：点击率 = 点击次数 / 浏览次数 ×100%。

对话率：每个社交媒体帖子的评论数与粉丝总数之比。计算公式为：对话率 = 评论数/粉丝总数×100%。

（3）反馈阶段。

社交媒体评估反馈阶段的客户满意度（CSAT）、净推荐值（NPS）、客户费力度（CES）在前文已多次提及，在此不赘述。

实时竞价（Real Time Bidding，RTB）

实时竞价也可用公开竞价（Open Auction）表示，是需求方平台（DSP）、供应方平台（SSP）、广告交易平台（Ad Exchange）等在网络广告投放中采用的主要售卖方式，指在极短的时间内通过对目标受众竞价的方式获得该次广告的展现，仅限于购买广告交易资源。通过实时出价，广告购买者会对展示进行出价，如果中标，则购买者的广告会立即显示在发布商的网站上。无论是在PC端还是移动端均可以进行实时竞价。

实时竞价的流程开始于用户本身。当用户点击一个链接进入一个网站时，实时竞价就开始了。第一，用户到达一个网站时，在页面加载之前，网站的出版商会向供应方平台发送可用的广告尺寸。第二，供应方平台会查看用户的数据。这些数据来自用户的网络活动、兴趣等，有助于确定与用户相关的广告类型和内容。第三，需求方平台会对用户赋予一个价值，并根据这些信息对广告位进行竞价。这些发生在用户点击搜索结果和页面加载这段时间内。第四，供应方平台收到出价，并根据最高和最相关的出价选出获胜者。实时竞价的成本取决于其他出价和广告主的广告目标。

事件分析（Event Analysis）

事件是指用户在App、网站等应用程序上发生的事情，即何人、何时、何地，通过何种方式、做了什么事。事件分析模型主要用于分析用户在应用程序上的行为，如打开App、注册、登录、支付订单等，通过触发用户数、触发次数、访问时长等基础指标度量用户行为，同时也支持指标的运算。事件分析能解决以下问题：①监测每天使用产品的用户数、访问次数、使用时长，分析趋势是否发生了变化？引起变化的因素有哪些？②不同地区的用户，购买金额分布差异在哪里？③在网上发起了一个话题，各个时段用户的参与情况如何？④最近半年付费用户数和ARPU（平均每用户收入）值是多少？

数据打通（Data Onboarding）

数据打通是指离线数据（Offline Data）和在线数据（Online Data）的打通，即连接并管理线上线下不同数据。其中线下数据既包括离线数据，如零售商内部的用户购买记录，也包括互联网上的静态数据，如用户静态属性，以及与之相关联的用户 ID。线上数据主要是指消费者动态的行为数据，以及与之相关联的用户 ID，如用户的网购行为，社交平台上发布的帖子，或是访问商户网站等。数据打通的主要目的是用相关的营销信息吸引客户。公司还可以利用数据打通评估营销活动的效果或预测客户的购买趋势。数据全域打通的过程可以让受数据驱动的营销人员发挥在线活动的影响力。

私有交易市场（Private Marketplace，PMP）

私有交易市场是在程序化广告领域中的一个私下交易平台，其将传统广告中的私有交易方式与程序化广告工作方式相结合，与互联网广告交易平台（Ad Exchange）相对应。私有交易市场提供可选择的广告位，但与公开交易市场相比，私有交易市场中的交易存在溢价成本下的既定底价，有助于获得优质的广告资源及提高市场清晰度。私有交易市场明确了广告媒体方，并且只有被选中的广告主才能出价。私有交易市场存在三种交易模式：

（1）程序化直接购买（Programmatic Direct Buying，PDB）。这种方式其实就是一对一的购买方式。其与传统的广告采买方式区别不大，即广告主找媒体确定好最优的广告位置和价格，然后按照排期规定的时间进行广告投放。

（2）优先交易（Preferred Deal，PD）。该模式是对 PDB 剩余的广告位进行交易，能够确定广告位，但无法确保广告的展现量。

（3）私有竞价（Private Auction，PA）。这种方式是将较为优质的广告位置于半公开的市场中，达到要求和门槛的广告主才能进行竞价，最终价高者获胜。与优先交易一样，该模式的广告位可以确定，但广告展现量得不到保证。

私域流量（Private Traffic）

私域流量是指企业直接拥有的、可重复利用的、低成本的，甚至可以免费触达的用户及场域的私有流量，如个人公众号。私域流量的早期来源为"购买＋导入"，流量多因各平台 KOL/KOC 吸引而聚集，后基于信任在个人微信号、企业号等私人社交平台形成以信息传递方为中心的半封闭流量环。

消费者购买产品的主要因素取决于对私域流量持有方的信任程度，同时受熟人推荐、产品口碑、粉丝倾向的影响。成熟的私域流量池的应用能够帮助企业进一步细分市场，提高产品复购率，使私域流量池内的用户忠诚度更高、黏性更强。表 4-1 为私域流量与公域流量对比。

表 4-1　私域流量与公域流量对比

	流量来源	转化率	流量持有性	影响购买的因素	用户黏性和忠诚度	用户忠诚类型	用户流动性
私域流量	购买+导入	较高	长期存续	熟人推荐、KOL 或 KOC 粉丝效应、品牌口碑	高	品牌忠诚者、兴趣者	低
公域流量	随机访问+购买	低	一次性	产品质量、产品价格、广告效果、促销活动	低	品牌陌生者	高

资料来源：康彧. 私域流量：概念辨析、运营模式与运营策略 [J]. 现代商业，2020(23)：10-12.

搜索引擎营销（Search Engine Marketing，SEM）

作为区别于搜索引擎优化的另一种常见付费推广方式，搜索引擎营销是大多数 B2B 企业数字营销策略的必选项。随着移动互联网的快速发展，用户检索习惯发生了显著变化，尤其是在消费者集聚的社交平台，如微信、各类短视频平台、电商平台和小红书等。这些平台提供了丰富多样的搜索体验，而且它们的搜索结果更偏向于 B2C 用户。然而，对于 B2B 企业而言，搜索引擎仍然是目标用户主要依赖的检索工具。通过 SEM，企业可以针对特定的关键词和受众群体进行精准的广告投放，这不仅可以显著提高企业在搜索引擎中的曝光率和点击率，还可以在相对短的时间内实现品牌推广和知名度提升，进一步吸引潜在客户，创造更多的商业机会。

T ▶

讨论话题排行

讨论话题排行是指被讨论的话题在平台中的热度、讨论量等的排行。一般而言，如果话题进入热门话题排行榜，信息更能得到海量阅读及粉丝，名次越靠前，效果越好。

X ▶

线索质量标准评分

线索质量标准评分是指依据线索评分规则进行线索评分。依据评分的高低，评判出线索质量的高低。一般而言，对高质量的线索会持续跟进，对低质量的线索会进行再次培育或者直接丢弃。企业可以对线索创建评分规则。线索评分模型一般由业务维度、赋值两部分构成，如线索来源渠道、人员和企业规模、公司类型、所属行业等维度,结合赋值规则,计算线索得分,输出线索跟进优先顺序。线索评分的本质是对潜在客户的价值进行评估与分层,是通过多角度、多维度的综合分析,反映潜在客户为企业带来多少价值的客观评价。

消费者决策流程(Customer Decision Journey,CDJ)

消费者决策流程,尤其是指数字营销领域的消费者决策流程,其表示消费者在做出购买决定的过程中经历的一系列阶段,能够反映客户的需求、偏好等,通常包括初始考虑阶段、主动评估阶段、购买阶段及后购买阶段。消费者决策流程最早是由麦肯锡公司的戴维·埃德尔曼和马克·辛格提出的,以取代传统的销售漏斗模型。图 4-2 为数字消费者的决策旅程。

消费者决策流程难以定量化衡量,企业和营销人员通常会使用归因及多触点归因来描述部分消费者的决策流程,但全面、完整地呈现消费者决策流程还不太现实。

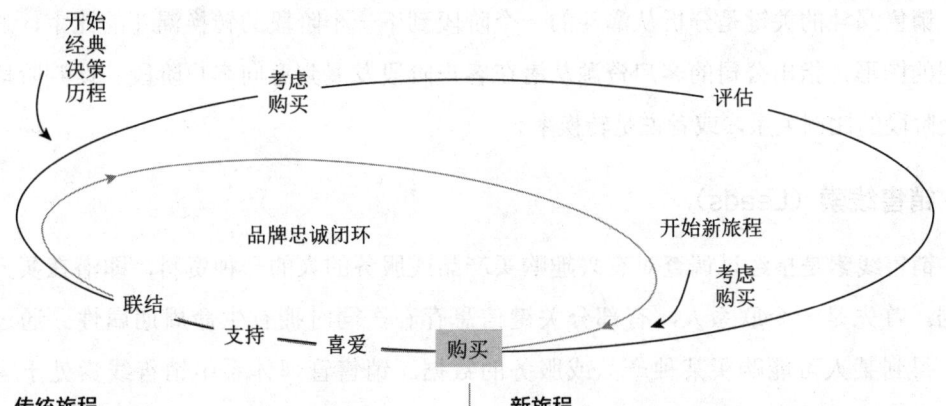

传统旅程
在传统旅程中,消费者在进入忠诚闭环或在再次考虑购买或评估前(可能会导致购买另一个品牌)会有很长时间的考虑或评估期

新旅程
新旅程压缩了"考虑购买"这一步,缩短甚至完全去掉评估环节,将用户直接带入忠诚闭环,并留住他们

图 4-2 数字消费者的决策旅程

资料来源:David Edelman,Marc Singer.The New Consumer Decision Journey[J].McKinsey & Company,2016(10):168.

销售合格线索(Sales-Qualified Leads,SQL)

销售合格线索,即销售团队认可的、视为潜在客户的线索,与 MQL(营销合格线索)相比,其更具成单的可能性,判断标准比 MQL 多了预算、项目周期及预计汇款金额。不同团队的 SQL 判定标准不一样,通常 SQL 代表销售可归结到自己的销售管道。

销售接受线索（Sales Accepted Leads，SAL）

销售接受线索是指符合特定标准（如客户评分标准）的营销合格线索（MQL），通常将销售接受的线索识别为"商机"，由营销团队传递给销售团队，销售团队将在预定的时间范围内对 SAL 采取下一阶段的行动，如更有针对性的培育活动、跟进销售进度、收集反馈信息等。

销售漏斗（Sales Funnel）

销售漏斗是反映销售机会（线索）的状态及销售效率的一个重要的销售管理模型，用于分析用户获取过程。

销售漏斗通常分为五个阶段：意识（Awareness）、兴趣（Interest）、考虑（Consideration）、偏好（Preference）和购买（Purchase）。从测量的角度来看，其可以映射到各种销售和营销渠道，从社交媒体、网络访问到邮件列表和销售联系人。

销售漏斗的关键是分析从漏斗的一个阶段到下一个阶段的转换漏斗的比率，通过直观的图形，指出公司的客户资源从潜在客户阶段发展到意向客户阶段、谈判阶段和成交阶段的比例关系，或者说是转换率。

销售线索（Leads）

销售线索是指经过调查对有兴趣购买产品或服务的人的一种资料，即潜在买方的数据。首先是一个联系人，有部分关键信息存在，同时拥有生命周期属性。通过交流，得到某人可能购买某种产品或服务的数据。销售管理体系中销售线索处于客户产生机会的最前端，是销售流程的第一阶段，一般由线上获客、市场活动、电话咨询等多种方式获得。销售线索是最简单的客户资料，通常只有一个电话号码，质量相对较低。例如，官网注册体验的 Demo（产品演示版本），通常被称为销售线索。此后，销售人员通过持续跟进和促进线索延伸来产生销售线索，处于成熟阶段后将销售线索转换为销售机会，并通过在公司正式立项，销售人员将销售机会进行漏斗式管理和推进，经过几个阶段的谈判、商务、产品和技术沟通，最终与客户达成协议，并正式签订合同。根据不同阶段的特征，线索又分为跟进中线索、已转化线索、已关闭线索等。

销售线索培育（Lead Nurturing）

销售线索培育是指和现阶段没有进行产品购买的客户建立良好关系，并在未来将其发展成为理想客户的过程，即培养还未有购买意向的销售线索。线索培育的目的在于对潜在客户进行市场教育，使其对公司或产品有一定的了解，逐步建立信任，并使客户在产生购买产品的想法时有可能选择自己的公司或产品。

信息流广告（News Feed Ad）

信息流广告是在社交媒体用户的好友动态或资讯媒体和视听媒体内容流中的广告，常见于掌上百度的信息流，以及百度搜索主页搜索框下方的信息流。

营销合格线索（Marketing-Qualified Lead，MQL）

营销合格线索是指市场团队认可的线索。这些线索一般具有潜在需求，比较容易转化成客户资源。不同团队对 MQL 的判定标准也不一样，通常 MQL 具备一定的质量度，是能够转给销售的线索。

营销接受线索（Marketing Accepted Lead，MAL）

营销接受线索是指通过对客户线索数据分析出与产品和服务有关联的潜在客户。若该客户具备支付产品或服务的实力，那么就判定其处于线索的中级阶段。

线索培育中已定义阶段的销售和营销漏斗示例如图 4-3 所示。

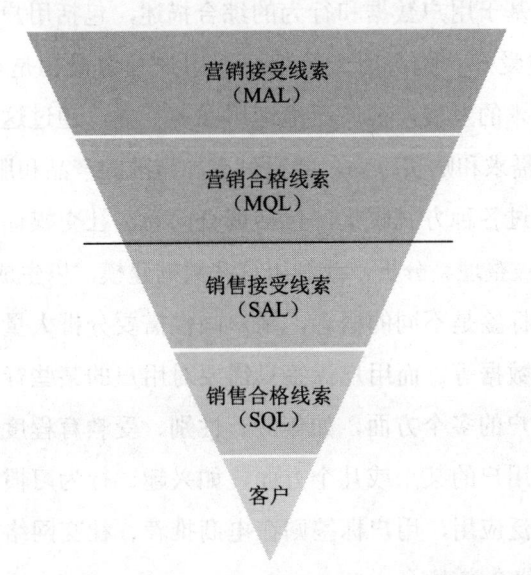

图 4-3　线索培育中已定义阶段的销售和营销漏斗示例

资料来源：珍妮特·德里斯科尔·米勒，朱莉娅·林. 量化营销：决胜数据分析时代 [M]. 谌飞龙，蓝金鑫，毛梦莹，译. 北京：中国广播影视出版社，2023.

用户标签（User Tag）

用户标签是指企业通过收集与分析消费者的社会属性、生活习惯、消费行为等主要信息的数据之后，完美地抽象出一个用户的商业全貌，并且通过可视化标签展示。常用的用户标签有以下四种。

（1）基础属性标签。基础属性标签是指用户的基本信息，如年龄、性别、地区、职业等。这类标签属于最基础、最常见的标签，通过对这些标签的分析，企业可以了解到不同人群的基本特征和喜好，为产品设计和市场定位提供依据。

（2）行为属性标签。行为属性标签是指用户在使用产品或服务时表现出的行为特征，如访问频率、浏览页面、购买记录等。这种标签能够反映用户的兴趣、需求及消费习惯等方面的信息，为企业提供更加精准的推荐和营销服务。

（3）偏好属性标签。偏好属性标签是指用户在特定领域或主题方面的偏好，如运动、旅游、美食等。这种标签能够反映用户的兴趣爱好和生活方式等方面信息，为企业提供更加个性化和差异化的营销服务。

（4）人格属性标签。人格属性标签是指用户的性格、价值观、心理特征等方面的信息。这种标签能够反映用户的个性和心理需求等方面的信息，为企业提供更加深入的用户画像和定制化的营销策略。

用户画像（User Persona）

用户画像是一个基于用户数据和行为的综合描述，包括用户的年龄、性别、受教育程度、职业、兴趣爱好、购买历史等信息。用户画像最初是在电商领域得到应用的，随着大数据等技术的发展，被广泛地运用在各行业。通过这些数据，营销人员可以更好地理解用户的需求和购买行为，并提供更加精准的产品和服务。

用户画像可以通过各种方式收集，包括调查问卷、社交媒体、网站分析和第三方数据。这些数据可以被整理、分析，或利用这些数据建模，以生成一个用户画像。

用户画像与用户标签是不同的概念，用户画像需要分析大量的用户数据，包括用户的个人信息、行为数据等，而用户标签只需要对用户的某些行为或属性进行分类。用户画像可以描述用户的多个方面，如年龄、性别、受教育程度、职业、收入等，而用户标签通常只描述用户的某个或几个方面，如兴趣、行为习惯等。用户画像通常在市场营销等领域被广泛应用，用户标签则在电商推荐、社交网络等领域更加常见。用户画像可以用标签的集合来表示。

用户行为路径（User Behavior Path）

网站或 App 等平台上用户的行为轨迹，如访问页面、点击按钮等行为都会被记录下来形成行为路径。通常能够用事件分析、漏斗分析和用户留存分析等模型分析用户行为。桑基图（Sankey Diagram）可以清晰明了地展现用户从一个页面（事件）到另一个页面（事件）的流量和比例。

用户旅程（Customer Journey）

用户旅程指访客从首次接触到产品、服务或品牌，到下载注册成为用户，在一定时间内使用产品功能或服务获得价值，再到最后卸载流失的过程，其实也是用户生命周期。表 4-2 为用户旅程各阶段的意义和相关指标。

表 4-2 用户旅程各阶段的意义和相关指标

	接触阶段	着陆阶段	转化阶段	召回阶段
意义	访客在与我们接触时要关注哪些数据	访客已经达到落地页后要关注哪些数据	访客使用产品后的体验	召回逐渐流失的用户
相关指标	曝光量	UV/PV（独立访客、网页访问量）	转化率	召回群发触达率
	点击量	跳出率	按钮点击次数	触达点击率
	曝光点击率（CTR）	平均停留时间	图片点击次数	目标行为点击量
	不同渠道的点击量	CTA（号召行动）按钮点击次数	表单字段填写次数	优惠券使用率
	不同渠道的花费	点击位置热图	表单填写次数	
		浏览深度线	播放次数	

用户生成内容（User Generated Content，UGC）

用户生成内容是指用户将自己原创的内容通过互联网平台进行展示或者提供给其他用户，这些平台包括视频分享平台、照片分享平台、知识分享平台等，也可用 User Created Content（UCC）表示。UGC 不同于由专业机构或个人制作的内容，其是由普通用户基于个人经验、兴趣爱好对特定主题的创作和分享，因此通常具有真实性、情感性和个性化的特点，但也可能存在错误、虚假和片面的内容。在社交媒体营销、内容营销、口碑营销等现代营销策略方面，UGC 起到了提升品牌曝光度、用户参与度等作用。

用户行为路径分析（User Path Analysis）

用户行为路径是指网站或 App 等平台上用户的行为轨迹，如访问页面、点击按钮等行为都会被记录下来形成行为路径。用户行为路径分析是一种监测用户流向，从而统计产品使用深度的分析方法。它主要根据每位用户在 App 或网站中的点击行为，分析用户在 App 或网站中各个模块的流转规律与特点，挖掘用户的访问或点击模式。如用户从登录购物软件到支付成功，要经过首页浏览、搜索商品、加入购物车、提交订单、支付订单等过程。通过用户行为路径分析能够使用户画像可视化，对用户的行为习惯进行概括，进而优化产品或改进服务等。

Z ▶

增长黑客（Growth Hacker）

互联网创业者增长黑客之父肖恩·埃利斯（Sean Ellis）于 2010 年创造了增长黑客这一概念。增长黑客是指介于技术和市场之间的新型团队角色，主要依靠技术和数据实现各种营销目标，而非传统意义上靠砸钱获取用户。增长黑客从单线思维者时常忽略的角度和难以企及的高度通盘考虑影响产品发展的因素，提出基于产品本身的改造和开发策略，以切实的依据、低廉的成本、可控的风险达到用户增长、活跃度上升、收入额增加等商业目的。简单来说，就是通过低成本甚至零成本技术让产品的销量获得有效增长。

战略客户价值管理（Synchronizing Customer Value Management，SCVM）

战略客户价值管理，又称贯穿式顾客价值管理，是一种旨在提高客户价值的战略。SCVM 模型包括以下五个要素。

（1）客户识别：确定目标客户群体。
（2）客户价值评估：评估客户的潜在价值和盈利能力。
（3）客户需求分析：了解客户的需求、期望和偏好。
（4）客户满意度提升：通过满足客户需求，提高客户满意度和忠诚度。
（5）客户价值管理：系统地管理客户关系，提升客户价值。

统一用户识别（ID Mapping）

统一用户识别是指将不同来源（如 PC、Pad、手机等）的身份标识通过数据手段识别为同一个主题。因为存在不同类型的设备，用户或者受众的数据分散在各种不同的系统中，因此，如果想要将同一个用户的数据整合在一起，则需要对该用户在各系统中的 ID 进行映射，即 ID Mapping。ID Mapping 技术可以将这些系统的 ID 标识映射为一个公共的 ID 标识，然后就可以利用这个公共的 ID 标识进行跨系统的交互、数据处理和操作控制。

职业生产内容（Occupationally Generated Content，OGC）

职业生产内容指通过具有一定知识和专业背景的行业人士生产内容，并且领取相应的报酬。生产主体主要是来自相关领域的职业人员（如部分新闻网站雇用的内容编辑），他们对内容产出严格把控，尽力满足用户对内容的需求，其创作行为属于职责义务，是履行人事契约的体现。

种子用户（Seed User）

种子用户是指创新推动者在初期要从人海中筛选出那些积极拥抱新鲜事物，对创新的感知收益更为认可，也愿意积极参与的用户。种子用户通常是品牌产品最核心的第一批用户，这类用户乐于反馈和分享产品给他们周围的人使用。例如，通过社群与种子用户进行沟通交流、挖掘需求，可以更好地传播品牌。种子用户模型如图 4-4 所示。

图 4-4 种子用户模型

资料来源：唐兴通. 种子用户方法论：让创新可掌控，让新产品风靡 [M]. 北京：机械工业出版社，2019.

专业生产内容（Professional-Generated Content，PGC）

PGC 是指专业生产内容、专家生产内容等，也可用 Professionally-Produced Content（PPC）表示，泛指内容个性化、视角多元化、传播民主化、社会关系虚拟化。

一般而言，相对于 UGC（用户生成内容），PGC 的专业性更强，以内容付费为主要盈利模式，需要快速、大量地推出新内容以激发用户购买，因此 PGC 平台的主要战略是打通内容制作环节，并为了提高用户黏性同步发展 UGC。相对于 PGC，UGC 的内容更个性化和生活化，本质是"贩卖流量"，需要使内容可持续吸引用户注意力。

总体页面索引（Total Number of Indexed Page）

总体页面索引是指一个网站或一个域名在搜索引擎中被收录的网页的总数。总体的索引数据可以给我们提供分析不同页面的索引数量占总体的比例，使我们能够有针对性地找出占比高与占比低的页面索引原因。一般来说，总体页面索引越多，说明一个网站或一个域名越受搜索引擎的青睐，也越有可能被用户搜索到和访问。

最高流量页面（Highest Trafficked Page）

最高流量页面是指在一定时间内接收到最多访问次数的网站页面。对最高流量页面进行分析，企业可以知道哪些页面是访问者最喜欢浏览的，体现用户对网站的兴趣和偏好，进而要保证这些页面可以引导用户产生转化，为企业带来有利价值。

最简化可实行产品（Minimum Viable Product，MVP）

最简化可实行产品是指搭建一个能基本满足需求的产品，去掉多余的细枝末节，只保留主要功能（能够满足核心需求）投入市场，基于用户反馈快速迭代，直到产品迭代或被打磨到一个相对稳定的状态。

和常规产品不同，最简化可实行产品更侧重于对未知市场的勘测，用最小的代价验证商业的可行性。先向市场推出极简的原型产品，然后在不断地试验和学习中，以最小的成本和有效的方式验证产品是否符合用户需求，灵活调整方向。如果产品不符合市场需求，最好能"快速地失败、廉价地失败"，而不要"昂贵地失败"。如果产品被用户认可，也应不断迭代升级、挖掘用户需求、迭代优化产品。最小化 = 降低试错成本，速度 > 完美，在过程中不断趋近完美。

▶ 案例分析

小手环如何改变游客的体验方式

2013年，华特迪士尼公司（以下简称迪士尼）在美国佛罗里达州的华特迪士尼世界度假区推出了第一代MagicBand（魔法手环），提供游客以穿戴式RFID手环装置进入园区、登记快速通关、将园区摄影师照片连接到个人Disney账户等服务。2022年，迪士尼推出了升级版MagicBand+，增加可变换颜色的LED灯光、触觉振动和手势识别等功能，为游客带来了更多的互动乐趣。

魔法手环收集到的群体层面和个体层面的顾客数据，为迪士尼提供越来越丰富的个性化服务奠定了真实的数据基础。以往迪士尼只能简单地计算各个项目的人流，现在则可以非常精确地记录并识别出用户画像，包括家庭最常乘坐的游乐设施、孩子及父母最喜欢的角色、花钱消费了哪些电视与电影商品，以及游客的兴趣点、消费习惯等，甚至可以通过手环中的传感器去度量消费者参与项目时的情绪起伏，一切都走向了量化之路。魔法手环推出以后，游客通过佩戴这个手环可以进入迪士尼的终端，全方位地进行游园体验。在整个游玩期间，消费者的行动轨道全部被手环记录下来，包括其主要体验的项目、消费的商品、等待的时长等。另外，迪士尼将魔法手环融入传统主题公园，集主题公园游玩、打开宾馆房门、园内消费、预订乘车等功能于一体，实现了主题公园数字化。

对于游客而言，魔法手环能够刺激游客在园内消费，而且提供了有关游客行为的宝贵数据：游客将在何时去哪儿？每条线路最吸引什么类型的人？不同的食品放在何处最畅销？魔法手环中还记录了游客的基本信息，可以让孩子们体验迪士尼卡通人物叫出自己名字的个性化问候，甚至收到来自电子卡通人物的生日祝福。整体而言，魔法手环在游客端解决了耗时又累人的买票、排队问题，同时提供了和园内设施进行独特互动的个人化体验；在园方端则提供了游客的资讯与动态，可使园方提供更加贴心的服务，如亲切地叫出游客姓名等，或是根据人流分布及时引导调节，提升游乐园的营运效率。

总之，迪士尼推出的魔法手环通过收集用户的生物信息、行为数据和设备数据等，分析用户的兴趣爱好和行为模式，从而为用户提供个性化的服务和体验。

思考题：

结合以上案例分析在数智时代下企业该如何运用数字手段剖析用户画像？

第五章
工 具 篇

> **学习目标**
>
> 1. 了解数据分析的技术、工具及其分类
> 2. 熟知量化营销技术和工具的设置和运作流程
> 3. 了解量化营销技术和工具的应用事件案例
> 4. 掌握量化营销技术和工具的实际运用流程

▶ 导入案例

巧用数据，创造热剧

Netflix，中文名为奈飞公司，创立于1997年，总部设在美国加利福尼亚州洛斯加托斯，是一家在线视频播放服务商。

2013年2月1日，改编自英国同名小说的《纸牌屋》(House of Cards) 首次在流媒体服务商Netflix网站上播出。这部政治题材的美国电视连续剧瞬间点燃了全球观众的热情，在当年艾美奖（美国电视艺术与科学学院主办的电视类奖项，是美国电视界的最高奖项）上，斩获三项大奖。2013年，Netflix全球付费订户净增了1100万，当年10月的股票价格突破300美元，创造了新高。2014年2月，《纸牌屋》第二季再次大获全胜，同时引发了业界对大数据浪潮的热议。

《纸牌屋》是一部反正义、反传统的政治美剧，主角是一名阴险狡诈、具有铁石心肠的老牌政客，他的妻子是一位毫不隐瞒野心的女强人。尽管是这样负面设定的角色，随着剧情的推进，观众却不由自主地喜欢上了这对标准的反派人物。除两位老戏骨（凯文·史派西和罗宾·怀特）精湛的演技外，这部剧对人性阴暗面的描写、扣人

心弦的精妙剧情、对资本主义政治制度的无情鞭笞，才是其最成功的原因。

《纸牌屋》的剧情正是其成功的关键。与公开调查"观众想让谁当主角""观众想让剧情怎么发展"的传统做法不同，Netflix 通过大数据悄无声息地分析观众画像。在对已有的大数据进行分析后，Netflix 发现了一个看上去似乎有点风马牛不相及的巧合：喜欢观看 BBC 版本《纸牌屋》的观众会经常观看著名导演大卫·芬奇拍的电影，同时，他们也是奥斯卡影帝凯文·史派西的忠实粉丝。从数据来看，这三个因素"无缝对接"，形成了一个共同的区域，《纸牌屋》的导演、主演就此决定。随后，为了邀请到"红火三要素"之一的凯文·史派西出演该剧，剧组又苦等了 10 个月，足见拍摄团队在选择导演和演员时对大数据分析结果的重视程度。正因如此，当观众点开《纸牌屋》这部新剧时，突然发现正是一部符合自己期待的电视剧，从而获得惊喜。

该剧成功的另一关键点在于其播放形式，传统美剧连载的播放方式是每周播放一集。然而，Netflix 根据大数据分析发现，其实很多用户不喜欢在固定时刻收看电视剧，每周只播一集的形式让人反感，严重时甚至会导致部分用户的流失。人们偏向于将已播出的剧集囤起来，以便在某个空闲时间一次性看几集或者一次性看完。因此，Netflix 再次"顺从"大数据的引导，选择一次性播放完整的 13 集《纸牌屋》。最终，Netflix 巧用数据，创造了热剧。

国内

51.La——网站统计工具

51.La 是一款网站统计工具，拥有数据引用、流量波动提醒、批量创建站点等功能，还具有实时访客智能监测、实时记录搜索引擎蜘蛛爬虫、全端页面阅读深度分析、热力图分析四大数据统计功能。

51.La 主要应用在 H5 营销推广、跨境电商服务、信息系统数据集成和 Web 数据统计等场景中。图 5-1 为访问趋势分析示例。

（1）H5 营销推广：实时监测访问流量，洞察分析用户行为，帮助使用者改善落地页，提高转化率，促进创收。此外，51.La 具备实时访客流量监测、可视化事件埋点、UTM（跟踪模块）渠道推广追踪的功能。

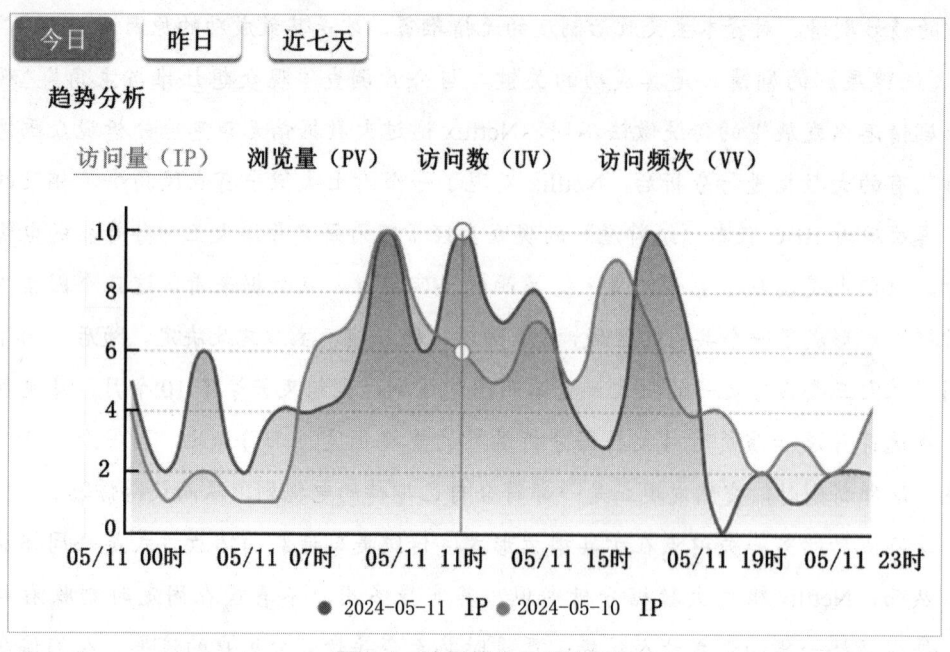

图 5-1 访问趋势分析示例

资料来源：51.La 官网。

（2）跨境电商服务：通过全球 IP 地理位置库，提供精准用户画像，洞察用户行为，多渠道追踪分析，提升业绩。

（3）信息系统数据集成：提供数据 API（应用程序编程）接口，通过快速对接客户系统进行数据分析。提供数据集成服务，无需自研统计即可集成数据分析能力。

（4）Web 数据统计：提供精准的数据统计，帮助站长实时分析访客情况，监测访客来源和热门页面，优化页面内容，提升网站流量。

A ▶

Apache Doris——分析型数据库

Apache Doris 是一款百度大数据团队自主研发的大规模并行处理（Massively Parallel Processing，MPP）数据库，支持高并发点查询和高吞吐量复杂分析。基于 Apache Doris，使用者可以构建用户行为分析、A/B 测试平台、日志分析、用户画像分析和电子商务订单分析等应用程序。同时，Apache Doris 可以满足多种数据分析需求，如固定历史报表、实时数据分析、交互式数据分析和探索式数据分析等。

AppGrowing——移动广告策略分析平台

AppGrowing 是米云旗下的全球移动广告策略分析平台，涵盖 24 个全球媒体渠道、50 个国家（或地区）的数据，为全球移动应用广告主提供精细化的广告创意分析和全方位的市场策略洞察，助力出海企业实现本地化营销。AppGrowing 具备智能估算广告的广告活跃度、曝光量、点击量和转化量等数据，深入分析 App 的广告投放趋势，掌握竞品投放情报，深挖品牌、店铺、商品多维度推广情报，洞悉品牌营销策略，全盘分析流量平台投放，了解行业投放动态等功能。App 推广排名示例如图 5-2 所示。

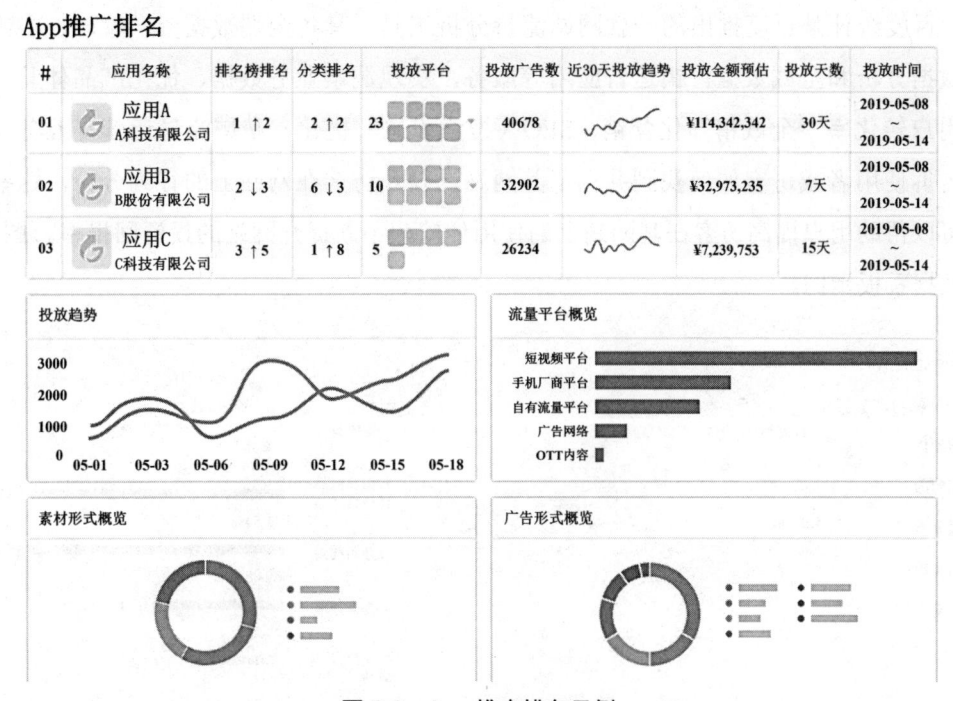

图 5-2 App 推广排名示例

资料来源：AppGrowing 官网。

AppGrowing 主要提供搜索热门视频素材、分析竞品投放策略、洞察流量平台趋势三大功能。

（1）查看全网广告创意，获取创意灵感：实时追踪国内 40 个流量平台在投广告创意，覆盖国内 80 多家主流媒体的广告投放信息，支持 38 个行业推广创意快速搜索，累计收录超 11 亿条广告创意，从爆量创意分析中获取灵感，提升广告创意制作、过审与起量效率。

（2）跟踪竞争对手投放动态，快速应变调整：提供 App、游戏、小程序、线索等不同推广排名，快速挖掘细分行业的竞争情况，洞悉竞品的广告投放节奏、渠道分布、素材方向、投放成本等情报，及时应变和科学优化自身的广告投放策略。

（3）洞察渠道推广趋势，降低测试成本：清晰呈现流量平台中不同行业的流量分布及广告创意，轻松掌握不同流量平台的大盘趋势，快速了解不同渠道的特性，降低渠道测试成本，提升广告投放的投资回报率。

B ▶

百度统计——网站流量分析工具

百度统计是百度推出的一款网站流量分析工具，具备全端数据资产管理、多维智能数据分析和全域数据营销运营应用等服务，实现洞察业务数据、优化产品体验、提升用户转化率、全域精细化营销、SEO（搜索引擎）优化、私域流量运营等业务，能够告诉使用者或访客如何找到并浏览其网站，以及访客在网站上的行为分析，这些信息可以帮助用户提高访客在其网站上的使用体验，不断提升网站的投资回报率。图5-3为数据看板示例。

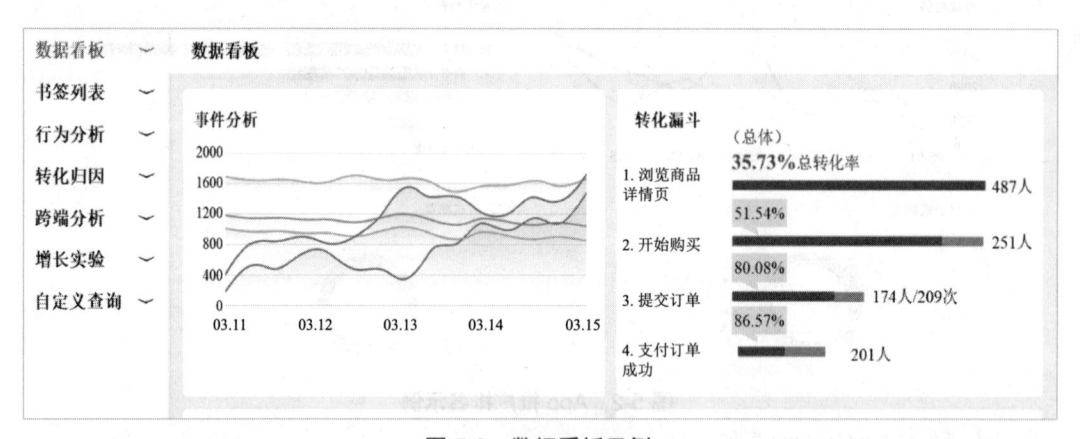

图5-3 数据看板示例

资料来源：百度统计。

百度统计提供的功能包括流量分析、来源分析、网站分析、转化分析等统计分析服务。

（1）流量分析：使用者可以通过百度统计查看一段时间内用户网站的流量变化趋势，及时了解一段时间内网民对使用者网站的关注情况及各种推广活动的效果。百度统计还能够针对不同的地域对用户网站的流量进行细分。

（2）来源分析：使用者可以通过百度统计了解各种来源类型给使用者网站带来的

流量情况，包括搜索引擎（精确到具体搜索引擎、具体关键词）、推介网站、直达等。通过来源分析，使用者可以及时了解到哪种类型的来源能给用户带来更多访客。

（3）网站分析：使用者可以通过百度统计查看访客对用户网站内各页面的访问情况，及时了解哪些页面最吸引访客、哪些页面最容易导致访客流失，从而帮助使用者更有针对性地提高网站质量。

（4）转化分析：使用者可以通过百度统计设置用户网站的转化目标页面，如留言成功页面等，然后使用者就可以及时了解到一段时间内的各种推广是否达到了用户的预期，从而帮助使用者有效地评估与提升网络营销投资回报率。

【相关案例】

长效转化分析赋能数字化营销

百度统计上线的长效转化分析报告功能可以让使用者一键查看从广告来源来的用户，以及在之后1天、7天、14天、30天内的回访、转化行为。

百度统计通过埋码获取到完整的用户数据，将推广来源与站内转化数据进行拼接，展现投放效果。此前，客户通过百度统计"事件分析"功能分析推广活动的即时转化情况。但事实上，广告投放的实际效果不仅限于当时的曝光、点击情况。广告对用户消费心智的影响是持续的，转化行为可能会延后发生：用户在上班的地铁上看到广告，匆匆收起手机涌入人流；可能在结束忙碌的一天回到家里，打开官网完成转化；可能通过一周的对比后决定还是选择您的产品。

如果仅仅分析即时转化，将大大低估渠道价值。百度统计上线的 T+N 长效转化分析报告，能够拼接用户的广告点击行为和广告点击后 N 天内在客户站内的行为，供使用者灵活分析广告投放带来的长效转化效果，同时提供更符合营销客户需求的推广分析，更客观地体现营销渠道价值。

以 3C 行业（计算机、通信和消费电子产品）为例，此类业务用户决策时间往往在 7~30 天，只看当下 Session（会话）的即时转化情况会大大低估广告效果。在活动中，有相当数量的用户看过广告的用户并没有立即下单，在经历了 7 天的决策周期后，再以自然流量访问回到其官网下单。从收益来看，7 天长效转化的售卖金额比即时转化有超过 500% 的提升，充分体现了广告对于用户心智的影响。

资料来源：百度统计。

C ▶

CBNDataBox 消费魔盒——数据分析工具

CBNDataBox 消费魔盒是一款由第一财经商业数据中心（CBNData）推出的消费大数据服务平台"CBNData 消费站"提供的聚焦 Martech 的企业增长工具箱，包含达人投放甄选、达人投放监测、明星营销决策、行业机会洞察、内容营销监测等，用于帮助品牌筛选带货红人与明星，对投放效果进行持续追踪。

此外，第一财经商业数据中心还推出了一款衡量品牌综合实力的可视化数据工具——品牌数集，能够基于 CBNData 沉淀的中国新消费品牌增长力评估模型与数据能力，从品牌赛道潜力、组织能力、经营能力、产品竞争力、营销能力、供应链能力、用户发展能力七个维度，系统地帮助投资人及品牌创始人衡量品牌综合实力、评估品牌风险、分析行业竞争格局及挖掘高增长潜力的新锐品牌，主要有以下功能。

（1）全面洞察品牌发展现状：展现品牌组织能力、经营能力、行业和品牌发展潜力、产品竞争能力、供应链管理能力、用户发展能力、营销能力等维度。

（2）品牌风险及变动提醒：支持对关注的品牌进行订阅，监测品牌舆情、经营、营销等多维度的风险变化。

（3）竞品分析：支持品牌间全方位数据对比与行业数据对比，全面洞察竞品与行业基准线。

CNZZ——网站统计分析平台

CNZZ 是中国最早的网络数据统计公司之一，也是国内最大的互联网数据服务提供商之一，专注于为互联网各类站点提供专业、权威、独立的第三方数据统计分析。CNZZ 拥有全球领先的互联网数据采集、统计和挖掘三大技术，专业从事互联网数据监测、统计分析的技术研究、产品开发和应用，以及第三方独立统计系统，包括 PV、IP、独立访客、来访次数、搜索关键词、地域分布、用户属性等 100 多项统计指标。可以使网站管理员一目了然地实时掌握网站的访问情况，及时调整页面内容、推广方式，并做出客观、公正的评测。

CNZZ 包含多项特色分析服务，可以提供用户体验、用户行为等领域的辅助分析，多角度的数据统计、对比，以及生成报表功能，便于网站管理员评估，并深入挖掘数据价值。

（1）网站概况：全局了解网站情况，支持自定义数据部件，让使用者迅速了解感兴趣的数据指标。

（2）流量分析：提供全站流量状况及历史比较功能，利用来源、受访升降榜、高级筛选、搜索等功能，及时从流量涨跌中发现问题；提供当前在线实时流量，监控最新网站流量详情。

（3）来源分析：提供搜索引擎及其子引擎、关键词、外链等引入流量的详细情况，记录网站流量来源，可按照来源的形式（如引擎、媒体）进行来源数据细分，让使用者及时了解网站来源的类型、数量及质量。

（4）受访分析：统计网站各页面被浏览的情况，热点图、用户视点更可记录访客在页面上的鼠标点击行为（见图5-4）、后续浏览行为，提供各受访页面的访问情况，了解哪些内容受访客欢迎、哪些内容易导致访客流失、页面设计是否合理、是否达到预期。

图 5-4 鼠标点击行为

资料来源：CNZZ 官网。

（5）访客分析：提供访客终端特征和访客行为特征，揭示不同类型访客的浏览行为差异，为使用者针对不同访客类型的网站进行深度优化提供丰富的数据依据。

（6）转化路径分析：分析指定目标页面被完成的情况，让使用者准确、及时地了解页面中的流程是否能够顺畅执行、推广活动是否达到预期目标。

泛微·九氪汇——数字化营销管理工具

泛微·九氪汇是一款数字化营销管理工具，它能帮助企业实现从市场、线索、客户、商机到合同与回款的全生命周期营销闭环管理，为使用者解决拓客难、线索管理难、销售管理难等问题，实现"市场-商机-销售-服务"一体化运作，并提供以下服务内容。

（1）市场活动管理：覆盖市场活动从申请、台账管理、邀约到新闻发布全过程管理，帮助企业连接内外，实现线索获取与追踪，同时对竞品进行监控管理。

（2）线索客户管理：通过自动分配、手动分配和线索申领方式，实现线索转客户，并促进商机成单，通过线索池进行循环利用与转换。

（3）销售目标管理：遵循 PDCA（计划、执行、检查、处理）循环模型，支持从营销目标制定到执行、检查与调整的循环管理。

（4）销售行为管理：自定义行为规则，包括线索获取与转化、客户跟进情况、商机转合同成功率等，通过对销售行为进行绩效分析，最终形成销售行为积分排行榜。

（5）商机漏斗管理：关联客户管理，从商机报备、商机阶段跟进管理，促进项目成交。

（6）管理报表分析：通过目标与销售过程管理，预制各类统计分析报表，为不同角色提供各类营销门户与数据分析，角色包括营销负责人、各级业务单元负责人与销售经理。

另外，泛微·九氪汇还创建了一款名为"千里聆"的信息采集工具，专注于商机线索挖掘、国家政策研究、品牌舆情监测等服务内容，能够用于竞品信息采集、舆情信息采集、网络广告投放监测、产品需求评论采集、行业市场动态采集等场景。

飞瓜数据——短视频和直播数据分析平台

飞瓜数据是一款用于短视频和直播数据查询、运营及广告投放效果监控的专业工具，提供短视频达人查询等数据服务，并提供多维度的抖音、快手达人榜单排名、电商数据、直播推广等实用功能，以及多元服务场景，如行业趋势预测、品牌社媒资产、社媒声量监测、MCN（多频道网络）数据库等。

飞瓜数据还能够提供行业排行榜、涨粉排行榜、成长排行榜、地区排行榜等，快速寻找抖音优质活跃账号，了解不同领域 KOL（关键意见领袖）的详情信息，明确账号定位、受众喜好、内容方向；分析账号运营数据，定位用户画像及粉丝活跃时间，更好地了解用户的观看习惯，并同步列出近期的电商带货数据和热门推广视频，通过大数据分析账号带货实力；实时监控账号数据，实时记录抖音播主24小时内粉丝、点赞、转发和评论的增量情况，纵向对比近两天的运营数据趋势，快速发现流量变化情况，更好地把控视频运营的时机。

依托大数据与AI智能系统，飞瓜数据还提供策略分析系统、品牌深度咨询和社媒广告投放服务，其中策略分析系统具备分钟级实时查看数据，还原直播、达人、商品、品牌等的相关数据及走势，实时掌控瞬息万变的流量及销量波动情况；品牌深度咨询是通过对策略、创意、大数据和行业发展的深刻洞察，提供从诊断、规划到落地的全方位增长解决方案；社媒广告投放依据品牌市场定位、人群定位、竞品分析等梳理品牌卖点，制订多平台投放计划，构建专属且落地社媒营销链路。图5-5为品牌投放分析。

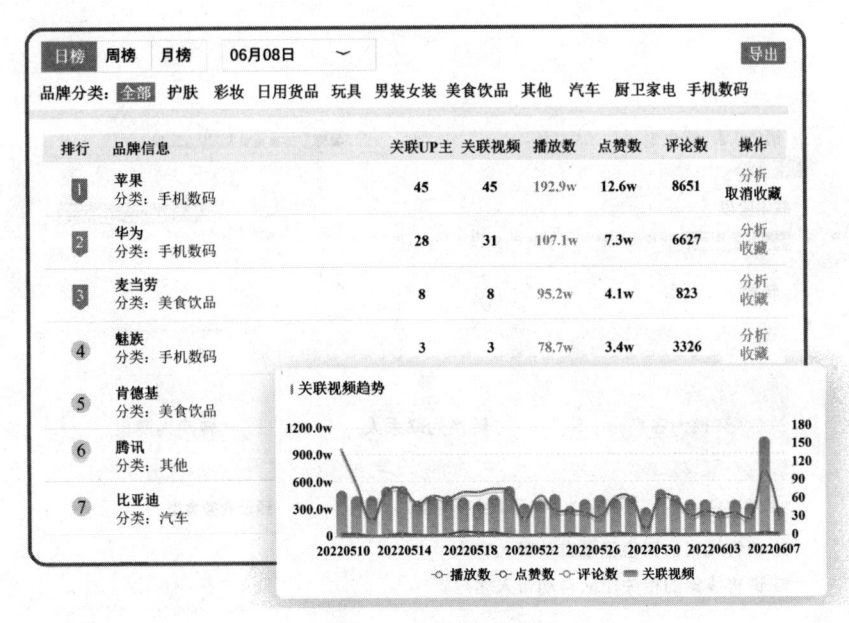

图5-5 品牌投放分析

资料来源：飞瓜数据官网。

此外，飞瓜数据还能够为使用者提供基于客户真实场景的相应功能，如商品分析、竞品调研等。

（1）商品分析：分析品牌各产品线的近期市场表现，找准高增长、高需求、低竞争的高潜品类，探测市场新机会。

（2）竞品调研：多维度整理竞品或本品的社媒平台现状及营销策略，对比品牌营销链路，找准品牌发力点。

（3）消费者梳理：详细了解用户的内容偏好、消费习惯，为不同用户匹配具有个性化的营销方法，让品牌营销更加精准、有效。

（4）社媒洞察：以主流社媒平台为核心，洞察品牌社媒热度及健康度，多维判断活动的推广成果，提升品牌溢价能力。

纷享销客——销售管理系统

纷享销客是国内最早的销售管理系统之一，具有非常成熟的产品功能，如线索管理、360°客户管理、销售管理、商机、CPQ（配置、定价和报价）报价系统、合同（订单、回款）管理、BI（商业智能）数据分析等。另外，纷享销客也是国内产品线最广的 CRM（客户关系管理）厂商，不仅拥有营销、销售、服务三大核心功能，还有渠道管理、PaaS 平台、DMS（数字资产管理系统）经销商管理等。线索管理示例如图 5-6 所示。

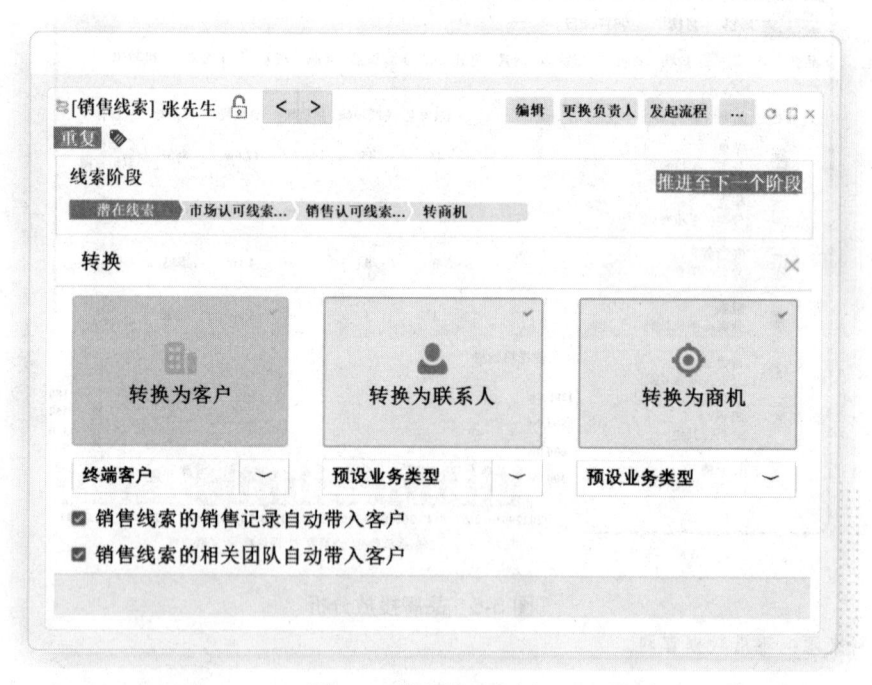

图 5-6　线索管理示例

资料来源：纷享销客官网。

纷享销客是专业的移动 CRM 服务商，以"连接型 CRM"为独特定位，以开放的企业级通信为基础构架，以连接人、连接业务、连接客户为使命，将 CRM、PRM（合作伙伴关系管理）及 SCRM（社会化客户关系管理）融为一体，为企业提供内部销售管理、伙伴销售管理及终端客户管理一体化解决方案。开放的通信架构与交互的业务逻辑，帮助企业实现与外部伙伴、终端用户在业务与通信上的互联互通，以及构建完整的业务价值网络。纷享销客的功能如表5-1所示。

表5-1 纷享销客的功能

功能		具体描述
业务流程数字化	精准获得优质线索	支持多种营销类型工具 营销自动化 ROI 分析
	高效挖掘更多商机	精细化线索管理 标准化销售流程 商机作战地图
	加速成交更可预测	CPQ（配置报价软件）灵活定价 客户订单管理 销售预测与销售漏斗
	客户成功持续复购	提供多渠道服务 自动派单 现场服务管理
连接内外部人员	连接员工，提升沟通协作效率	互联客群 OA 与 CRM 互通 社交化工作圈
	连接客户，营销服务高效触达	企微 SCRM 能力 微信公众号和小程序 多渠道的客户服务接入
	连接上下游，重构增长模式	渠道伙伴自主在线订货 营销活动与费用在线核销 上下游深度协作
PaaS 平台快速配置	业务定制 PaaS 平台	按需构建业务模型 业务流程低代码定制 多维多级权限体系
	智能分析 BI 平台	可视化自助分析 多维度目标管理 行业数据驾驶舱
	数据集成平台 + 开放平台	灵活配置 稳定运行 OpenAPI

红圈CRM——CRM系统

红圈CRM是和创（北京）科技股份有限公司自主研发的一款移动销售管理软件，主要功能有线索管理、多维销售赋能、全景客户视图、客户服务管理与精准分析决策等，具体功能如表5-2所示。针对装备制造、泛快消等具有线下销售及售后服务需求的跨行业客户，通过客户管理、商机管理、服务管理、报表与分析决策等功能模块满足企业办公自动化、销售自动化和客户服务的需求，通过专业的产品能力帮助企业全面连接客户，帮助企业完整固化客户全生命周期的管理闭环，构建以客户为中心的管理体系，通过提升企业品牌形象，提升整体竞争能力和盈利能力。

表5-2 红圈CRM功能介绍

核心功能		具体描述
线索管理	拓展获客渠道	提供多种业务线索接入方式，拓展立体获客渠道
	线索触达更广	运用灵活高效的线索分配工具提升销售线索触达率
	提高线索转化率	提升销售人员线索跟进效率和线索转化工作效能
多维销售赋能	销售管理标准化	精细管理销售环节中每一步的标准动作，建立销售管理标准流程
	提升销售成功率	精准复制成功销售的经验，系统性提高销售成功率
	销售预测更准确	通过销售漏斗实时监控销售进展，准确预测销售产出
全景客户视图	360度客户视图	聚拢客户业务信息，帮助企业快速识别客户决策关系树
客户服务管理	处理反馈更高效	随时了解客户资产与反馈处理状态，建立高效的客户反馈处理流程
	客户服务更主动	为客户制订主动服务计划，并严格跟进执行过程
精准分析决策	数据驾驶舱	一页呈现多张图表，展现更直观，决策更精准
	个性化定制分析报表	支持自定义各种报表，具有多种呈现形式
	预置分析报表	结合业务场景，预置分析报表，助力决策制定

另外，红圈推出了一款名为"红圈营销+"的产品，该产品主要针对泛快消行业的客户管理与销售协同管理SaaS产品，具备进销存管理、车销管理、数据上报、营销活

动管理、目标管理等功能，帮助企业有效控制营销费用和通路管理，提高了销售管理效率，使流程固定化、环节标准化、管理可视化、工具现代化，助力模式转型。

L ▶

量子恒道——淘宝官方的数据产品

量子恒道是淘宝官方的数据产品，它能为电商淘宝卖家提供精准实时的数据统计、多维的数据分析、权威的数据解决方案，如流量分析、销售分析、推广效果、客户分析、来源分析和装修分析等，是每个淘宝卖家必备的店铺运营工具。

其中，量子恒道店铺统计是为淘宝店铺打造的专业店铺数据统计系统，通过统计访问使用者店铺的用户行为和特点，帮助使用者更好地了解用户喜好，为店铺推广和商品展示提供充分的数据依据。

另外，量子恒道的另一款产品——量子恒道网站统计，是一个网站流量统计分析系统，为所有个人站长、个人博主、所有网站管理者、第三方统计等用户提供网站流量监控、统计、分析等专业服务，通过对大量数据进行统计分析，深度分析搜索引擎规律、发现用户访问网站的规律，并结合网络营销策略，提供运营、广告投放、推广等决策依据。

N ▶

Nint 任拓——电商数据分析工具

Nint 任拓聚焦数字零售（搜索电商、社交电商、兴趣电商、O2O），提供监测、对标和预测型数据服务，通过整合阿里巴巴、京东、抖音等全类型电商数据，掌握数字全域增长先机。Nint 任拓的应用场景主要是市场趋势洞察、高潜赛道挖掘、目标竞品对标、全域增长提效等。

任拓的产品多种多样，其中任拓情报通是一个电商大数据追踪平台，能够回答"使用者所在行业情况如何""使用者的品牌目前市场份额是多少""行业里有什么新机会""使用者的竞争对手的动态"等问题，并提供以下服务：一是数字零售洞察，掌握全行业主流电商平台数字零售数据；二是大促（大规模促销活动）洞察，能够做到第一时间跟踪大促全期动态；三是内容洞察，有针对性地追踪内容电商的表现。其专为内容营销研发，分析品牌及对标品牌内容情况，精准选品，锁定优质 KOL。

任拓倾听是全域电商评价分析系统，通过收集和分析消费者购后反馈意见，有针对性进行优化，探索消费者真正关注的卖点，挖掘更多真实的使用场景；任拓标杆管理是关键业务行为对标系统，其深度整合电商跨平台数据，基于标杆多维对标，及时掌握竞品关键业务动向，持续提高销售转化率，赋能品牌制定渠道 KPI，对经销商进行价格管理，跟踪实时库存，实现高效渠道管理；任拓内容力是内容与大数据的全策略解决方案，它用结构化标签将供需信息串联起来，无缝掌握跨域信息。对标品牌分析示例如图 5-7 所示。

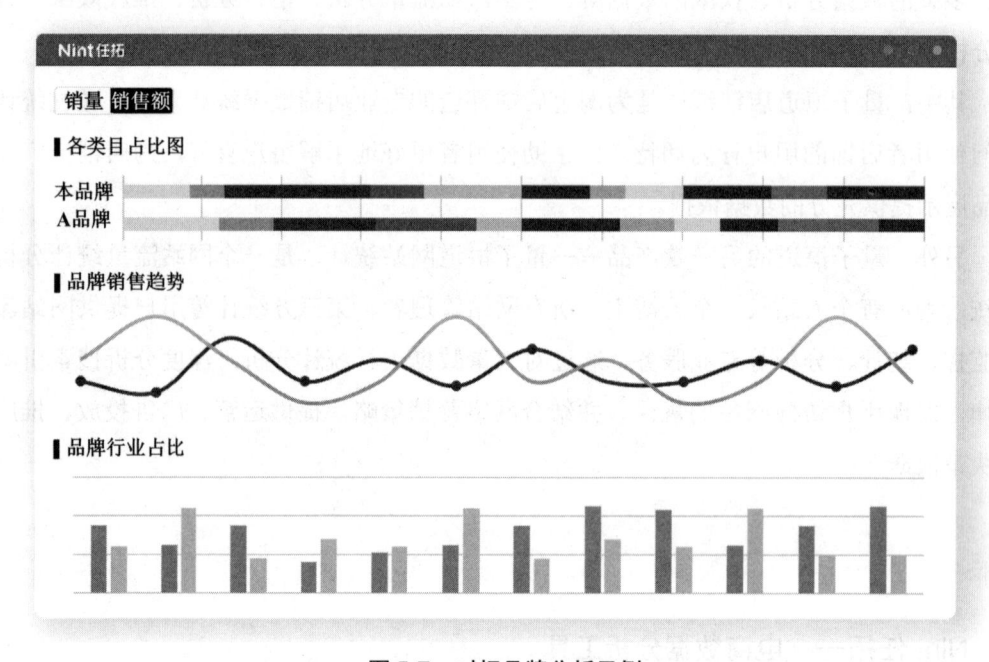

图 5-7 对标品牌分析示例

资料来源：Nint 任拓官网。

千瓜数据——小红书营销数据分析平台

千瓜数据是小红书营销数据分析平台，提供社交媒体行业趋势调研、营销执行、舆情监测、用户画像、数据体系搭建等多种解决方案，帮助企业驱动业务决策和品牌营销。从使用场景出发，其构建品牌数智化营销闭环，提供数据查询及分析、投放策略咨询报告、大数据精准营销种草三大服务。

（1）数据查询及分析：提供对活跃达人全方位的数据透视及分析，涵盖达人、笔记、直播等数据分析,提供品牌投放分析、选品找号、营销效果追踪、舆情监控(见图 5-8)等数据服务,帮助企业挖掘市场需求、优化投放策略、精准投放、快速成长。

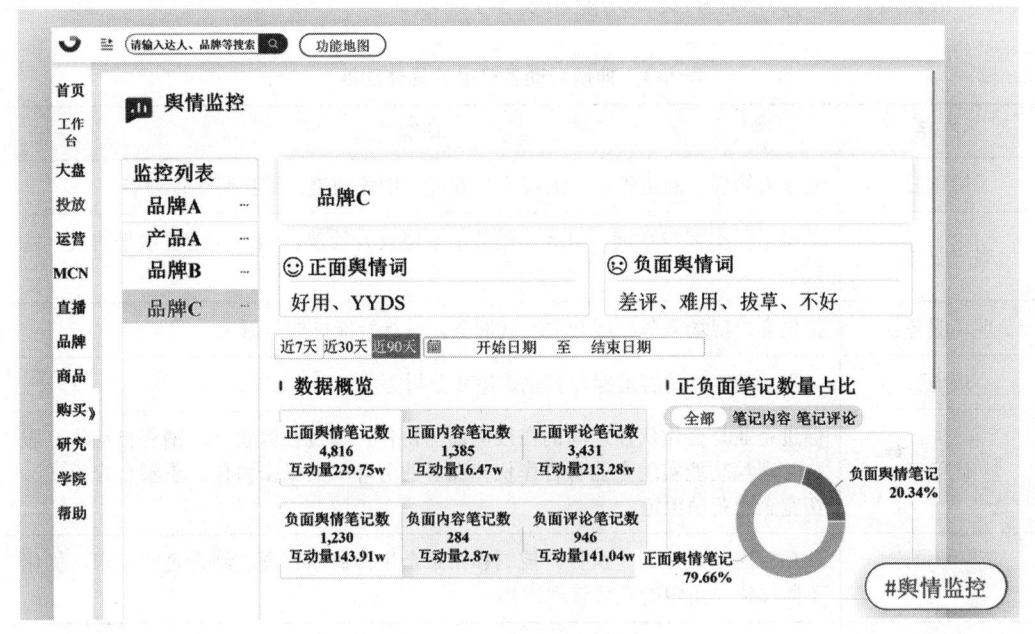

图 5-8　舆情监控示例

资料来源:千瓜数据。

(2)投放策略咨询报告:通过千瓜数据系统对小红书数据进行挖掘与分析,数据分析师基于电通 AISAS(消费者行为分析模型)营销种草模型,为品牌提供小红书种草策略咨询报告,包括行业流量分析、竞品策略分析、红利挖掘、投放建议等,同时,为品牌提供全方位的内容营销监测服务,实时追踪投放舆情及与新品研发相关的分析和报告。

(3)大数据精准营销种草:通过大数据种草执行管理系统,结合千瓜自主摸索的种草"53"理论(5 步执行策略及 3 维选人模型)深度挖掘小红书平台的 KOL 红利及搜索流量红利,配合专业的内容打造及执行团队,为企业提供优质达人合作,打造爆款笔记,实现高效优质种草,从策略制定、投放执行、结案复盘提供一条龙全流程种草服务。

神州云动——CRM系统

2012 年,神州云动推出了自主开发的 CRM 软件——CloudCC,主打专注为上市公司提供 CRM，可以满足企业在销售管理、客户管理、渠道管理等方面的需求。CloudCC 提供销售云、客户服务云、现场服务云、市场云、伙伴云、项目云、社交云、分析云等产品，各产品的具体功能如表 5-3 所示。

表 5-3 神州云动各产品的具体功能

产品	功能
销售云	联系人管理、商机管理、潜在客户管理、销售预测、销售漏斗管理等
客户服务云	多渠道收集客户案例、SLA（服务水平协议）管理、OLA（运营水平协议）管理等
现场服务云	提供客户现场服务，展开主动式服务，进行智能排期与派工
市场云	多形式获客、访客追踪与转化、ROI 分析等
伙伴云	促进企业与合作伙伴之间的在线沟通与协作，通过社区管理、销售自动化、服务管理等功能实现企业与合作伙伴在各业务环节的紧密协作，重塑合作模式、拓宽企业营销渠道
项目云	从项目启动、计划、执行、控制和结束全生命周期管理，结合企业需求，优化不同岗位、角色的项目管理流程
社交云	创立了企业内部的社交网络，使用最新的社交概念，可动态地将信息、文件、图片、链接等资源推送给相关人员，同时还能将回馈信息等及时推给使用者
分析云	从各种维度采用多种分析数据的规则轻松制定海量专业报表与仪表板，以便通过准确的分析结果进行快速决策，以及提供全局搜索、查重过滤器、数据钻取、数据审计等功能

X ▶

西瓜微数——微博数据分析平台

西瓜微数是微博广告投放数据分析的专业工具，提供微博榜单、KOL 账号数据分析、博文数据监控、品牌投放分析等服务。

西瓜微数基于微博大数据的数据分析平台，提供了品牌情报分析、传播检测、达人优选和电商分析的解决方案。

（1）品牌情报分析：监控品牌舆情，洞悉品牌及竞品传播概况，掌握品牌舆情口碑与营销动态，为下一步制定营销策略提供分析依据。

（2）传播检测：实时追踪传播动态，掌握数据变化趋势，有效判断数据真伪、分析受众画像。

（3）达人优选：通过多项内容全面解读达人，追踪历史内容，利用 AI 去水粉丝预估，智能算评估达人价值，有效挖掘优质达人。

（4）电商分析：连接电商内容，掌握单品数据的发展趋势，挖掘市场潜在爆品，做出更优的选品决策。

此外，西瓜微数还推出了热点分析、受众人群画像、关键词云等工具，为品牌方和账号运营者提供更全面的服务。

销帮帮——CRM系统

销帮帮——CRM 系统是一种可实现市场营销、销售、服务等自动化的软件，专注于为客户提供数字化服务，包括销售管理、市场营销管理（见图 5-9）、客户服务系统等，主要提供客户全生命周期数字化管理、快速灵活定制个性化专属应用、数据分析能力和可视化功能的服务。

图 5-9　市场营销管理

资料来源：销帮帮官网。

销帮帮——CRM 系统通过客户全生命周期数字化管理，提升企业效益，具体功能如下。

（1）营销获客：提供多种营销工具，以帮助企业吸引潜在客户。通过 ROI 分析，可分析广告和市场活动的投资回报率，确保资源分配得当，提高广告效果。通过线索管理，可以有效地跟踪和管理潜在客户。

（2）销售管理：管理和跟进客户，完善客户档案，记录互动历史和关键信息，协助销售团队更好地了解客户需求和提供个性化服务。创建、管理和优化销售流程，确保销售团队高效协同工作。提供销售数据报告和分析，协助企业制定战略和决策，以提高销售效率。

（3）服务工单：智能派单，借助先进的算法和自定义规则，提高工单分派的准确性和速度，从而缩短服务响应时间。团队协同提效，确保每个步骤都按计划进行，从而提高整体工作效率和服务质量。企业还可以为不同的客户或服务等级设定响应时间和服务目标。

销帮帮——CRM系统通过数据分析能力和可视化功能，助企业快速决策，具体功能如下。

（1）BI智能报表：多维度交叉计算、分析，灵活查询，高效洞察业务数据，助企业快速决策。

（2）数据看板：高复杂、高消耗的驾驶舱项目，通过云叩快速开发、无缝植入，使用户体验感更好。

（3）数据二次开发：匹配绩效统计、穿透分析等复杂数据处理场景，支持低代码级别的数据二次开发。

销售易——CRM系统

销售易是一个为企业从营销到服务管理全过程提供一体化客户管理的软件，融合移动、社交、AI、大数据、物联网等新型互联网技术，覆盖营销获客、销售管理、伙伴管理、营销管理、售后服务等流程，以客户为中心，帮助企业精准定位高利润客户，支持企业使用多种获客模式，提升客户服务体验，智能挖掘商机，融合新型互联网技术，从营销、销售到服务管理一体化的企业级CRM平台。邮件和短信营销管理示例如图5-10所示。

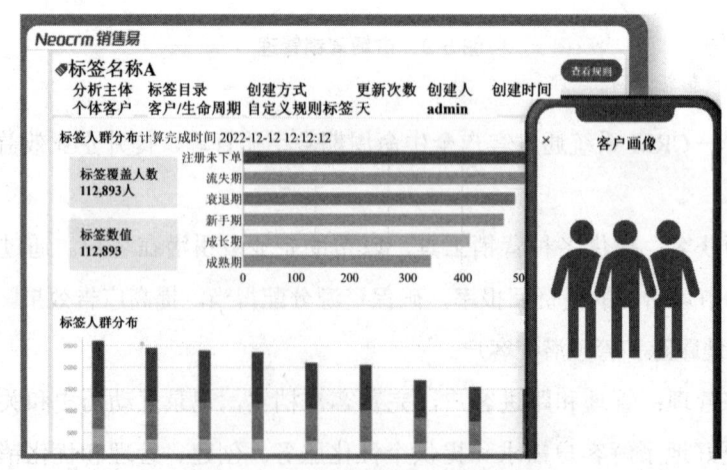

图5-10 邮件和短信营销管理示例

资料来源：销售易。

销售易针对营销流程、销售流程和服务流程推出了相应的功能，具体如表 5-4 所示。

表 5-4 销售易的功能介绍

产品		功能
营销流程		全域精准获客 具有智能名片、企微活码、微信客服等多种营销功能，帮助企业精准获客
		识别与洞察潜在客户 通过多渠道整合数据，生成线索标签，提升线索质量，高效识别潜在客户
		自动培育转化线索 利用营销自动化工具可实现企业精准营销，提升营销效率和效果
		全链路分析营销数据 帮助企业明晰活动影响力及 ROI，实现多维度营销效果分析
		营销云 提供线索获取、识别、培育、转化及分析的全流程、全场景解决方案
销售流程	直销	构建标准化业务流程 从线索－商机－合同订单，依照行业销售最佳实践，构建标准化业务流程
		管理和赋能业务人员 依照最佳销售实践，加快销售人员打单过程
		智能提效 快速捕获客户需求，全维度洞察业务进展，缩短客户转化路径
	分销	渠道管理流程标准化 实现从渠道开拓到渠道准入，再到渠道清退的标准化管理机制
		商机管理智能化 对销售环节进行精细化管理，帮助渠道快速推进销售过程
		提升渠道订货体验 自动计算返利返点，使在线对账更高效
		渠道赋能更全面 在销售、服务环节赋能渠道，提升渠道经营客户的能力
	私域	企业微信高效连接客户 企业微信添加客户微信，帮助门店高效连接到店客户，与客户随时互动
		建立线上商城，扩大销售空间 通过简单拖曳打造线上商城，突破地域、时间等的限制
		精细化运营会员，打造极致消费体验 根据会员的分级及喜好，自动推荐不同产品，吸引客户复购
		销售云 挖掘潜在客户更精准，签单转化更快速，管理决策更科学、合理
		伙伴云 高效连接渠道，无缝协同业务，与伙伴共赢

续表

产品	功能
服务流程	全渠道接入服务问题 全渠道受理电话、官网、公众号、邮箱等服务，更及时响应客户
	使工单快速流转，形成闭环管理 客户通过小程序可自助查询、创建工单，随时掌握处理进度，客户体验更好
	现场服务更高效 工程师现场操作规范化，数字化管理备品配件，精准可控服务成本
	智能化经营老客户 用数据驱动客户洞察，自动提醒销售人员关心客户，拉近与客户的距离
	服务云 从全渠道接入到现场服务，通过数字化管理提升客户体验

用友CRM——CRM系统

用友 CRM 为用户提供数智化的客户关系管理服务，实现销售业务全过程管控，支持销售漏斗、线索转化、行为分析等多种决策分析模型，具体功能如表 5-5 所示。

表 5-5　用友 CRM 的功能

功能	具体描述
线索管理	给线索渠道打标签，高效分析线索来源；自动分配线索，提升线索跟进时效；记录并规范销售员的跟进及拜访情况；积累未转化的线索，杜绝浪费线索；自动关闭重复或信息有误等无效线索，减少资源浪费
商机管理	可以分阶段推进项目商机或复杂过程商机；以商机为核心开展相关业务管理（商机报价、签合同、下单等）；记录管理商机的推进结果（赢单、丢单、暂停、作废、关闭）
客户管理	在客户采集、准入过程中涉及对企业的核实、查重等工作；多组织、多区域、多负责人可以共同经营同一客户；在业务员离职或业务机构调整时可以在线完成客户移交；记录客户的全景业务信息（基本信息、资质信息、银行发票信息、销售过程信息、竞争信息、交易信息）
行为管理	业务员对客户、联系人进行拜访跟进，需要填写跟进记录；销售外勤、出差时打卡签到、签退等各种行动信息的采集；业务员提交日报、周报、月报，实现团队任务实时管理，避免出现业务偏差

另外，用友还推出了营销云。营销云致力于为企业营销数智化转型提供一站式服

务,实现营销全渠道、全链路、全过程的数智化管理,实现存量业务数据资产化,以数据服务和模型促进营销能力的提升,驱动营销推新品、调结构、提动销、创增量,开源节流。

Z

Zoho——企业一体化管理云平台

Zoho 是企业级的操作系统,是能够满足企业办公和管理需求的一体化云平台,提供 50 款以上的 SaaS 软件,包括 Zoho CRM 系统、市场营销工具、企业邮箱、在线 Office、项目管理、客服管理、团队协作、人事管理、财务管理、BI 商业智能、应用开发平台等。Zoho 针对销售和市场推出了一系列产品,如 CRM、邮件群发工具、表单设计工具、营销自动化平台等,针对 BI 推出了一款数据分析软件,各项产品及功能介绍如表 5-6 所示。

表 5-6 Zoho 产品及功能介绍

产品	具体功能
Zoho CRM	销售自动化:从线索到订单,自动化处理琐碎的销售流程,让销售人员集中精力跟进商机 销售流程管理:根据有效的销售策略建立标准化销售流程,为销售团队制定统一的成功路线图 销售绩效管理:分配销售目标,跟踪销售完成进度,对客户进行细分,分配销售资源,分析销售活动,全面挖掘每个阶段中的商机 营销自动化:制定个性化营销方案,自动化捕捉线索 全渠道沟通:提供触达到客户或潜在客户的多种方式,集中管理来自所有渠道的客户信息 BI(商业智能):对系统数据进行全面立体分析,展示销售趋势、营销成果、绩效等关键业绩指标,全面管控销售管道,了解各阶段丢失的客户 AI(人工智能):Zia 是 Zoho CRM 人工智能助理,帮助销售人员和管理层简化日常操作程序,预知未来发展,做出明智决策
Zoho Campaigns 邮件营销工具	促进销售的邮件营销工具:创建、发送、跟踪使用者的邮件营销活动,实现邮件营销自动化,帮助使用者构建庞大的客户群
Zoho Forms 在线表单工具	在线表单工具:轻松创建和在线共享表单,接收即时通知,高效管理使用者的数据,借助 UTM 参数开展数据分析,衡量表单效果,优化表单,从而获得更好的转化

续表

产品	具体功能
Marketing Automation 营销自动化软件	全面管理线索：获取和培育线索，评估线索质量，然后将优质的线索转交给销售团队 网络行为营销：了解访客的每项活动（无论是在网站上还是在网络应用中），向客户提供超出想象的个性化体验 策划投资回报率高的市场营销活动：分析营销活动在所有渠道中的效果，以便做出更好的营销决策，这种全面的比例图有助于跟踪策划阶段、投资回报率及整个过程 多渠道营销：通过电子邮件等渠道开展营销活动，帮使用者通过多种渠道与受众保持联系 数据分析：提供专业精准的数据分析报表，如渠道归因，为使用者展示重要的营销指标，从获取客户到客户忠诚度，帮使用者及时调整措施，更快地实现营销目标
PageSense 网站优化工具	跟踪关键的网站指标：选择跟踪目标，监控链接按钮及其他设计元素的点击情况，通过转化漏斗，查看哪些页面导致访问量大幅下降，及时发现问题 分析访客行为，使用热点图找出网站中的亮点——快速吸引访客注意的部分，通过会话记录功能，回放访客与网站实时互动的视频 优化访客体验：提高转化率，优化访客体验，不断地测试、学习、优化和重复 个性化用户体验：每位访客都是独一无二的，根据访客的需要和期望提供具有个性化的体验，才能更好地留住访客，提高转化率 增进与每位访客的互动：访客的评价是判断网站好坏的重要指标，采用现场和应用程序内的投票方式，收集访客和客户反馈，及时提升访客体验，提供访客想要的内容
Zoho Analytics BI、报表和分析软件	从各种来源获取数据，将这些数据融合在一起以创建跨职能报表和仪表板，从而帮助使用者查看各个部门的业务运转状况 使分析数据可视化，使用轻松的拖放式设计和创建报表及仪表板，使用不同的数据可视化深入探索详细信息

国外

B ▶

Brand24——社交媒体监控工具

Brand24 是监控互联网的最佳工具之一，特别是在社交媒体领域，它可以获取关于品牌、产品或使用者感兴趣的话题等相关信息，也是使用者与客户沟通的新渠道，它将支持销售并加强使用者在互联网上的正面形象。Brand24 通过 AI 获取社交媒体、新闻、博客、视频、论坛、播客、评论等方面提及的信息，实时监控超 25000000 个在线资源。在数据获取方面，Brand24 从使用者创建项目时就开始获取所需数据，并迅速地收集公开信息，能够尽可能地获取近 30 天的历史数据。社交媒体标签分析示例如图 5-11 所示。

Trending Hashtags	
1 #Brand24	76 Mentions
2 #Sales	69 Mentions
3 #social Media	56 Mentions
4 #Marketing	51 Mentions
5 #Digital Marketing	47 Mentions

图 5-11 社交媒体标签分析示例

资料来源：Brand24。

Brand24 支持提及分析、影响力评分、情感分析等功能。

（1）提及分析：了解互联网平台中谁在讨论使用者关注的品牌，同时分析讨论的质量和数量，以此获得关于用户的简介。

（2）影响力评分：精准定位使用者所在行业的关键影响者，以此决定使用者选取合作方的决策。

（3）情感分析：通过梳理关于情感（积极、消极和中性）的数据信息，使用者可以更好地了解用户的态度，并及时发现需要关注的问题。

（4）获取客户洞察：通过对用户的在线对话进行分析，获取消费者的真实反馈内容。

（5）了解用户：了解用户对企业的偏好和有意见的方面。

（6）基于数据做出决策：利用客户洞察做出明智的业务决策，与用户产生共鸣。

（7）达成协作：Brand24 能够让企业内部共享用户洞察以实现协同。

（8）追踪主题标签：跟踪各种主题标签并找到有影响力的人，衡量主题标签广告的效果，如覆盖面和参与度。衡量主题标签覆盖范围，分析重要的主题标签指标。统计主题标签的数量，记录标签被提及和使用的次数。

Brand24能够应用于品牌管理、市场调研、精准分析、危机管理和内容营销等场景，具体如表5-7所示。

表5-7 Brand24的应用场景

应用场景	具体功能
品牌管理	使用者可以监测他们的品牌在网络上的口碑，根据正面评论和负面评论，及时做出回应或采取行动，保护和提升品牌形象
市场调研	使用者可以分析他们的目标市场或行业的动态，了解消费者的需求、偏好、痛点等，找出潜在的客户或合作伙伴，优化他们的产品或服务
竞争分析	使用者可以比较他们的品牌与竞争对手的表现，发现他们的优势和劣势，学习他们的策略和创新，寻找突破机会
危机管理	使用者可以及时发现和处理可能对他们的品牌造成负面影响的事件，如舆论危机、产品召回、网络攻击等，减少损失或恢复信任
内容营销	使用者可以根据他们的数据，创建和分发更有价值、吸引力、影响力的内容，如博客文章、视频、播客、社交媒体帖子等，提高流量、转化率、忠诚度等

【相关案例】

汽车行业领导者如何利用互联网监控来推广最新的奔驰车型

奔驰与代理商天联广告公司一起策划了"波兰的情绪色彩"活动，以推广该制造商在波兰的首款高端T级车。该活动涉及户外活动，包括照亮公司华沙总部的选定楼层，并在大楼前展示汽车。此外，附近的一块广告牌也相应地亮了起来，用几十个标签描述了八种颜色（#快乐、#爱、#悲伤等）。

在活动的下一阶段，奔驰团队借助Brand24监控多个互联网平台的情况。Brand24在两周内收集了近20万条信息，可以看出推广新款T级车的活动取得了较好的效果，用户在专用于小型货车的网站着陆页（指网站的引导页或落地页，属于网站的专业术语）上花费的时间增加了3倍。

几十年来，奔驰汽车凭借其创新的解决方案，为车主提供了更好的体验。但如果我们抛开速度和奢华，转而关注空间和安全，会发生什么？这辆车还会有如此大的吸引力吗？如果没有，企业能做些什么？这正是奔驰团队在新车型T—Class进入市场时面临的挑战。这款车针对有孩子的家庭，这些家庭主要关注功能和驾驶舒适性，由于速度和奢华在这款新车型上已不存在优势，推广T—Class车型是一个全新的营销挑战。

天联广告公司是奔驰全球TeamX的一部分，这些团队一起着手在新的、功能齐全的小型货车和该品牌汽车传统上唤起的情感之间找到共同点,他们发现一场营销活动将波兰人的在线情绪与梅赛德斯T级车的标志之一——多色环境车内照明联系起来,这种照明可以在车内独立调节。这项活动的目的是推广新车型,其中一个是户外活动,用与汽车环境灯相对应的颜色照亮公司在华沙的总部。这些颜色与波兰人前一天在网上分享的情绪相对应。总共有八种颜色,每一种颜色都被分配了一个特定的情感和表达它的标签。通过这种方式,奔驰创建了数十个关键字,每天在互联网上进行监控。因此,这涉及对数据及时性的高度重视——前一天的条目将在第二天晚上收集和总结。"每天的19:00～00:00,我们都会展示最受欢迎的颜色。我们根据Brand24收集的前一天的数据,结合我们的算法进行判断。"天联广告公司的迈克尔·汉森如是说。

但是针对当地市场开展活动也带来了一些预算和时间限制,因此,奔驰团队试图使该过程自动化以提高生产率。还有数据本身的特殊性问题,该项目基于对波兰人情绪的调查,因此过滤掉用其他语言编写的条目非常重要。这就使追踪成为问题,因为波兰人喜欢使用英语,尤其是在标签中。因此,完全排除诸如#love或#sad之类的词语会破坏所收集的数据的完整性。

负责奔驰货车板块的营销工作的人提议使用Brand24。Brand24凭借其基于人工智能的解决方案和自动搜索功能,通过收集所有公开来源的信息,减轻了用户的负担。奔驰需要持续进行标签监控,以便在第二天通过公司总部不同颜色的照明来体现波兰人的情绪。在Brand24实时收集数据的帮助下,该团队能够根据调查结果每天调整建筑物的照明。Brand24提供了许多功能帮助奔驰定制项目,如在仪表板中,可以提取信息的来源,评估帖子中蕴含的情感及其有效性。

在整个活动中有76个监控关键词、196345个单词,这些能够使活动组织者通过波兰互联网了解社交媒体用户、论坛和博客读者的想法和体验。

在Brand24的帮助下,与活动前相比,用户在T—Class页面上花费的平均时间增加了四倍,整个活动视频的浏览量达60万次。

这个项目的优势在于,在波兰人情感数据的帮助下,以及借助Brand24,奔驰从其研究的各种媒体中获取了数据,实现了线下行动和线上行动相结合。

资料来源:https://brand24.com/。

C ▶

Cognos Analytics——商业智能工具和绩效管理软件

Cognos Analytics 是 IBM 旗下的一款商业智能工具和绩效管理软件，能够为用户提供全面的数据分析和报表功能。它支持多种数据源的集成和连接，帮助使用者轻松地从各种数据中提取关键信息，并创建交互式报表和可视化仪表板。Cognos Analytics 具有强大的分析功能，包括假设分析、高级分析、分析报告和趋势分析，能分析出隐藏的趋势和驱动因素，以便了解数据背后的事实并实时提供分析报告，用以辅助使用者做出决策。

另外，还能够将 Cognos Analytics 应用于市场营销分析，通过可视化推广营销结果、图示网站流量等功能，将市场营销洞察分析转化为行动，更准确地了解客户需求，通过使用数据提高客户满意度，使程序更智能。

D ▶

Datadog——云监控和应用性能管理平台

Datadog 是一个全面的云监控和应用性能管理平台，帮助使用者实时监测和分析数据。它支持多种数据源，包括云服务、服务器、网络等，为使用者提供全方位的监控解决方案。Datadog 提供了强大的可视化工具和报表功能，让使用者可以轻松地查看和理解数据趋势、性能指标和日志信息。此外，Datadog 还提供智能报警功能，及时通知使用者有关系统状态和性能的异常情况，以便快速采取行动。Datadog 的主要功能介绍如下。

（1）实现跨系统、应用程序和服务查看：通过交钥匙集成，Datadog 可无缝聚合整个开发堆栈中的指标和事件。

（2）全面了解应用程序：监控、排除故障并优化应用程序性能。

（3）在完整语境中分析和探索日志数据：快速搜索、过滤和分析日志，以排除故障并对数据进行开放式探索。

（4）主动监控用户体验：监测关键用户的用户旅程，在单一平台上实现端到端的用户体验可视化。

（5）将前端性能与业务影响联系起来：根据用户体验指标确定业务和项目决策的优先次序，使每个用户会话的加载时间、前端错误和资源情况可视化。

（6）可视化流量：通过有价值、易读的标签了解数据，并使用这些标签区分用户来源以过滤流量，报告流量和 TCP（传输控制协议）重传等关键指标。

（7）构建实时交互式仪表盘：Datadog 不仅提供摘要仪表盘，还提供所有高分辨率指标和事件，以供操作和绘制图表。

（8）共享：采用 Datadog 能够实现跨团队合作的可见性。

（9）就关键问题发出警报：Datadog 可通知使用者性能问题，使用多个触发条件构建复杂的警报逻辑。

（10）仪表盘化使用者的应用程序：Datadog 包含完整的 API（应用程序编程接口）访问权限，能够让使用者的所有应用程序和基础架构直观呈现，便于查看。

Domo——商业智能工具

Domo 是一款企业级云端商业智能工具和云平台，提供全面的数据分析和数据可视化功能。它支持多种数据源的集成和连接，并通过交互式仪表板和报表展示数据洞察。Domo 将原始数据转化为交互式可视化数据，从而更容易发现模式、解读趋势并回答重要的业务问题，赋能数据分析者，使人获得准确的数据，为需要的人发送实时的、有价值的数据。

Domo 拥有 450 多个可用的连接器，其中一些在默认情况下可以访问，另一些则在向支持团队请求 URL（统一资源定位系统）后访问，Domo 允许使用者轻松加载本地存储的 CSV（逗号分隔值）文件。

F ▶

FusionCharts——Flash 图表组件工具

FusionCharts 是一款基于 JavaScript 的可视化工具，用于创建 Web 和移动仪表板，能够集成于主流的 JavaScript 框架，如 React、jQuery、Ember 和 Angular，同时也支持与多种服务器端编程语言（如 PHP、Java、Django 和 Ruby on Rails）进行高效对接。

FusionCharts 提供了 100 种以上的交互式图表类型和 2000 张以上的数据驱动地图，包括条形图、柱形图、折线图、面积图和饼图等热门选项，或特定于域的图表，如树状图、热图、甘特图、Marimekko 图表、仪表、蜘蛛图和瀑布图，用于"大数据"仪表盘的高性能时间序列图表示例如图 5-12 所示。

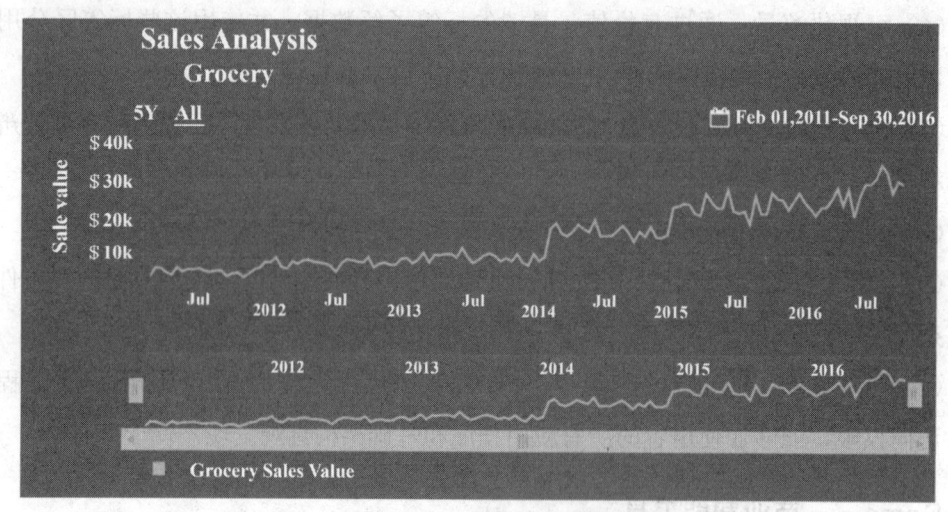

图 5-12 用于"大数据"仪表盘的高性能时间序列图表示例
资料来源：FusionCharts。

除此之外，FusionCharts 还提供覆盖国家甚至城市的 2000 张以上的分区统计图，其强大的引擎支持浏览器中的数百万个数据点。

G ▶

Google Analytics——网站分析平台

Google Analytics 是一款网站分析服务工具，可收集、统计和实时监测来自网站和应用的基于事件的数据，能够查看流量获取、互动、创收、留存、用户属性、用户行为等数据和信息，使用者可以查看网站的总体流量、流量来源、潜在客户数量等指标数据。此外，Google Analytics 还提供了一系列高级报告，如转化率报告、受访者行为报告和流量来源报告等。通过这些报告，使用者可以进一步了解用户的行为和转化情况，并根据数据进行站点优化。通过 Google Analytics，使用者可以更全面地了解品牌的受众，进而为潜在客户优化购买、访问流程，提高转单意愿。

Google Analytics 最新版，即 Google Analytics4（GA4）具有以下功能和特点。

（1）跨平台追踪：GA4 能够跨网站和应用跟踪用户，提供更为统一的用户分析视图，帮助使用者理解用户在不同平台间的行为模式。

（2）基于事件的数据模型：与之前的基于会话的数据模型不同，GA4 采用基于事件的模型，追踪用户时更加灵活。

（3）加强对用户隐私的控制：为满足日益严格的隐私法规要求，GA4 提供了更多的使用者数据控制和匿名化功能，如对 IP 地址的自动匿名化和数据保留设置。

（4）机器学习功能：GA4 整合了 Google 的先进机器学习技术，可以自动识别趋势和异常，并提供预测性指标，如预测用户购买行为等。

（5）灵活的报告功能：GA4 提供了更加灵活和可定制的报告工具，允许使用者根据自己的需求创建和分享报告。

（6）集成与广告平台：GA4 更加紧密地与 Google 的广告平台集成，帮助优化广告投放方式和提高投资回报率。

总的来说，GA4 的设计理念是帮助使用者更全面、更深入地理解用户行为，同时在保证用户隐私的前提下提供更加精准的数据分析和营销优化建议。随着数字营销环境的不断演变，GA4 提供的这些新功能和改进有望成为网站和应用分析的新标准。

Grafana Labs——数据可视化和监控工具

Grafana Labs 是一个开源的数据可视化和监控工具，主要用于展示和分析时间序列数据，它支持多种数据源，包括 InfluxDB、Prometheus、Graphite 等，可以将数据转换为仪表盘、图表和报表等形式进行可视化展示。Grafana Labs 提供了丰富的图表类型和灵活的配置选项，因此使用者可以轻松创建自定义的数据可视化界面，并通过交互功能实时探索和分析数据。日志数据管理示例如图 5-13 所示。

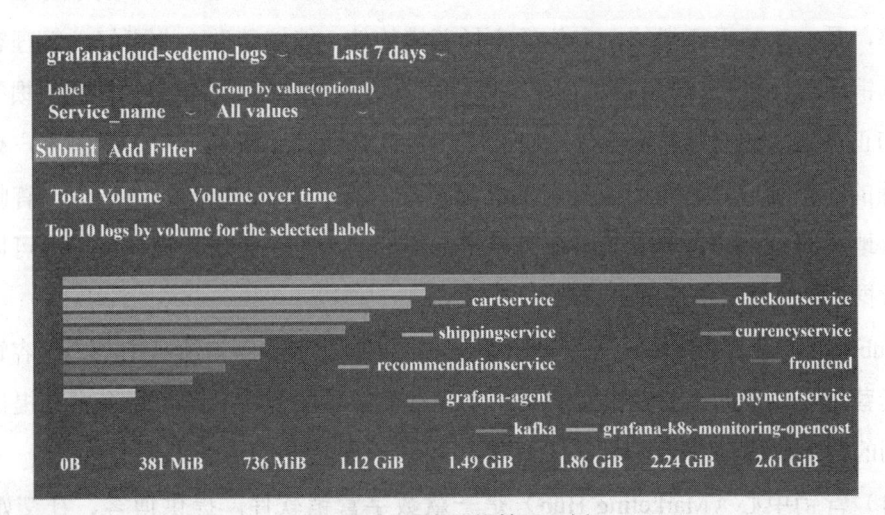

图 5-13 日志数据管理示例

资料来源：Grafana Labs 官网。

Grafana Labs 具备以下功能。

（1）让使用者了解所有相关数据，以及它们之间的关系，对于尽快挖掘根源事件、识别意外系统行为的真正来源至关重要。

（2）让使用者团队可视化操作所有数据，从热图到直方图，从图表到地图。

（3）提供快速灵活的可视化功能，让使用者以任何所需方式用户数据可视化。

（4）创建、探索和共享控制面板，集合且组合多个来源的数据，在使用者的团队中培养数据驱动型文化。

（5）使用保存的标签筛选条件和时间范围，快速体验从指标切换为日志的全过程。快速搜索使用者的所有日志，或实时在线播放这些日志。

（6）通过即席查询和动态深化探索使用者的时间序列数据。拆分视图，并排比较不同的时间范围、查询和数据源。

（7）深入查看可观测数据，找出特定迹象，以回答"为何这位客户的查询速度很慢"等问题。

HubSpot——数字营销代理商及CRM系统

HubSpot 是一个集营销、销售、内容管理和客户服务于一体的 CRM 平台，定位于集客式营销，以营销、销售和服务构建产品闭环。HubSpot 的营销解决方案致力于帮助企业建立一个全面的客户体验，更加有效地促进客户转化。它的客户关系管理系统十分完整，是一款基于云端的全方位的市场营销软件，能够帮助企业更好地管理客户关系和营销活动。通过 HubSpot，企业可以轻松收集客户信息，如年龄、购物习惯等，以及他们正在考虑的产品和服务。同时，它还可以帮助企业跟踪客户，了解客户处在购买过程的哪个阶段，让企业能更好地满足客户的需求。HubSpot 营销平台上有邮件营销、落地页制作、CTA 等工具，还有各平台详细的浏览、转化数据，使用者可以根据这些数据不断优化其市场营销策略。

HubSpot 共有 5 个中心，分别是营销中心、销售中心、客户服务中心、内容管理中心和运营中心，帮助企业轻松实现从网站到社交媒体的营销活动，每个中心提供了各不相同的数字营销和销售工具。

（1）营销中心（Marketing Hub）是一款数字营销软件，提供博客、社交媒体管理、电子邮件营销、搜索引擎优化（SEO）和网站分析等工具产品。帮助企业吸引潜在客户，提高品牌知名度，增加网站流量，并最终将潜在客户转化为客户。电子邮件营销活动示例如图 5-14 所示。

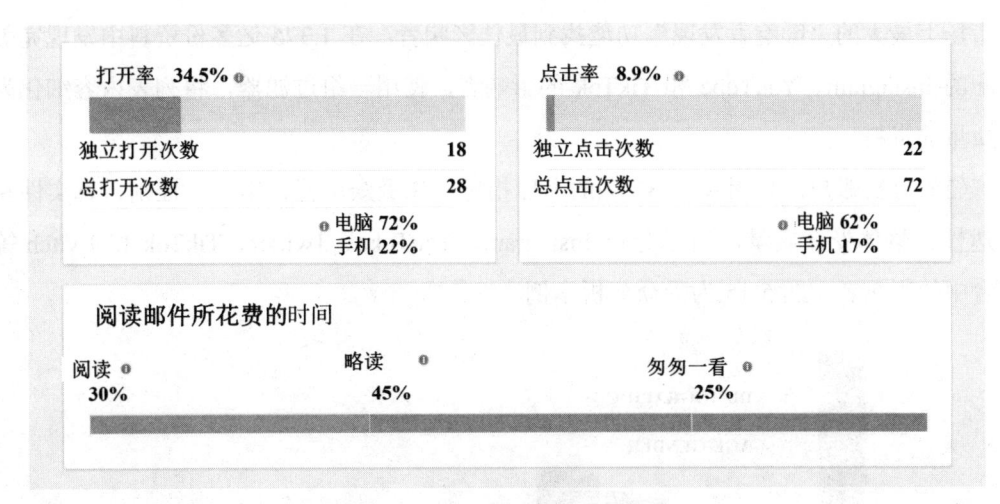

打开率 34.5%	点击率 8.9%
独立打开次数 18	独立点击次数 22
总打开次数 28	总点击次数 72
电脑 72% 手机 22%	电脑 62% 手机 17%

阅读邮件所花费的时间		
阅读 30%	略读 45%	匆匆一看 25%

图 5-14 电子邮件营销活动示例

资料来源：HubSpot 官网。

（2）销售中心（Sales Hub）是一款销售软件，提供销售自动化、CRM、销售管理和报告工具等产品。帮助企业更好地管理销售流程，提高客户转化率和销售业绩，并提高客户满意度和忠诚度。

（3）客户服务中心（Service Hub）是一款客户服务软件，提供客户服务和支持、客户反馈和满意度调查等工具产品。帮助企业提供更好的客户服务，快速响应客户需求，解决客户问题，并提高客户满意度和忠诚度。

（4）内容管理中心（CMS Hub）是一款内容管理软件，提供网站构建、内容管理、SEO 和数据分析等功能。帮助企业创建和管理网站，优化网站内容和 SEO，提高网站流量和转化率，增加品牌知名度，并最终将潜在客户转化为客户。

（5）运营中心（Operations Hub）是一款运营管理软件，提供自动化流程、数据清洗、报告和数据分析等工具。帮助企业管理各种运营流程、整理和清洗数据、优化报告和分析，从而提高运营效率和精度，支持企业更好地进行决策。

除了提供营销工具，HubSpot 还提供了丰富的数字营销、销售和服务等方面的课程，这些课程涵盖各个方面的数字营销和销售技能，包括搜索引擎优化、电子邮件营销、社交媒体营销、内容营销、销售自动化、客户服务等。

HypeAuditor——网红挖掘营销工具

HypeAuditor 是一款网红挖掘营销工具，对营销工作流程的每一步都能提供全套解决方案，具体如下。

（1）搜寻影响者：在超 1.375 亿个案例数据库中发现使用者需要的受众影响者；通

过市场上最大的"影响者发现"功能找到最佳影响者。在 1.375 亿多份资料中发现完美匹配的 Instagram、YouTube 和 TikTok 的影响者，使用一组过滤器，将列表内容细化为高质量的资料。

（2）分析账户：采用超过 35 项的深度指标，如受众位置、年龄、性别、真实性和可达性、整体受众质量，用于分析 Instagram、YouTube、Twitter、TikTok 和 Twitch 等平台中的影响者。图 5-15 为受众分析示例。

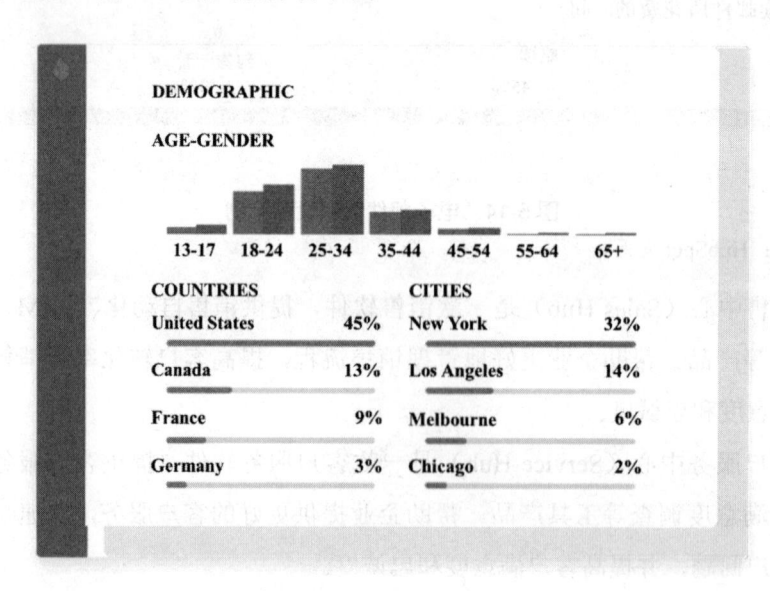

图 5-15 受众分析示例

资料来源：HypeAuditor 官网。

（3）管理营销活动：为使用者的营销活动创建媒体计划，获取关键营销活动的估计值，了解使用者的营销活动执行情况；在每个阶段管理使用者的营销活动并使其自动化，监控营销活动的效果并进行必要的调整。

（4）探索市场：分析竞争对手的营销活动、行业趋势、全球市场研究趋势与排名，探索竞争格局，评估竞争对手的营销绩效，并比较多个品牌，发现特定国家和细分市场中的顶级市场参与者。

K ▶

Klipfolio——业务分析工具

Klipfolio 提供了一个用于构建实时业务仪表板的在线仪表盘及数据可视化平台，使用者能够定义自己的衡量标准，将它们连接到自己的堆栈或云数据源，并通过可信指标的集中目录让所有关键指标集中在同一页面上。该平台允许使用者连接到许多数据服务媒体，自动检索数据，使数据可视化。Klipfolio 使用了一种无模式的体系结构，允许非技术型使用者也能连接到数据源，并将数据从图表中分离出来，以便在整个平台中更有效地使用和重用数据源。网页浏览量示例如图 5-16 所示。

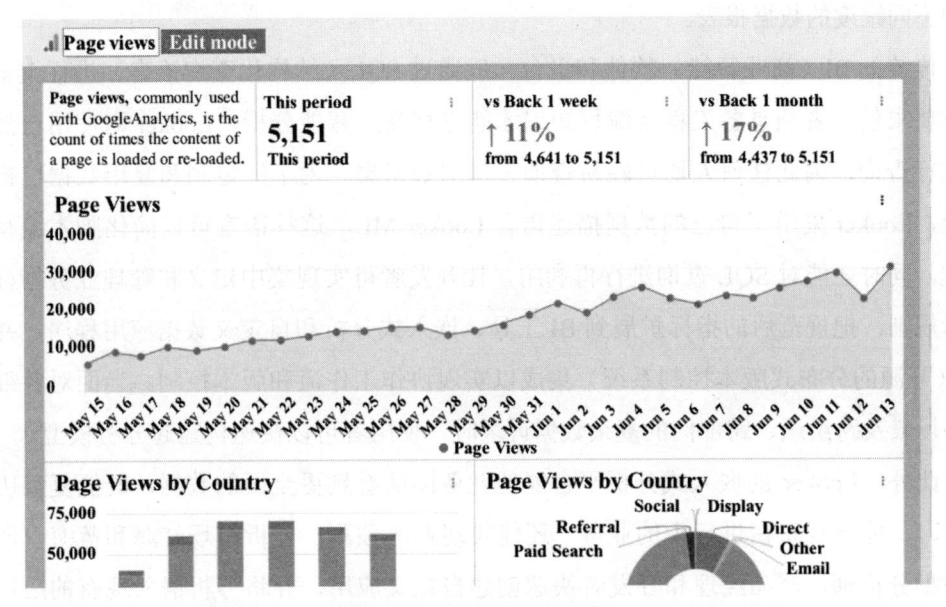

图 5-16　网页浏览量示例

资料来源：Klipfolio 官网。

Klipfolio 具有内置的公式编辑功能，允许终端用户在使任何数据可视化之前对其进行转换、组合、切片和过滤。用户可以从平板电脑、电视和移动电话等设备访问仪表板，并通过授权访问仪表板或调用电子邮件报告与用户的方式共享仪表板。

Klipfolio 让使用者无需在各个工具之间反复切换，而是可以在一个平台对最重要的数据一目了然，包括新线索、页面浏览量、品牌提及率、目标完成率、每月收入等；合并来自不同来源的数据，并使用全套可视化选项，如你可以查看广告支出的增加是否会影响 MRR（月度经常性收入）；可以与无法使用其他分析工具的利益相关者分享数据，如投资者、管理层和公司其他部门。

Looker——商业智能软件和大数据分析平台

Looker 是谷歌旗下的一款商业智能软件和大数据分析平台，可以对来自不同系统的数据进行提取、清理、整合、汇总、分析、可视化展示，能实现数据分析的所有流程，从而帮助个人或企业对数据进行分析，用数据驱动业务，做出正确的决策。

Looker 的交互式动态信息中心和组件依托于同一个可信且统一的数据模型，为用户打造实时数据体验。使用者可以从可视化库中选择，也可以构建自己的可视化库来呈现不同维度的数据报表。

传统上 BI（商业智能）软件和平台一般通过 SQL（结构化查询语言）进行查询，这就要求使用者须具备工程及编程知识才能进行商业智能分析，Looker 则使用自然语言进行查询，因此任何人均可轻易查询大型的数据集。为了能定制和复用数据可视化体验，Looker 采用了自己的数据描述语言 Looker ML，这种语言可以简化脚本编写的过程，同时还能对 SQL 查询进行再利用，让开发者可实现集中定义和管理业务指标、逻辑规则，把规范后的指标扩展到 BI 工具、嵌入式分析和自定义数据应用程序，并与 Git（开源的分布式版本控制系统）集成以实现协作工作流和版本控制。当面对各细类业务场景及跨组织、跨部门的复杂数据诉求时，使用者可以快速构建起分析模型。

此外，Looker 的嵌入式分析平台能使业务团队看到更全面的数据，既能复盘历史数据，又能审视正在进行中的业务，还能实现业务预测，分析市场红海和蓝海；还能让数据分析师、产品经理和开发者快速创建自定义应用，并将分析嵌入现有的应用、网站和门户。

M ▶

Metabase——商业智能分析工具

Metabase 是一个免费开源的商业智能分析工具，其注重用户体验，提供直观的数据查询和可视化功能。它简化了数据分析的过程，让非技术人员也能轻松地通过简单的查询语句和可视化图表来探索和理解数据。Metabase 支持多种数据源，并提供灵活的报表和仪表板定制选项，帮助用户快速分析业务数据，从而做出明智的决策。

Metabase 具备以下功能及特点。

（1）Query Builder（查询生成器）功能让使用者点击几下即可获得结果。查询生成器可让任何人，甚至是对数据不太精通的人，只需点击和选择即可轻松地将问题汇总在一起。无需数据专业知识或 SQL，将使用者的数据从 SQL 的束缚中解放出来，让使用者能够使用自己喜欢的用户界面进行查询。

（2）无需提问，就能在数据中找到线索。Drill-through 功能为使用者提供了一个简单直观的方式，让他们可以玩转数据、挖掘细节并将其转化为行动。这一切只需点击一下按钮。

（3）全面了解数据情况。Metabase Usage Analytics 是集仪表盘、问题和模型为一体的平台，让使用者了解数据的使用情况、性能和配置更改，并采取相应行动。

（4）利用 15 种以上的可视化类型，大到 TB 级分析工作负载，小到日常操作工作流，轻松创建和共享交互式仪表盘。

（5）创建元数据丰富的语义模型，让使用者可以自行查询，保持一致性并避免重复。使用者只需打开一个标签页，无需打开命令行界面（CLI）。

Microsoft Clarity——用户行为分析和网站分析工具

Microsoft Clarity 是一款用户行为分析工具和网站分析工具，可帮助使用者（企业、营销团队等）了解用户与网站的交互情况，提供全面的用户行为分析和可视化数据，以帮助使用者更精准地理解用户。通过使用 Microsoft Clarity，企业可以提升网站性能，优化网站。Microsoft Clarity 通过捕捉用户在网站上的交互行为的数据，如页面渲染方式、用户交互行为（如鼠标移动、点击、滚动等），能够用于"让使用者的客户或管理层能够根据数据决定哪些行为有效，哪些无效""测试哪些内容效果最好，以及将其放置在页面上的哪个位置""了解网页中令人困惑、让用户混淆的元素""识别用户行为并在页面上添加所需内容"等场景。

Microsoft Clarity 支持的功能包括用户会话重放、热度地图、点击地图等，这些功能可以帮助使用者深入了解用户如何与网站互动，从而优化用户体验并提高转化率。

（1）用户会话重放：Microsoft Clarity 允许使用者观看用户真实的会话录像，了解他们在网站上的行为。查找并处理客户的难点问题，通过 ML Insights 见解（如愤怒点等）识别用户产生困扰的地方。查找可能会损害用户体验的产品缺陷，探究有 Microsoft Clarity 标识的特定用户组的潜在问题。

（2）热度地图：Microsoft Clarity 可生成热度地图，通过用户在网站上的点击和滚动行为可视化，可以让哪些区域赢得了最多的参与者等情况一目了然。单击热度地图显示具有高参与度的元素，滚动热度地图显示用户滚动的程度，区域热度地图显示所选任何区域内的总点击次数。通过比较两个热度地图，可以分析同一页上的两个版本，查看用户点击和滚动的位置；了解用户区段、时间范围和其他应用的筛选器之间的差异；评估 A/B 测试并跟踪用户在页面之间导航的历程。

（3）点击地图：这个功能能够显示用户在页面上的点击位置，帮助使用者了解用户的兴趣点和点击模式。追踪用户浏览路径，Microsoft Clarity 提供了用户在网站上的浏览路径追踪，准确定位让用户感到困惑或失望的位置。如强烈点击，了解用户重复快速单击的位置；无回应点击，发现用户何时点击但没有任何反应；快速回复，检查用户移动到新页面但立即返回到上一页的瞬间。隔离错误以快速调试，将录制范围缩小为具有 JavaScript 错误或图像错误的会话。查看用户在犯错误之前执行的操作并进行修复。用户点击分析示例如图 5-17 所示。

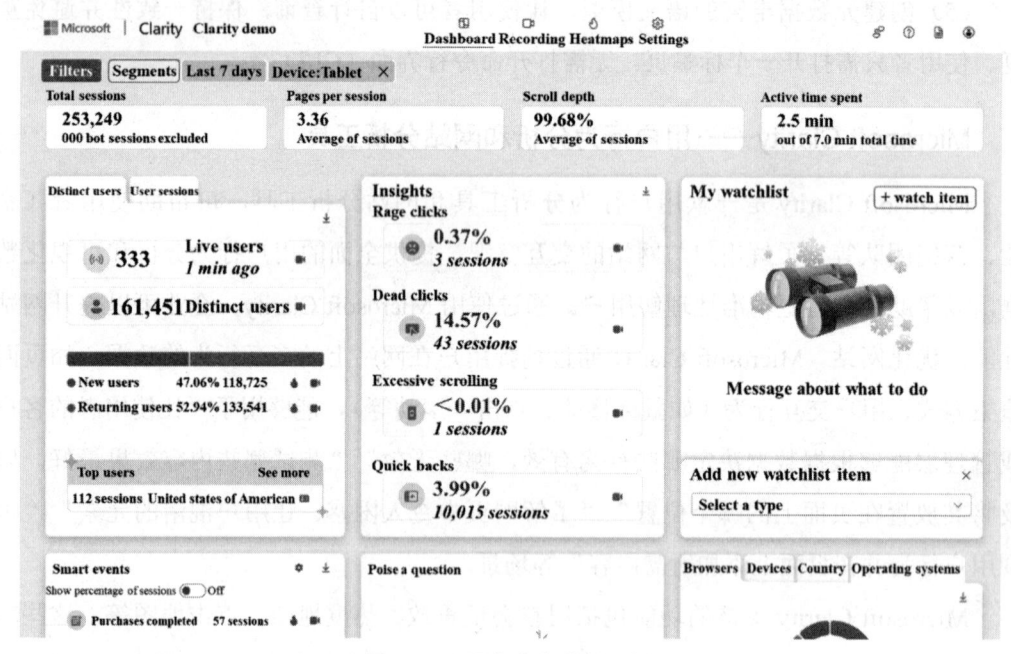

图 5-17 用户点击分析示例

资料来源：Microsoft Clarity 官网。

MODASH——社交媒体账号分析工具

MODASH 是查找、分析和跟踪营销活动的创作者或影响者的账号分析工具，通过查找 Instagram、TikTok 和 YouTube 上的任意一位创作者，评估其受众、表现和记录并自动收集和跟踪创作者的内容，从而帮助品牌或企业选择正确的创作者（并正确对待他们）。Instagram 参与率基准如图 5-18 所示。

MODASH 的主要功能如下。

（1）搜寻影响者：在数秒内找到能有效触及客户的目标影响者。

（2）影响者分析：获取任何影响者的准确人口统计和绩效指标。

（3）影响者营销活动跟踪：捕捉帖子和推文，为使用者的影响者营销活动获取独特见解。

	1000～5000	5000～10000	1万至5万	5万至10万	10万至50万	50万至100万	100万以上
高	>7.97%	>3.54%	>2.61%	>2.47%	>2.63%	>2.46%	>2.6%
高于均值	4.42%～7.97%	1.62%～3.54%	1.11%～2.61%	1.01%～2.47%	1.14%～2.63%	1.13%～1.46%	1.27%～2.6%
均值	3.38%～4.42%	1.25%～1.62%	0.84%～1.11%	0.75%～1.01%	0.87%～1.14%	0.88%～1.13%	1.02%～1.27%
低于均值	1.72%～3.38%	0.62%～1.25%	0.39%～0.84%	0.32%～0.75%	0.41%～0.87%	0.46%～0.88%	0.57%～1.02%
低	<1.72%	<0.62%	<0.39%	<0.32%	<0.41%	<0.45%	0.57%

图 5-18　Instagram 参与率基准

资料来源：MODASH 官网。

（4）查找影响者的电子邮件：无论是一封邮件还是数百封邮件，只需点击几下即可查找并导出创作者邮件。

（5）影响者管理：创建列表、设置状态、添加备注等，整理使用者的影响者关系。

（6）管理影响者付款：用影响者接受的货币种类按时向他们付款，以此减少工作量。

Power BI——商业数据分析和共享工具

Power BI 是微软开发的一套基于云的商业数据分析和共享工具，能够将大量复杂的数据转化为简洁的视图。可连接数百个数据源、简化数据并提供即时分析，能够生成报表并进行发布，供组织在 Web 和移动设备上使用。使用者可以利用 Power BI 创建具有个性化的仪表板，获取针对其业务的全方位独特见解，在企业内实现扩展，内置管理和安全性。Power BI 也能提供一份完整的报表解决方案，通过开发工具和联机平台提供数据准备、数据可视化、分发和管理，可以从使用单个数据源的简单报表扩展到需要复杂数据建模和一致主题的报表。

Power BI 可应用于多个场景，具体如下。

（1）场景一：在财务管理中使用 Power BI 找到关键数据。Power BI 可以帮使用者获取外部、本地的各种财务数据，还可以利用可视化工具，帮助客户对财务状况进行分析。

（2）场景二：借助 Power BI，使用者可以监控并分析当前的市场状况，从而把营销资源投入到更有效率的渠道中。

（3）场景三：在销售活动中预测市场机会，实现业绩目标，提高利润。Power

BI 还可以帮使用者管理公司的各种销售渠道，其只需通过 Power BI 仪表板内的微软 Dynamics CRM 系统或 Salesforce 的官网就能实现。

（4）场景四：掌握人力资源的相关信息。Power BI 能帮使用者收集和监测所有重要数据。其提供的仪表板功能还能帮使用者追踪合规性、人员编制和其他信息，保护公司和员工数据。

（5）场景五：通过 Power BI，使用者可以创建各类仪表板，监测并分析从 Active Directory 到 Zendesk 等各种服务。如果需要企业级别的商业智能解决方案，使用者还能将它与 SSAS 服务包无缝集成。

（6）场景六：Power BI 能够监测包括 Excel、本地数据库和云服务等所有来源的数据，并对使用者的产品、申报额分析等提出新的见解。

Q ▶

Qlik Sense——数据分析平台

Qlik Sense 是一个数据分析平台，其能够提供商业智能和数据可视化软件，能够探索、可视化和交互来自数百个来源的数据，并通过警报、协作和自动化让使用者及时采取智能行动。

Qlik Sense 通过直观的用户界面和智能的数据关联技术，能够快速连接、探索和理解多源数据，并将其转化为交互式的仪表板和报表。无论是掌握业务动态、做出实时决策还是发现新的商机，Qlik Sense 都能帮助用户获得准确的数据，提升企业的竞争优势。

Qlik Sense 允许在所有分析对象中从任何方向进行自由选择，以完善上下文，通过智能预警、强大的协作、移动和嵌入式分析及自动触发即时行动，抓住每个商机。

S ▶

Salesforce——集成CRM平台

Salesforce 是一个集成 CRM 平台，可以为使用者的所有部门（包括营销部门、销售部门、商务部门和服务部门）提供所有客户的单一共享视图。从普通的联系人管理、产品目录到订单管理、机会管理、销售管理等，Salesforce 可以帮助企业更好地与合作伙伴、客户和潜在客户建立联系，跟踪客户活动，向客户营销及提供更多服务。

Salesforce 主要有营销云、销售云、商务云、服务云和 PaaS 平台五个平台，各平台的主要功能如下。

（1）营销云：为团队成员提供智能营销自动化，使他们能够通过广告、电子邮件、电子商务和社交媒体管理与客户之间的关系。营销云中又有多种产品，其中 Journey Builder 是能够构建强大的营销旅程并为客户提供个性化体验的工具；E-mail Studio 是可以创建自定义元素、脚本语言的电子邮件内容的工具；Mobile Studio 主要用于移动设备的内容创建；Marketing Cloud Customer Data Platform 用于统一所有客户数据的平台，能够细分客户分群，对数据进行切片和切块处理，从而进一步开展数据分析与挖掘。

（2）销售云：通过提供工具来管理与他们合作的潜在客户、业务和个人等，帮助公司缩短销售周期。销售云主要针对 B2B 业务，具有为销售经理提供报价、产品管理和预测等功能。

（3）商务云：建立简单的商务模式，以帮助使用者增加收入、吸引客户等。

（4）服务云：协助企业客户支持团队的 CRM，帮助客户通过电子邮件支持、实时聊天或电话与公司取得联系，找到处理客户问题的解决方案。

（5）PaaS 平台：通过低代码、无代码等方式提供个性化定制，提高团队的工作效率。

Semrush——关键字和竞品研究工具

Semrush 是一个可实现 SEO、内容营销、竞争对手搜索、PPC 和社交媒体营销的一站式平台，通过访问超 2500 亿个关键词，根据 130 多项检查进行深入的网站检测，其主要功能如下。

（1）提供完整、便捷的 SEO 工具和工作流来增加流量：搜寻数百万个关键词，分析域名的反向连接情况，运行 SEO 技术检测，跟踪使用者的 SERP（搜索引擎结果页）排名；找到最佳关键词来完善使用者的数字营销策略。根据搜索量、意向、关键词竞争度、结果数、CPC（点击成本）、竞争程度、SERP 精选结果、差异等，发现任何关键词的自然搜索价值和广告价值。SEO 示例如图 5-19 所示。

（2）创建可获得排名的营销内容：探索能够引起受众共鸣的主题，优化使用者的营销内容，提高参与度和自然流量。

（3）剖析竞争对手的营销策略和战术：分析任意网站的流量，揭示竞争对手的推广策略。

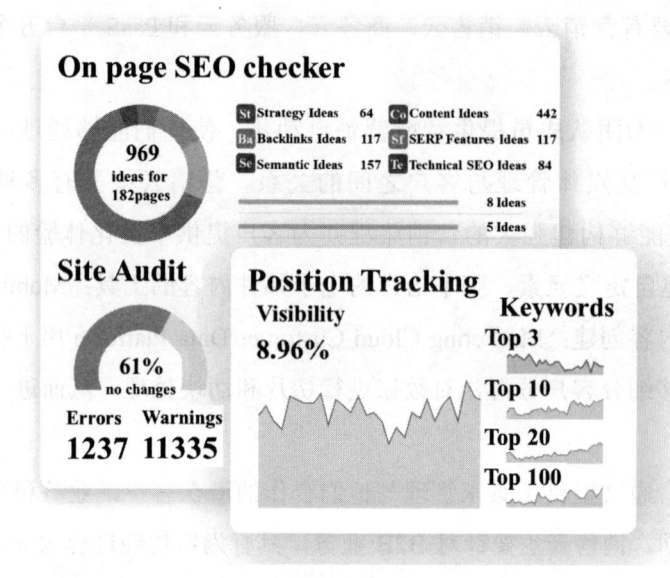

图 5-19 SEO 示例

资料来源：Semrush 官网。

（4）探索如何以更少的费用获得更多潜在机会的方法：查找每个 PPC 广告系列的最佳关键词，监测竞争对手的广告文案和着陆页，优化使用者的广告支出情况。

（5）制定有效的社交媒体策略：对社交媒体进行排期和内容管理，分析营销内容的效果，监测和分析竞争对手的社交媒体账号，提高使用者的公众品牌声誉。

（6）提供营销策略解决方案：定期获得高质量的潜在客户，自动向客户报告和推广，创建客户标签，共享项目进展情况。

【相关案例】

打破围墙的花园

Thrive Market 是美国一家售卖天然有机食品的零售电商，其采用会员制，为会员提供更优惠的价格，使命是使每个美国家庭都能轻松享受负担得起的健康生活。该公司在 2014—2016 年已经完成三轮融资，共筹集了 1.41 亿美元。每获得 1 个付费 Thrive Market 会员，公司都会向美国有需要的家庭免费捐赠 1 个会员。被称为"Costco Meets Whole Foods"的 Thrive Market 的业务模型旨在通过简化供应链来减少实体杂货店通常会采用的加价所造成的成本，这样一来，每个会员订单平均可节省 30 美元。

Thrive Market 的 SEO 总监 Jeff 在 2015 年加入公司时，发现 Thrive Market 网站所有的访客均来源于电子邮件订阅，却不靠 PLA（高级促销刊登广告）的广告流量，因此他将 Thrive Market 比喻为"围墙内的花园"。

Thrive Market 确实需要看到 SEO 和自然流量能够带来的价值，但首先其站点必须更加开放，使客户在浏览网站的同时，搜索引擎也可以抓取该网站的全部产品。

于是 Thrive Market 选择了 SEMrush 的 Keyword Magic Tool 来探索最佳关键字和相关短语。SEMrush 不仅可以帮助 Thrive Market 的团队准确找到目标关键词，还可以拓展相关的关键词，如当 Thrive Market 推出葡萄酒、肉类和海鲜等新产品时，Jeff 说："SEMrush 是我们使用最多的工具，我将所有核心关键字和相关关键词保存在表格中，有点像地图或关键字储备。然后，无论是用于博客文章标题还是类别标题标签，都可以清晰地了解我们已经有哪些内容，还有哪些需要补充。这个表格的价值可以持续数年，为我们节省了大量时间。"

在 SEMrush 的帮助下，Thrive Market 优化后的网站和博客自然搜索流量增加了 3～5 倍；强大的关键字数据库可让 Thrive Market 创作有效的内容，超过 15.5 万个关键词在 Google 获得排名；在每次转化费用下降了 50% 的同时，转化次数却增长了两倍；另外，随着自然搜索流量（"免费"流量）的增长，获取新客户的成本降低了。

资料来源：SEMrush 官网。

Splunk——日志管理和数据分析平台

Splunk 是一款日志管理和数据分析平台，用于实时监控和分析各种数据源。它可以从各种来源收集、索引和分析数据，包括日志文件、事件流、传感器数据等。Splunk 提供了丰富的查询和分析功能，可帮助使用者发现潜在的问题、监测系统性能，并提供实时的、可视化的报告。

同时，Splunk 是一个机器数据分析平台，包括机器数据的收集、索引、搜索、监控、可视化和告警等。另外，Splunk 还是一个时间序列索引器，因为 Splunk 索引数据是基于数据时间戳把数据拆分成事件。Splunk 支持从任何 IT 设备和应用程序（服务器、路由交换、数据库等）中收集日志，支持对日志进行高效搜索、索引和可视化，可应用于 IT 运营、安全合规、商业分析等场景。

Tableau——商业数据分析软件

Tableau 是 Salesforce 推出的一个可视化商业数据分析软件和平台，该技术通过直观的界面将拖放操作转化为数据查询，从而对数据进行可视化呈现，提供访问、可视化和分析数据的功能。通过直观的拖放界面，使用者可以更快地做出更明智的决策。Tableau 可以连接多种类型的数据源，包括本地文件和数据库。

Tableau 能够进行数据准备、数据管理、CRM 等，其推出的 CRM Analytics 具备如下功能。

（1）利用人工智能提供的预测和建议加快决策速度：深入分析通话时间，识别交叉销售和追加销售机会，提高转化率，拉近与客户的距离。快速协作并根据预测和建议采取行动，以取得更好的业务成果。自动执行重复性任务，在每个销售和服务接触点提供简化和个性化的体验。

（2）为使用者的业务提供可行的见解：利用适用于各个行业和角色的开箱即用的仪表盘和关键绩效指标，更快地实现价值。通过简单易懂的图表提高洞察力，从而更好地了解客户。

（3）凭借 50 多个开箱即用的连接器，使用者可以实施 Salesforce 并更快地完成项目，从而全面了解使用者的所有数据。

（4）助力企业快速扩展：在全球最值得信赖的云上，几秒钟内自动扩展所有用户和数十亿行数据。利用 Salesforce 工作流中嵌入的权限和策略，确保跨部门的适当管理和可见性。

Whatagraph——营销数据集成平台

Whatagraph 是一个营销数据集成平台，可优化营销数据管理流程，用于监控和比较多个广告系列效果，其应用程序允许从 Google Sheets 和 API 传输自定义数据。

Whatagraph 通常被营销专业人员用于可视化数据和构建定制的跨渠道报告，是绩效监控和报告的最佳工具，因其能够混合来自不同来源的数据并形成跨渠道报告，以便比较同一广告系列在不同渠道中的表现。Whatagraph 还具有跟踪视频分析和性能，如了解观看 YouTube 视频的受众，获取所有客户关键绩效指标，实现受众增长、订阅者、互动、参与度等指标的可视化，让使用者掌握 YouTube 的分析结果。

Whatagraph 具有以下功能和特点。

（1）将所有营销数据集中在一处：与使用者的营销资源直接集成，实现与社交网络、付费广告、电子邮件、搜索引擎优化、客户关系管理及其他营销资源的完全托管的集成。可将使用者的所有数据整合在一起，只需点击几下即可连接，可轻松管理这些来源和渠道，同时允许自定义 API、Google Sheets 和 Google BigQuery 作为数据源。

（2）无需编码或技术知识，即可组织和管理数据：允许使用者重新命名、统一或翻译报告和仪表盘中的数据输出，易于对使用的数据分组和汇总，能够将跨渠道的数据融合在一起，直观地进行高级数据管理。

（3）以较高的速度创建出色的报告和仪表板：通过直观的拖放操作，快速将数据转化为可视化见解，可以将几乎所有内容保存为模板并重复使用，使用者可以针对任何可视化用例轻松构建模块，利用媒体小部件自动展示广告创意或社交帖子。

（4）快速、轻松地发送营销数据：提供的共享交互式实时仪表板具有即时安全访问权限的功能，无需手动发送报告，通过将数据转移到 BigQuery 进行存储和分析，按使用者拥有的数据进行调节，能将数据导入电子表格中，以便存储、分析或共享。

跨渠道数据融合示例如图 5-20 所示。

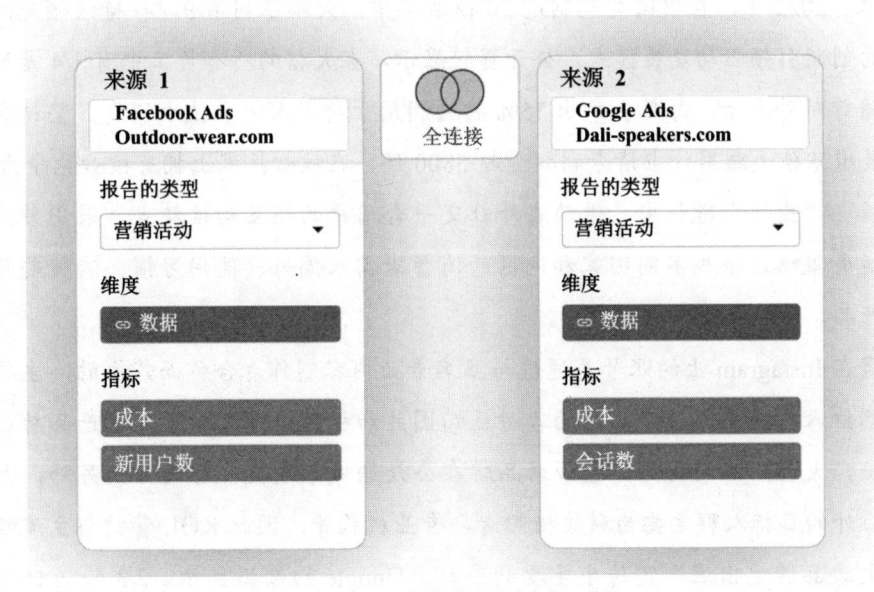

图 5-20　跨渠道数据融合示例

资料来源：Whatagraph 官网。

► **案例分析**

懂技术，也要懂营销

大疆（DJI）是中国无人机品牌，这家在2006年成立于深圳的中国科技公司，现已坐拥全球商用无人机市场的半壁江山，并且利用技术迁移，打破了GoPro（美国运动相机厂商）在运动相机领域的垄断地位。

从2006年至今，大疆发布过全球首款航拍一体机、全球首款专业一体化多旋翼飞行器、全球首款会飞的照相机、全球首款自带4K相机的可变形航拍器等。"这是一家全世界都在追赶的中国公司。"《华尔街日报》曾这样评价大疆。2014年，在美国《时代》杂志评选出的年度十大科技产品中，大疆的"精灵Phantom 2 Vision+"成功入选。2015年，大疆被评为全球十大最具创新力企业之一，在谷歌、特斯拉之后，排在第三位。2022年，在中国智能制造50强名单中，大疆位列第9。在持续领先的背后是大疆的创新引领驱动发展模式。公开资料显示，在大疆的所有员工中有1/4是研发人员。大疆曾对外表示，每年会拿出15%的利润用于聘用人才和技术研发。坚持自主创新的发展道路使大疆累计申请专利数量超5800件，在核心技术上拥有核心竞争力。

大疆在"出海"进程中，借助海外社交平台用户的高互动性特点，采用差异化、本地化运营策略，根据不同国家和地区的消费者需求偏好、使用习惯、流行趋势，不断打磨产品，最终收获了良好口碑。

大疆在Instagram上的账号是通过与多名专业内容创作者合作而建立的，主要用于分享网络红人在使用大疆产品时的各种反馈图片和视频内容，以及关于产品功能的详情，在推广大疆产品的同时，也帮助品牌在公众领域不断提升影响力。另外，大疆深知其在海外的目标人群主要为科技摄影者、专业机构等，因此KOL营销与主流媒体测评成为大疆品牌"出海"宣传中重要的一环。Google的数据显示，2/3的Z世代用户偏爱智能产品的开箱测评视频，其中半数以上的用户表示，YouTube的相关视频是其购买产品时的必要参考。一般而言，用户对做开箱视频的KOL非常信任，当用户看到他们追随的KOL推荐某个品牌时，他们的购买欲望往往能够被调动起来。大疆选择与多个相关领域的KOL进行合作，在YouTube平台进行产品营销内容输出。大疆选择与头部科技类博主合作，让他们通过视频的方式直观地给潜在客户展示产品的特点和质量。大型无人机开箱视频博主、摄影博主等KOL的内容输出，形式多元而丰富，从不同角度和维度相互印证又相互补充，共同助力了大疆产品的精准曝光。如电影制作人

Casey Neistat 在 YouTube 上拥有 1200 万粉丝，其在频道上发布的大疆测评视频的浏览量达千万次，其引流效果不言而喻。

以大疆为代表的"出海"模式成为众多企业的标杆，"出海"成功得益于其精准且巧妙的运营策略，同时还具备海外优质的消费群体、市场对智能硬件的认可。

思考题：

结合上述案例及相关资料，分析数字时代背景下企业该如何开展营销。

参考文献

[1] 埃里克·莱斯. 精益创业：新创企业的成长思维 [M]. 吴彤，译. 北京：中信出版集团股份有限公司，2021.

[2] 陈思. 试论传播效果评估工具与方法的演进——从 AIDMA 到 SIPS 的效果评估发展阶段 [J]. 中国报业，2013(6)：44-45.

[3] 菲利普·科特勒. 营销革命 4.0：从传统到数字 [M]. 王赛，译. 北京：机械工业出版社，2017.

[4] 金祖旭. 电子商务市场中"她经济"模式精准营销策略 [J]. 商业经济研究，2017(23)：59-61.

[5] 黎小林，邓紫宇，王禹潼，等. 企业营销话语权的指标构建研究 [J]. 中国市场，2023(35)：111-114.

[6] 李庆真. 从"月光族"到"年清族"——都市白领阶层消费理念分析 [J]. 青年研究，2005(11)：24-28.

[7] 李忠美，黄敏. 新媒体背景下"种草"式内容营销的对策研究——以小红书为例 [J]. 商场现代化，2022(21)：1-3.

[8] 梁丽丽. 程序化广告 [M]. 北京：人民邮电出版社，2017.

[9] 刘德寰，陈斯洛. 广告传播新法则：从 AIDMA、AISAS 到 ISMAS [J]. 行业视野，2013(4)：96-98.

[10] 刘东胜，杨志勇. 钱包份额研究：综述与构想 [J]. 石家庄经济学院学报，2010，33(4)：77-81.

[11] 卢泰宏. 消费者行为学 50 年：演化与颠覆 [J]. 外国经济与管理，2017，39(6)：23-38.

[12] 沈杰欣. 新媒体环境下消费品品牌"种草"营销之道 [J]. 新媒体研究，2019，5(6)：68-69.

[13] 宋金柱，楼天阳. 西方钱包份额研究述评 [J]. 外国经济与管理，2013，35(12)：41-49.

[14] 苏云，宋书琦. 基于 ADMAS 消费行为模式的广告创意策略探究 [J]. 陇东学院学报，2020，31(2)：17-21.

[15] 王贾琪，郭思慧，宋丽君，等. 淘宝流行语考察——以"亲""秒杀""剁手"和"吃土"为例 [J]. 汉字文化，2018(21)：16-17.

[16] 王竹喧. 概念隐喻下的网络流行语——"种草"和"拔草" [J]. 邢台学院学报，2020，35(1)：151-153+168.

[17] 魏光兴. 营销组合理论的最新进展综述及简评 [J]. 现代管理科学，2004(9)：35-37.

[18] 吴帆. 单身经济：一种新型消费文化的崛起 [J]. 人民论坛，2020(32)：94-97.

[19] 岳建秋，谌飞龙，吴群. 基于消费者心智资源开发的品牌优势塑造 [J]. 中国工业经济，2007(3)：88-95.

[20] 张琳，杨毅. 从"出圈"到"破圈"：Z 世代青年群体的圈层文化消费研究 [J]. 理论月刊，2021(5)：105-112.

[21] 赵蓉英，王筱宇，常茹茹，等. 网络话语权评价理论框架构建 [J]. 情报理论与实践，2021，44(11)：23-28+88.